智能网联汽车关键技术及应用丛书

INTELLIGENT
CONNECTED VEHICLE

智能网联汽车测试与评价技术

马育林 徐阳 李茹 田欢 著

人民交通出版社股份有限公司
北京

内 容 提 要

本书是"智能网联汽车关键技术及应用丛书"之一。智能网联汽车测试与评价贯穿车辆的全生命周期及整个测试工具链,是智能网联汽车示范应用乃至产品化的重要保障。

本书介绍了基于场景的智能网联汽车测试与评价方法,采用仿真测试和道路测试相结合的技术手段,重点突破智能网联汽车自动驾驶功能测试的定量化评价。本书还介绍了我国智能网联汽车的道路测试与示范应用、国家和团体标准引导、企业及产品准入管理,以及产业发展趋势。

本书对汽车及零部件企业科研工作者、检测认证行业从业人员及高等院校相关专业学生具有参考作用。

图书在版编目(CIP)数据

智能网联汽车测试与评价技术/马育林等著.—北京:人民交通出版社股份有限公司,2022.11
(智能网联汽车关键技术及应用丛书)
ISBN 978-7-114-18253-2

Ⅰ.①智… Ⅱ.①马… Ⅲ.①汽车—智能通信网—测试 ②汽车—智能通信网—评价 Ⅳ.①U463.67

中国版本图书馆 CIP 数据核字(2022)第 186500 号

Zhineng Wanglian Qiche Ceshi yu Pingjia Jishu

书　　名:	智能网联汽车测试与评价技术
著 作 者:	马育林　徐　阳　李　茹　田　欢
责任编辑:	李　佳
责任校对:	赵媛媛　魏佳宁
责任印制:	刘高彤
出版发行:	人民交通出版社股份有限公司
地　　址:	(100011)北京市朝阳区安定门外外馆斜街 3 号
网　　址:	http://www.ccpcl.com.cn
销售电话:	(010)59757973
总 经 销:	人民交通出版社股份有限公司发行部
经　　销:	各地新华书店
印　　刷:	北京建宏印刷有限公司
开　　本:	787×1092　1/16
印　　张:	11.75
字　　数:	286 千
版　　次:	2022 年 11 月　第 1 版
印　　次:	2024 年 5 月　第 3 次印刷
书　　号:	ISBN 978-7-114-18253-2
定　　价:	80.00 元

(有印刷、装订质量问题的图书,由本公司负责调换)

智能网联汽车关键技术及应用丛书

编审委员会

(按姓氏拼音排序)

丁能根(北京航空航天大学)

龚建伟(北京理工大学)

谷远利(北京交通大学)

胡旭东(合肥工业大学)

柯南极(国家新能源汽车技术创新中心)

李志恒(清华大学深圳国际研究生院)

廖亚萍(北京航空航天大学)

马育林(安徽工程大学)

潘定海(国家新能源汽车技术创新中心)

谈东奎(合肥工业大学)

王朋成(北京航空航天大学)

王章宇(北京航空航天大学)

吴新开(北京航空航天大学)

余冰雁(中国信息通信研究院)

余贵珍(北京航空航天大学)

张　凯(清华大学深圳国际研究生院)

张启超(中国科学院自动化研究所)

赵冬斌(中国科学院自动化研究所)

周　彬(北京航空航天大学)

朱　波(合肥工业大学)

朱海龙(北京邮电大学)

朱圆恒(中国科学院自动化研究所)

FOREWORD 丛书前言

当今,在以智能化、网联化为重要特征的全球新一轮科技革命和产业变革的推动下,汽车产业已迈入工业 4.0 时代。智能网联汽车已成为全球汽车产业发展的战略方向。近年来,我国各部委及地方政府通过法规出台和标准制修订、开放道路测试、打造创新平台、鼓励示范应用等方式不断推动智能网联汽车行业创新发展。《交通强国建设纲要》《新能源汽车产业发展规划(2021—2035)》(国办发〔2020〕39 号)、《智能汽车创新发展战略》(发改产业〔2020〕202 号)、《车联网(智能网联汽车)产业发展行动计划》(工信部科〔2018〕283 号)以及《节能与新能源汽车技术路线图 2.0》等一系列顶层规划文件的发布,明确了我国智能网联汽车的发展方向和路径。智能网联汽车与交通系统、能源体系、城市运行和社会生活紧密结合,是一项集智慧城市、智慧交通和智能服务于一体的国家级重大系统工程,承载了我国经济战略转型、重点突破和构建未来创新型社会的重要使命。

为及时向科研界、产业界及社会公众传播最新的科研成果,进一步促进智能网联汽车行业创新发展,对智能网联汽车领域的前沿与关键技术进行系统性、高质量总结尤为必要。人民交通出版社股份有限公司作为以交通为特色的国家级科技图书出版机构,立足于"服务交通、服务社会"的宗旨,长期与两院院士以及交通和汽车行业知名学者、专家、教授在内的高素质作者队伍开展图书出版与知识服务合作,聚合了行业优质的作者资源,瞄准新一代信息通信技术、人工智能、智能制造等世界科技前沿,与国家新能源汽车技术创新中心合作,策划了本套"智能网联汽车关键技术及应用丛书",目前包括以下 9 个分册:

(1)《智能网联汽车环境感知技术》;
(2)《智能网联汽车车载网络技术》;
(3)《智能网联汽车无线通信技术》;
(4)《智能网联汽车高精度定位技术》;

(5)《智能网联汽车交通大数据处理与分析技术》；

(6)《智能网联汽车决策控制技术》；

(7)《智能网联汽车信息安全技术》；

(8)《智能网联汽车测试与评价技术》；

(9)《智能网联汽车高级别自动驾驶技术应用》。

  本丛书依据智能网联汽车"三横两纵"技术架构[①]进行体系设计，涵盖了智能网联汽车领域一系列关键技术与应用，作为高端学术著作，将充分反映智能网联汽车领域的前沿技术和最新成果。另外，本丛书编审成员均为国内知名科研单位和高等院校的专家学者和一线科研人员，均具有较强的学术造诣和丰富的科研经验，并掌握大量的最新技术资料，将确保本丛书的高学术价值。

  希望本丛书的出版能够助推新一代移动通信技术、互联网、大数据、云平台、人工智能等先进技术与汽车产业和交通行业深度融合，为我国相关企业、科研单位和高等院校智能网联汽车相关科研人员、工程技术人员提供强有力的智力支持，进而有效推动我国智能网联汽车产业的高质量发展，助力交通强国和汽车强国建设。

  诚望广大读者对本丛书提出宝贵的改进意见和建议，随后我们将持续关注智能网联汽车相关技术的发展，不断修订和完善本丛书。

智能网联汽车关键技术及应用丛书编审委员会
2022 年 7 月

---

① 在智能网联汽车"三横两纵"技术架构中："三横"是指智能网联汽车主要涉及的车辆关键技术、信息交互关键技术和基础支撑关键技术；"两纵"是指支撑智能网联汽车发展的车载平台和基础设施。

PREFACE 前　言

智能网联汽车产业正在迅速发展,但业界普遍认为现实世界中的道路测试无法保证自动驾驶系统的安全可靠,尚需开发数学模型、虚拟测试和模拟器、加速测试、情景测试以及试点研究等替代方法来补充道路测试。《智能汽车创新发展战略》《新能源汽车产业发展规划(2021—2035年)》等国家政策明确规定,到2025年,中国标准智能汽车的技术创新、产业生态、基础设施、法规标准、产品监管和网络安全体系基本形成。高度自动驾驶汽车实现限定区域和特定场景商业化应用。因此,智能网联汽车产品必须满足模拟仿真、封闭场地、实际道路、网络安全、软件升级和数据存储等测试要求,避免车辆在设计运行条件内发生可预见且可预防的安全事故。

本书全面系统地介绍了智能网联汽车测试与评价技术,展示了团队科研工作所取得的成果。全书共分7章。第1章介绍了我国智能网联汽车道路测试与示范应用概况、国内外测试与评价方法现状、国内外测试场/示范区现状以及测试评价与示范应用的重要意义。第2章介绍了智能网联汽车相关标准,主要包括我国智能网联汽车国家标准体系和团体标准体系,以及标准相关工作建议。第3章介绍了智能网联汽车测试场景,主要包括测试场景及要素分类、测试场景构建以及仿真测试场景集要求。第4章和第5章采用虚实结合的技术手段,分别介绍了仿真测试场景数字格式要求、仿真测试内容与方法、仿真测试平台技术要求、自动驾驶功能场地试验方法及要求、道路试验方法及要求。第6章重点介绍了智能网联汽车自动驾驶功能定量评价,主要包括自动驾驶功能检测项目、评价指标体系、综合定量评价以及测试数据自动分析处理与评分等核心内容。第7章介绍了智能网联汽车测试与评价发展方向,主要包括自动驾驶汽车安全事故分析、智能网联汽车生产企业及产品准入管理以及我国智能网联汽车产业发展趋势。

本书第1、2、5、7章由安徽工程大学马育林负责撰写,第3章由清华大学苏州汽车研究院田欢负责撰写,第4章由中国海洋大学徐阳负责撰写,第6章由安徽大学李茹负责撰写。本书在编写过程中,主要参考了我国智能网联汽车相关白皮书和研究报告,智能网联汽车标准及其体系建设指南,在此表示深切的谢意。本书介绍的研究内容得到安徽省高校杰出青年科研项目(2023AH020015)和安徽工程大学引进人才科研启动基金(2022YQQ033)的资助。

由于作者水平有限,书中难免存在不足之处,并不能涵盖所有相关知识,敬请广大读者批评指正。

希望本书的出版能为汽车及零部件企业开展设计验证、产品测试,以及相关政府主管机构研究制定标准提供参考借鉴,对智能网联汽车产品准入管理起到积极的引导和促进作用。

作　者
2022 年 6 月

CONTENTS 目 录

第1章　智能网联汽车测试与评价概述 ········· 001
1.1　我国智能网联汽车道路测试与示范应用概况 ········· 001
1.2　国内外智能网联汽车测试与评价方法 ········· 005
1.3　国内外智能网联汽车测试场/示范区 ········· 015
1.4　智能网联汽车测试评价与示范应用的重要意义 ········· 020

第2章　智能网联汽车标准概述 ········· 023
2.1　标准制定的意义 ········· 023
2.2　智能网联汽车国家标准体系 ········· 024
2.3　智能网联汽车团体标准体系 ········· 035
2.4　标准相关工作建议 ········· 049

第3章　智能网联汽车测试场景概述 ········· 051
3.1　测试场景介绍 ········· 051
3.2　测试场景构建 ········· 057
3.3　仿真测试场景集要求 ········· 061

第4章　智能网联汽车仿真测试技术与方法 ········· 076
4.1　仿真测试及其场景数字格式要求 ········· 076
4.2　仿真测试内容与方法 ········· 084
4.3　仿真测试平台技术要求 ········· 091

第5章 智能网联汽车道路测试技术与方法 100

5.1 自动驾驶功能场地试验方法及要求 100
5.2 自动驾驶功能道路试验方法及要求 118

第6章 智能网联汽车自动驾驶功能定量评价 126

6.1 自动驾驶功能检测项目介绍 126
6.2 自动驾驶功能的评价指标体系 128
6.3 自动驾驶功能的综合定量评价 139
6.4 自动驾驶功能的测试数据自动分析处理与评分 145

第7章 智能网联汽车测试与评价发展方向 151

7.1 自动驾驶汽车安全事故分析 151
7.2 智能网联汽车生产企业及产品准入管理 163
7.3 我国智能网联汽车产业发展趋势 169

参考文献 176

第1章
智能网联汽车测试与评价概述

1.1 我国智能网联汽车道路测试与示范应用概况

智能网联汽车是汽车技术、产业发展的必然趋势,也是世界各国关注的重要战略方向。欧盟、美国、日本等相继出台支持智能网联汽车研发、测试和应用的相关政策规划,我国汽车、交通、信息等行业的骨干企业、科研院所及高校等也在积极开展智能网联汽车研发应用,加快推进智能网联汽车商品化应用,对智能网联汽车道路测试与示范应用需求十分强烈。

1.1.1 智能网联汽车道路测试与示范应用现状

2018年4月,工业和信息化部、公安部、交通运输部联合发布《智能网联汽车道路测试管理规范(试行)》。8月,中国智能网联汽车产业创新联盟、全国汽车标准化技术委员会智能网联汽车分标委组织相关行业机构和骨干企业,编制形成《智能网联汽车自动驾驶功能测试规程(试行)》,为智能网联汽车道路测试准入评估提供了重要依据。

2019年6月,工业和信息化部、公安部、交通运输部联合印发《关于报送智能网联汽车道路测试情况的通知》,对各地开展的智能网联汽车道路测试情况进行调查,共收集包括北京、长沙、上海等在内的21个省、市和地区上报的辖区内智能网联汽车自动驾驶功能道路测试情况。10月,三部门联合组织16家测试区(场)联合签署《智能网联汽车测试示范区(场)共享互认倡议》,促进车路协同发展,简化测试流程,提高评估效率,实现数据共享、结果互认。11月,三部门联合启动《智能网联汽车道路测试管理规范》的修订工作。修订中积极贯彻落实《国务院办公厅关于进一步优化营商环境 更好服务市场主体的实施意见》,响应智能网联汽车示范应用需要,进一步优化完善智能网联汽车道路测试管理,探索在条件成熟的特定路段及有需求的区域开展智能网联汽车示范应用,推动智能网联汽车技术及产业发展步伐持续向前迈进。

2020年2月,工业和信息化部、公安部、交通运输部形成《智能网联汽车道路测试与示范应用管理规范》修订稿,在原管理规范基础上鼓励开展载人载物示范应用,并进一步细化异地申请与测试互认规则等要求。4月,三部门组织相关技术支撑机构共同研究讨论修订《智能网联汽车道路测试与示范应用管理规范》修订稿,并具体调研了解广州、湖南、上海、深圳等城市以及百度、文远知行等企业示范应用的情况和经验。5月,讨论后的《智能网联汽车道路测试与示范应用管理规范》收到公安部交通管理局和交通运输部科技司意见共计32条,并据此修改完善。6月,三部门共同就修改后的《智能网联汽车道路测试与示范应用管理规范》广泛征求地方相关主管部门、技术机构和相关企业的意见,并根据37家单位反馈的

223 条意见再次进行修改完善。10 月,三部门成立联合调研组,到上海临港智能网联汽车综合测试示范区实地调研港区、高速公路无人驾驶测试等需求,并召开座谈会听取上海市有关单位对《智能网联汽车道路测试与示范应用管理规范》的意见和建议。11 月,工业和信息化部办公厅就本修改稿向公安部、交通运输部等征求意见,并处理反馈意见 25 条,形成了《智能网联汽车道路测试与示范应用管理规范》的最终发布稿。

2021 年 1 月,工业和信息化部在门户网站上公开征求社会意见,随后根据各方意见进行修改完善,就《智能网联汽车道路测试与示范应用管理规范》主要内容在行业内达成了广泛共识。7 月底,《智能网联汽车道路测试与示范应用管理规范(试行)》正式发布。其中,智能网联汽车自动驾驶功能通用检测项目见表 1-1。

表 1-1 智能网联汽车自动驾驶功能通用检测项目

序 号	检 测 项 目
1	交通信号识别及响应(包括交通信号灯、交通标志、交通标线等)
2	道路交通基础设施与障碍物识别及响应
3	行人与非机动车识别及响应(包括横穿道路和沿道路行驶)
4	周边车辆行驶状态识别及响应(包括影响本车行驶的周边车辆加减速、切入、切出及静止等状态)
5	动态驾驶任务干预及接管
6	风险减缓策略及最小风险状态
7	自动紧急避险(包括自动驾驶系统开启及关闭状态)
8	车辆定位

注:除检测以上通用项目外,还应检测智能网联汽车自动驾驶功能设计运行范围涉及的项目,如蜂窝车联网(C-V2X)技术等。

截至 2021 年 9 月,全国 27 个省(区、市)出台管理细则,建设 16 家智能网联汽车测试示范区,开放测试区域 5000km², 测试总里程超过 1000 万 km, 超过 3500km 的测试道路实现智能化改造升级,发放道路测试牌照 800 多张,长沙、上海、北京等地还开展了载人载物示范应用,无人物流、配送等新模式应用也在抗击新冠肺炎疫情期间发挥了重要作用。道路测试等系列工作的开展,促进我国智能网联汽车产业发展取得积极成效,基本与全球先进水平处于"并跑"阶段,搭载辅助驾驶系统的乘用车新车占有率提高到 20% 左右,其中新能源汽车新车搭载辅助驾驶系统率超过 30%;L3 级自动驾驶车型在特定场景下开展测试验证;车规级激光雷达、人工智能芯片算力达到国际先进水平,车载基础计算平台实现装车应用;多个地方开展车路协同试点。

1.1.2 智能网联汽车道路测试与示范应用基本原则

1.1.2.1 以安全为前提,鼓励和引导技术与模式创新

智能网联汽车道路测试和应用示范过程中将不断出现新的课题与需求,最新的《智能网联汽车道路测试与示范应用管理规范》仍然以较为宏观的原则性要求为重点,不对所有细化内容逐一规定而由各地方主管部门根据地方特点另行规定,为产业的技术与模式创新留有空间。但相应的创新活动应以保障安全为底线,更不能违反相关的法律法规及各地方制定的规章制度。

1.1.2.2 道路测试与示范应用主体仍为第一责任人

道路测试主体作为智能网联汽车道路测试的第一责任人,负责提出智能网联汽车道路

测试申请、组织测试并承担相应责任;示范应用主体作为智能网联汽车示范应用的第一责任人,负责组织示范应用并承担相应责任。

1.1.2.3 道路测试和示范应用的范畴进一步扩展,但并非开放所有公共道路

各省、市级政府相关主管部门①根据当地实际情况在其行政区域内选择有代表性的道路、区域用于智能网联汽车测试和示范应用,测试示范道路扩展到包括高速公路在内的公路、城市道路和区域。但因为无论是道路测试还是示范应用,仍处于测试阶段,为保证安全并非开放所有的公共道路和区域。

1.1.2.4 智能网联汽车自动驾驶通用检测项目为异地测试结果互认、减少测试负担提供基本条件

在前期开展智能网联汽车道路测试经验基础上,对《智能网联汽车道路测试管理规范(试行)》中规定的自动驾驶通用测试项目进一步完善,以自动驾驶场地测试的基础通用项目作为智能网联汽车上道路测试的前提条件,并进一步提升管理规范对于面向不同场景自动驾驶功能技术方案的匹配性和适用性,降低异地测试结果互认难度,减少重复测试负担。

1.1.2.5 示范应用应循序渐进,并在充分的道路测试基础上进行,且应提前告知搭载人员及货物拥有者相关风险

申请用于示范应用的车辆应在相应道路上进行过不少于240h或1000km的道路测试,并且在测试期间未发生道路测试车辆方引起的交通事故及交通违法事件。申请进行智能网联汽车上路示范应用的路段或区域不应超出道路测试车辆已完成的道路测试路段范围。车辆应按规定搭载人员或货物,示范应用主体应提前告知搭载人员及货物拥有者相关风险,并购买相应的保险。

1.1.2.6 路段和区域选择、车辆审核、通知书和牌照颁发及管理均由各地方政府主管部门负责,国家相关部委对相关活动进行指导、备案和发布

测试和示范应用主体向测试所在地省、市级政府相关主管部门提出申请,对审核通过的申请,由各地方政府相关主管部门颁发测试通知书;地方公安机关交通管理部门依据测试、示范应用通知书依法颁发临时行驶车号牌。相关管理工作由各地方政府具体负责,测试和示范应用情况定期报工业和信息化部、公安部、交通运输部。

1.1.3 智能网联汽车道路测试与示范应用主要内容

《智能网联汽车道路测试与示范应用管理规范(试行)》主要包括总则,道路测试与示范应用主体、驾驶人及车辆,道路测试申请,示范应用申请,道路测试与示范应用管理,交通违法与事故处理,附则共7章。

1.1.3.1 总则

本章主要明确了道路测试、示范应用及测试区(场)的定义,将道路测试和示范应用的范围扩展到包括高速公路在内的公路、城市道路和区域,并对省、市级相关主管部门的主要职责与工作机制进行了说明。

---

① 《智能网联汽车道路测试与示范应用管理规范(试行)》所称省、市级政府相关主管部门,包括各省、自治区、直辖市及计划单列市、新疆生产建设兵团和地级市的工业和信息化主管部门、公安机关交通管理部门和交通运输主管部门。

1.1.3.2　道路测试与示范应用主体、驾驶人及车辆

本章主要提出了测试主体的单位性质、业务范畴、事故赔偿能力、测试评价规程、远程监控能力、事件分析能力、网络安全保障能力及符合法律法规规定的条件8个方面要求，以及示范应用主体还需额外具备的智能网联汽车示范应用运营业务能力等要求。参照校车驾驶人的规定提出了驾驶人的基本要求，明确了乘用车、商用车和专用作业车的注册登记、安全检验、操作模式以及数据记录要求。

1.1.3.3　道路测试申请

本章要求测试主体在进行道路测试前，应进行充分的测试区（场）实车测试并符合相应标准规范和过程要求，测试主体应提供经相关主管部门确认的智能网联汽车道路测试安全性自我声明，提交自动驾驶功能等级声明、设计运行条件等12项相关材料，并可凭上述材料向公安机关交通管理部门申领临时行驶车号牌。测试主体需增加测试车辆或在异地测试的，可凭原相关材料及需额外补充的材料，向当地主管部门申领临时行驶车号牌，到期的可根据要求重新申领。

1.1.3.4　示范应用申请

本章要求示范应用主体在进行示范应用前应以自动驾驶模式在拟进行示范应用的区域进行一定时间或里程的道路测试，可凭相关主管部门确认的安全性自我声明以及道路测试情况、示范应用方案、载人载货说明等7项材料，申领临时行驶车号牌；如需增加配置相同示范应用车辆的，需按规定提交必要性说明；到期的可根据要求重新申领。

1.1.3.5　道路测试与示范应用管理

本章主要明确省、市级政府相关主管部门负责测试及示范应用路段及区域选择、发布相关信息、对测试情况进行动态评估；道路测试和示范应用主体须采取必要措施降低风险并按照要求提交相关报告；驾驶人应处于车内能够对车辆进行及时接管控制的位置，在必要时及时采取相应安全措施。

1.1.3.6　交通违法与事故处理

本章主要明确道路测试、示范应用主体应每月上报交通事故情况，发生严重交通事故时应在要求时间内将交通事故情况上报省、市级相关主管部门；相关主管部门应在规定时间内将交通事故情况上报工业和信息化部、公安部和交通运输部。

1.1.3.7　附则

附则主要解释了本规范中智能网联汽车、自动驾驶、设计运行范围和设计运行条件的定义。

智能网联汽车是指搭载先进的车载传感器、控制器、执行器等装置，并融合现代通信与网络技术，实现车与X（人、车、路、云端等）智能信息交换、共享，具备复杂环境感知、智能决策、协同控制等功能，可实现安全、高效、舒适、节能行驶，并最终可实现替代驾驶人来操作的新一代汽车。智能网联汽车通常也被称为智能汽车、自动驾驶汽车等。

智能网联汽车自动驾驶包括有条件自动驾驶、高度自动驾驶和完全自动驾驶。有条件自动驾驶是指在系统的设计运行条件下完成所有动态驾驶任务，根据系统动态驾驶任务接管请求，驾驶人应提供适当的干预；高度自动驾驶是指在系统的设计运行条件下完成所有动态驾驶任务，在特定环境下系统会向驾驶人提出动态驾驶任务接管请求，驾驶人/乘客可以不响应系统请求；完全自动驾驶是指系统可以完成驾驶人能够完成的所有道路环境下的动

态驾驶任务,不需要驾驶人/乘客介入。

设计运行条件(Operational Design Condition,ODC)是驾驶自动化系统设计时确定的适用于其功能运行的各类条件的总称,包括设计运行范围、车辆状态和驾乘人员状态等条件。其中,设计运行范围(Operational Design Domain,ODD)是驾驶自动化系统设计时确定的适用于其功能运行的外部环境条件,一般包括:①道路边界与路面状态;②交通基础设施;③临时性道路变更;④其他交通参与者状态;⑤自然环境;⑥网联通信、数字地图支持等条件。

1.2 国内外智能网联汽车测试与评价方法

测试评价是智能网联汽车自动驾驶功能开发、技术应用和商业推广不可或缺的重要环节。不同于传统汽车,智能网联汽车的测试评价对象变为人-车-环境-任务强耦合系统。随着驾驶自动化等级的提高,不同等级自动化水平所实现的功能逐级递增,导致对其进行测试验证极具挑战性,部分国家和地区已出台相应的法律法规允许智能网联汽车进行道路测试,以充分验证智能网联汽车的安全性。除了道路测试,围绕智能网联汽车测试评价环节所需的标准体系和相关测评方法,各国的政府机构、科研院所、相关企业开展了大量研究工作。此外,美国著名智库兰德公司发布的研究报告《驶向安全》中也指出,自动驾驶技术研发者和第三方测试机构需要开发数学模型、虚拟测试和模拟器、加速测试、情景测试以及试点研究等替代方法来补充道路测试。

1.2.1 智能网联汽车国外测试与评价方法

国外智能网联汽车的迅速发展,从某种意义上讲得益于其制定好的测评体系与方法。在智能网联汽车发展初期,大多数测试与评价是各个研发单位根据自身情况对其单项或部分功能要求进行单一指标评价,且大都是定性的评价。智能网联汽车的定量评价很少,仅仅以简单的完成任务时间来评价智能网联汽车的性能。2000年前后,在美军自动化战争的迫切需求和全球汽车电子巨大市场潜力的驱动下,智能网联汽车在军用和民用领域均处于迅猛发展的阶段。随着单项技术以及系统集成的逐渐成熟,测试与评价方法由单项测试向复杂综合能力测试发展,并出现了第三方测试。

军用方面。2000—2003年,美国国防部高级研究计划局(Defense Advanced Research Projects Agency,DARPA)在其主导的越野机器人感知(Percept OR)项目中对自动车自主驾驶能力进行了评价实验。此实验选择了美国6个具有代表意义的环境展开测试,对自动车在树林、沙漠、草地、山区等多种地形下的自主性能进行评价。测评的特点是:①采用统一的Honda Foreman Rubicon全地形车作为测试对象;②测试人员独立于开发人员,开发人员对于测试的路线和环境来说完全未知;③对任务均进行人工、遥控和自主行驶3种测试;④建立了多重评价指标;⑤在不影响车辆自主行驶的前提下测试车辆状态,并配备统一的紧急停止开关(Emergency stop button,E-stop)装置;⑥最终的评价结论由测试人员和开发人员共同对自动车运行数据进行对比分析得到。在此后的地面机器人学习应用(Learning Applied to Ground Robots,LearningGR)项目中,Shneie对智能网联汽车地形通过的学习能力进行了测试和评价,通过多次检测地形识别的误差,对车辆的学习能力进行了评估。Wagan提出了Harris角点检测(Harris Corner Detector,HCD)方法,用以得到真值和被测数据的特征点,利用特征点的匹配程序评估地图构建的能力。Censi提出了利用贝叶斯边界的方法来评价两个不同智能网联汽车的同步建图与定位(Simultaneous Localization and

Mapping,SLAM)能力。同时,DARPA 又连续组织了 3 届智能网联汽车比赛,分别是 2004 年、2005 年的无人驾驶机器人挑战赛(Grand Challenge)和 2007 年的无人车城市挑战赛(Urban Challenge)。这 3 次比赛均借助了 Percept OR 项目的相关测评方法,且完全是第三方测试,参赛车队对于测试环境和测试内容是完全未知的,比赛以完成所有规定项目的耗时长短作为评价指标。在 2007 年的 Urban Challenge 中,Urmson 等人对卡内基梅隆大学(Carnegie Mellon University,CMU)Boss 智能网联汽车的导航能力进行了测试和评价,测试内容包括:智能网联汽车通过位置传感器跟踪预先规划路径的测试(Blind Path Tracking Test);智能网联汽车在感知信息辅助下的跟踪规划路径的测试(Perception Assisted Path Tracking Test);智能网联汽车为了避免碰撞感知的障碍动态修改预先规划路径的测试(Perception Planning Test)。

类似地,欧洲在 2006 年举办了第一届德国联邦军队主导的机器人车辆试验赛——欧洲陆地机器人试验(European Land Robots Trials,ELROB),德国、英国、瑞士、法国和葡萄牙 5 个国家的大学和公司组成了 18 个参赛队伍参加了本次比赛。比赛需要穿越城市、乡村和沙漠等环境,允许车辆采用自主或遥控方式行驶。与美国无人驾驶机器人挑战赛(DARPA Grand Challenge)不同,欧洲的 ELROB 比赛更加强调适应性和交互性。比如在城市环境中,机器人车辆应该具备战术意识和可操纵性,可以通过窄巷、打开房门、攀爬楼梯、越过障碍以及检测积水、火苗、烟雾、楼房及相关军事装置等;在非城市环境,机器人车辆必须具有强大的机动性,可通过陡坡、壕沟、水洼等路况,并能识别和绕开岩石、火堆、铁丝围栏及牛群等障碍。此外,机器人车辆还可以与操作人员进行实时通信,并能向裁判员汇报检测结果。2007 年,欧洲又举办了无人地面车(Unmanned Ground Vehicle,UGV)和无人机(Unmanned Aerial Vehicle,UAV)的欧洲陆地机器人(Co-European Land Robot Trial,C-ELROB)联合比赛。除了允许 UGV 和 UAV 采用自主或遥控方式,还可以使用 UAV 检测和确定任务设定的区域,当 UAV 与操作人员或 UGV 完成通信后,UGV 就能准确地到达指定区域,完成相应的任务并将结果汇报给裁判员,如果时间允许还能返回原地。此后,在 2008—2014 年的 7 年时间里,ELROB 又举办了 6 次赛事,并按照军用和民用分别设定相应的比赛环境和任务,第三方测试评价方法也随着比赛的延续而变得更加全面和科学。

民用方面。从 1997 年 8 月到 2004 年 1 月,美国加州大学伯克利分校加州先进公共交通与公路研究合作伙伴(Partners for Advanced Transit and Highways,PATH)分别对乘用轿车、公共汽车、商用货车和特种车辆进行了 11 次自动化公路行驶的演示试验。演示试验采用磁道钉、车车通信、雷达、全球定位系统(Global Position System,GPS)导航等技术,实现车辆编队行驶、车队拆分和车道变换等一系列功能测试,并结合安全交通和实际交通目标评价车队控制系统对横向车道位置与纵向车辆间距的稳定性。日本产业技术综合研究所(Advanced Industrial Science and Technology,AIST)主导的智能导航示范(Smart Cruise 21 Demo 2000)主要对执行车辆协作策略的车车通信的实时性、速率、丢包率等进行测试与评价。而 2009 年由欧盟赞助、英国 Ricardo 主导的安全道路列队行车(Safe Road Trains for the Environment,SARTRE)演示试验,更是综合了以上两次试验的测试方法,对车道保持、车队跟随和车车通信(V2V)等多项技术分别作出了评价,并根据测评结果结合发展需求制订了智能网联汽车下一步的研究计划。2011 年 5 月,由荷兰应用科学研究院(TNO)和荷兰高科技汽车系统创新计划(HTAS)组织的第一届协同驾驶挑战(Grand Cooperative Driving Challenge,GCDC)比赛在荷兰的埃因霍温和赫尔蒙德之间的 A270 公路试验场举行。比赛利用车队长度、通过红绿灯次数、V2V 等指标来评价智能网联汽车纵向控制和协作的性能。比赛的目的是在智能网联汽车在自主行驶的基础上加快实现无线通信的互操作性,提高协同驾驶技术并推广应用,在有限的道路资源下合理地、最大化地增加交通流量。

2013 年,美国国家公路交通安全管理局(National Highway Traffic Safety Administration,NHTSA)发布了第一个《关于自动驾驶汽车的初步政策》(Preliminary Statement of Policy Concerning Automated Vehicles),率先对自动驾驶汽车智能等级进行划分(表 1-2),并在持续开展自动驾驶技术等级 L1 研究及有效性验证的同时,开展 L2~L4 级自动驾驶技术的研究,主要包含人为因素的研究、系统性能需求开发、电控系统安全性 3 个方面(表 1-3)。2016 年 3 月,联合国欧洲经济委员会(the United Nations Economic Commission for Europe,UNECE)道路安全论坛(即道路交通安全工作组,简称 WP1)宣布《国际道路交通公约(维也纳)》中对于自动驾驶汽车的修正案正式生效,"在全面符合联合国车辆管理条例或者驾驶员可以选择关闭该技术的情况下,自动驾驶技术被允许应用到交通运输当中",标志着自动驾驶首次在法律层面上得到许可。同年 9 月,美国运输部发布《联邦智能网联汽车政策》(Federal Automated Vehicles Policy),重点围绕智能网联汽车的安全评估标准、联邦和州政府的监管职责、NHTSA 监管措施及后续新的监管机构和监管措施 4 个主题,为自动驾驶技术的安全检测和运用提供指导性的监管框架。随着国际自动机工程师学会(Society of Automotive Engineers,SAE)J3016 标准被《联邦自动驾驶汽车政策》采用,自动驾驶汽车技术的其他利益相关者均参考了该文件,该文件事实上已经成为全球标准。

自动驾驶汽车智能等级划分 表 1-2

SAE 等级	名称	功能定义描述	动态驾驶任务（DDT）	感知与判断监控（OEDR）	动态任务应急措施（DDTF）	作用域（ODD）	NHTSA 等级
0	无自动化	由人操作汽车,系统在某些场景可提出警告或进行辅助	人			无	0
1	驾驶辅助	通过环境信息对行驶方向和加减速中的一项操作提供支持,其他驾驶操作都由人完成	人、系统	人	人	部分	1
2	部分自动化	通过环境信息对行驶方向和加减速中的多项操作提供支持,其他驾驶操作都由人完成	人、系统				2
3	有条件自动化	由自动驾驶系统完成所有驾驶操作。根据系统请求,人提供适当应答					3
4	高度自动化	在限定道路和环境条件下,由自动驾驶系统完成所有驾驶操作。根据系统请求,人不需要对所有请求作出应答	系统	系统	系统		4
5	完全自动化	在所有的道路、环境条件下,由自动驾驶系统全时完成所有驾驶操作				全域	

自动驾驶汽车不同智能水平的研究方向　　　　表 1-3

研究领域	目标	序号	支持方向
人为因素	主要集中于 L2 级、L3 级自动化等级车辆的人机交互需求研究,保证驾驶人与车辆在自动驾驶、非自动驾驶之间的安全切换与信息交互	1	驾驶人-车辆交互研究
		2	合理的车辆控制功能分配研究:控制优先级、驾驶人-车辆控制切换与控制方法
		3	驾驶人接受度研究
		4	驾驶人培训研究
		5	开发人因研究分析工具、性能测试评价
电控系统安全研究	研究功能安全相关要求;研究网络信息安全	1	系统安全及可靠性研究:功能、失效、故障诊断、冗余、认证等
		2	网络信息安全:黑客、潜在风险、安全系统有效性及对性能影响、认证
开发无人驾驶系统性能需求	L2~L4 等级的自动驾驶系统技术要求定义、应用场景研究,支持各类产品开发	1	功能需求设计
		2	数据分析:驾驶人行为、交通事故、典型场景
		3	评估 L2、L3 级自动驾驶系统约束条件
		4	测试评价方法研究
		5	确定 L2、L3 级系统性能边界
		6	电控系统研究成果汇总
		7	测试标准研究

　　2020 年初,美国运输部公布了最新的联邦智能网联汽车政策(AV 4.0)。在此之前,2017 年 9 月发布的"自动驾驶系统 2.0:安全愿景"(AV 2.0)和 2018 年 10 月发布的"为交通运输的未来做准备:智能网联汽车 3.0"(AV 3.0)均是对行业、各州和地方政府的指导,尤其是针对自动驾驶汽车的相关测试。如 AV 2.0 就提到了 13 种企业需要声明的安全要素,分别是:系统安全、ODD、目标和事件检测与响应(Object and Event Detection and Response,OEDR)、接管(最小风险状态)、验证方法、人机界面(Human Machine Interface,HMI)、车辆网络安全、耐撞性、事故后行为、数据记录、消费者教育与培训及对国家、洲和地方法规的遵守。但是,由于各类相关法律法规均是各州或政府机构自行制定,缺乏统一的协调、指导规范,因此,才有了 AV 4.0 的出现。AV 4.0 是前两个版本的迭代延伸,极大地促进了智能网联汽车的发展:一是美国政府积极投资包括基础研究、安全和网络安全、基础设施建设、频谱和车联网,以及经济和劳动力研究等在内的自动驾驶相关领域,促进创新成果转化。二是美国政府积极开展一系列监管、非监管活动,促进自动驾驶技术安全且充分地融入其地面运输系统之中。三是美国政府积极营造自动驾驶领域的创新创业环境,包括打造联邦实验室、促进技术成果转化;美国中小企业管理局(U. S. Small Business Administration,SBA)借助一系列融资机制为小企业提供免费培训、咨询以及管理资源;提供知识产权保护等。

　　在联合国层面,2019 年 1 月,世界车辆法规协调论坛 WP. 29 将原制动与行驶系工作组（GRRF）与智能交通/自动驾驶非正式工作组（Intelligent Transportation System/Autonomous Driving Interagency Working Group，ITS/AD IWG）整合重组，成立了自动驾驶汽车工作组（Working Party on Automated/Autonomous and Connected Vehicle，GRVA）。2019年6月，WP.29审议通过了中国、欧盟、日本和美国共同提出的《自动驾驶汽车框架文件》。《自动驾驶汽车框架文件》旨在确立L3及更高级别的自动驾驶汽车的安全性和安全防护的关键原则，并为WP.29附属工作组提供工作指导。自动驾驶测试方法非正式工作组（Working Party on Automated/Autonomous and Connected Vehicle /Validation Methods for Automated Driving Interagency Working Group，GRVA/VMAD IWG）形成了以审核与验证、虚拟仿真测试、场地测试、道路测试等为支撑的"多支柱验证方法"，如图1-1所示。2020年6月，WP.29通过了世界上首个针对L3级自动驾驶的《自动车道保持系统》（Automated Lane Keeping System，ALKS）法规，并于2021年1月起实施。该法规以联合国《自动驾驶汽车框架文件》为指导，将安全作为战略核心，从系统安全、故障安全响应、HMI、自动驾驶数据存储系统（Data Storage System For Automoted Driving，DSSAD）、信息安全及软件升级等方面对ALKS提出严格要求。其中，"系统安全"要求系统激活后可执行全部动态驾驶任务；"故障安全响应"要求系统具备驾驶权转换、碰撞应急策略和最小风险策略；"人机界面"规定系统的激活和退出条件，并明确系统应提示信息及形式；"DSSAD"要求应记录系统的驾驶状态；"信息安全和软件升级"要求系统应满足"信息安全法规"和"软件升级法规"。

图1-1　自动驾驶测试多支柱验证方法

2021年4月底，备受业内关注和广泛引用参考的《SAE J3016推荐实践：道路机动车辆驾驶自动化系统相关术语的分类和定义》与国际标准化组织（International Organization for Standardization，ISO）合作制定的《SAE驾驶自动化分级》更新版正式对外发布，如图1-2所示。更新版增加了一些术语，实质性完善和澄清了一些被误解的概念，以及将某些定义重组为更具逻辑性的分组。明显更改部分具体包括：①进一步明确SAE L3级和SAE L4级之间的区别，包括后备用户的角色、SAE L3级自动退出驾驶任务的可能性、在SAE L4级时对车内用户发出警报的可能性；②两个不同的远程支持功能（远程协助和远程驾驶）的术语和定义、以及执行这些功能的用户：远程协助员和远程驾驶人；③SAE L1级和L2级驾驶自动化系统命名为"驾驶人支持系统"（Driver Support Systems），与SAE L3～L5级所用术语"自动驾驶系统"(Automated Driving Systems)相对应;④解释了持续驾驶自动化的分类,以及是如何与更广义的驾驶人辅助和主动安全功能相匹配的;⑤解释了在驾驶自动化级别分类中,未包括警告和瞬时驾驶干预系统的原因;⑥对车辆类型的定义进行了分组:普通车辆(Conventional Vehicle)、双模车辆(Dual-mode Vehicle)和自动驾驶系统专用车辆(ADS-dedicated Vehicle);⑦定义和阐明故障缓解策略的概念。

SAE J3016™ 驾驶自动化分级™

版权所有©2021 SAE International。本表可以按原样自由重制和分发,但必须标示出内容来自SAE International国际自动机工程师学会。

	SAE L 0™	SAE L 1™	SAE L 2™	SAE L 3™	SAE L 4™	SAE L 5™
驾驶人座位上的人必须做什么?	无论这些驾驶人支持功能是否已经开启,即使您的脚已经离开踏板,也没有转向,都是您在驾驶车辆			当这些自动驾驶功能启用时,即使您坐在"驾驶人座位"上,也不是由您在驾驶车辆		
	您必须时刻监督这些支持功能;您必须根据需要进行转向、制动或加速以保证安全			当功能请求时,您必须驾驶	这些自动驾驶功能不会要求您接管驾驶	
	这些是驾驶人支持功能			这些是自动驾驶功能		
这些功能是做什么的?	这些功能仅限于提供警告和瞬时协助	这些功能为驾驶人提供转向或制动/加速支持	这些功能为驾驶人提供转向和制动/加速支持	这些功能可以在有限的条件下驾驶车辆,除非满足所有要求的条件,否则这些功能将无法运行		该功能可以在所有条件下驾驶车辆
示例功能	·AEB自动紧急制动 ·盲区警告 ·车道偏离警告	·车道居中或 ·自适应巡航控制	同时提供 ·车道居中和 ·自适应巡航控制	·交能阻塞驾驶人	·区域无人、出租汽车 ·踏板/转向盘可能会、也可能不会被安装	·与L4级相同,但该功能可以在所有条件下随处行驶

图 1-2 SAE 驾驶自动化分级更新版

另外,从国外现有高级辅助驾驶系统(Advanced Driving Assistance System, ADAS)上来看,欧洲、美国、日本等发达国家已从立法和评级标准(New Car Assessment Program, NCAP)等方面对汽车ADAS的配置做出规定:电子稳定控制(Electronic Stability Control, ESC)系统(商用车,2011.11)、紧急制动系统(Electronic Braking System, EBS)(重型商用货车,2013)、胎压监测(Tire Pressure Monitoring, TPM)(客车,2014)、前方碰撞预警(Forward Collision Warning, FCW)和车道偏离预警(Lane Departure Warning, LDW)(重型商用车,2015),欧盟还将主动紧急制动(Autonomous Emergency Braking, AEB)、车道保持辅助(Lane Keeping Assist, LKA)甚至行人检测系统(Pedestrian Detection System, PDS)等功能作为新的评价规程。自2014年起,ADAS技术已经成为获取欧盟新车安全评鉴协会(Euro-New Car Assessment Program, E-NCAP)四星和五星的必要条件。目前在欧洲、北美、亚洲市场占有率最高的ADAS系统集成商分别是大陆集团、德尔福、电装、博世、天合,这些系统集成商占据超过65%的市场份额。2022年1月,梅赛德斯-奔驰L3级自动驾驶系统已通过了德国联邦机动车运输管理局(Kraftfahrt-Bundesamt, KBA)技术条例审批,成功获得全球首个联合国法规UN-R157认证。相比乘用车,提供商用车ADAS的系统集成商集中度较高,威伯科、大陆集团、博世集团这3家企业占有全球60%的份额。目前具有代表性的商用车厂家中,奔驰货车配备了新一代智能科技主动安全系统,包括车道辅助、动态速度控制和稳定控制系统。德国曼集团(Maschinenfabrik Augsburg Nürnberg,MAN)重型货车将自适应巡航控制(Adaptive Cruise Control,ACC)、车道保持系统(Lane Keeping System,LKS)、车身电子稳定(Electronic Stability Program,ESP)系统等功能进行集成。斯堪尼亚(SCANIA)货车推出全新的高级巡航控制系统,可以对前方道路地形进行预测,从而对巡航速度进行调节。沃尔沃(VOLVO)货车不仅配备ACC、FCW和LKS,还配有基于视频检测的驾驶人警报支持系统(Driver Assistance System,DAS)。

在国际标准化组织框架下,道路车辆技术委员会(ISO/TC22)、智能运输系统技术委员会(ISO/TC204)针对智能网联汽车相关技术标准的研究,进行了积极协调和分工。ISO/TC22侧重基于车辆自身装置而进行的信息采集、处理、决策和行为的车辆技术领域,ISO/TC204侧重基于道路交通设施的信息传递以及交通管理信息化方面,关于车辆与道路交通设施的通信及信息共享方面,则由两个技术委员会进行沟通、协调。2018年,国际标准化组织的自动驾驶测试场景工作组(ISO/TC22/SC33/WG9)获批成立,首次由中国专家担当召集人,负责开展自动驾驶测试场景有关的术语定义、流程框架、场景数据库、设计运行范围及测试评价等国际标准制定工作,已提出ISO/NP 34501~34504涉及自动驾驶系统测试场景术语与定义、基于场景的自动驾驶安全评价工程框架与流程、ODD分类、场景特征及场景分类定义等4项ISO国际标准,并提出1项"基于场景的自动驾驶系统测评体系"的预先研究项目(PWI)。同年,功能安全小组(ISO/TC22/SC32/WG8)正式启动了全球首个自动驾驶安全国际标准ISO 21448《道路车辆 预期功能安全》(Road Vehicles-Safety of The Intended Functionality)的制定工作,旨在为全球智能网联汽车的安全开发和测试评价提供技术指导。ISO 21448立足对自动驾驶安全影响更广泛的非故障安全领域,重点关注自动驾驶汽车的行为安全,解决因自身设计不足或性能局限在遇到一定的触发条件(如环境干扰或人员误用)时导致的整车行为危害。ISO 21448计划于2023年3月正式发布。

1.2.2 智能网联汽车国内测试与评价方法

我国自动驾驶发展经历了军工高校独立研发和高校车企合作这两个阶段,目前正式迈入商业化阶段。与此同时,以百度为首的互联网技术(Internet Technology,IT)公司也竞相效仿Waymo、Tesla等国外巨头,联合车企研发智能网联汽车,已打响自动驾驶出租汽车(Robotaxi)商业化第一枪。

自2009年起,由国家自然科学基金委提出的"视听觉信息的认知计算"重大研究计划及"中国智能车未来挑战赛",旨在对车辆自动驾驶过程中的多传感器信息融合、三维地图生成及局部路径规划等关键技术进行攻关,研制具有自然环境感知与智能行为决策能力的智能驾驶车辆验证平台,在遵守交通法规的前提下,着重考核智能网联汽车在城市道路、高速公路和乡村道路3种道路工况下的安全性(Safety)、舒适性(Smoothness)、敏捷性(Sharpness)和智能性(Smartness)等智能水平。中国智能车未来挑战赛历届测试内容见表1-4。

中国智能车未来挑战赛历届测试内容　　　　　　　　　　表1-4

年份(年)	测试内容
2009	规定动作测试:起动、转弯、停止线停车等基本能力。挑战性测试任务:城市道路环境下静止障碍避让、路口通行、自主泊车等综合性能
2010	测试1:交通标志识别能力;测试2-1:曲线行驶;测试2-2:标志泊车;测试2-3:障碍泊车;测试3:车道保持、路口通行、U形掉头、变更车道、停止线停车等综合测试
2011	在2010年测试内容基础上增加多种交通信号灯识别、多处静止障碍及交叉路口等交通场景
2012	在2011年测试内容基础上增加虚拟人、静止车辆和行驶车辆避让、施工道路、有雾路段、有/无信号灯的交叉路口等城区环境和乡村道路
2013	在2012年测试内容基础上增加学校门前慢行和行人停车让行、施工绕行、合流区等城区环境和林荫道、拱桥等城郊环境
2014	在2013年测试内容基础上增加换道超车及高架桥、匝道、辅路等城区环境
2015	在2014年测试内容基础上重点考察假人避让、动态车辆干扰、隧道及越野环境通行
2016	在2015年测试内容基础上重点考察模拟高速公路通过收费站、高速行驶避让故障车及城区道路人行道假人避让、施工路段借道同行及积水路面通行
2017	在2016年的非结构化道路环境基础上,增加实车流量,测试智能车与社会车辆及周边环境的交互作用,以及参与车辆的自主驾驶能力测试
2018	在2017年测试内容基础上于混合交通流中拓展更多智能车和有人车辆,增加语义拓扑图对智能车自然交互导航应用进行测试
2019	在2018年测试内容基础上面向无人驾驶服务完全自主离开起始位,完成指定科目最终返回停车场
2020	首次将车联网技术与无人驾驶技术相融合,侧重于以单个测试任务的完成时间的长短衡量无人驾驶车的综合能力,本届比赛要求参赛车辆在更加复杂的动态典型真实城市道路交通环境中、在规定的时间内持续提供无人驾驶出行服务

自2014年起,中国人民解放军总装备部也开始举办跨越险阻地面无人平台挑战赛,重点考察无人平台软件技术对复杂环境的感知、决策能力和越野性能以及国产机动平台、传感器等性能和稳定性。跨越险阻地面无人平台挑战赛测试任务见表1-5。

跨越险阻地面无人平台挑战赛测试任务　　　　　　　　　　表1-5

分　类	任务说明
野外战场侦察	砂石路、河滩路、涉水路、泥泞路、爬坡等越野环境机动性能;烟、火、尘等特殊环境行驶;战场障碍物识别与避让;被阻断道路的动态路径规划;桥梁与隧道通行;待侦查区域目标搜索与信息采集等
城市巷战侦察组	铺面路或非铺面路等战场机动性能;动态路径规划;战场障碍物识别与避让;战场目标搜索与定位;情报信息传递
仿生非仿生类	平地行进和不同坡度行进的能力以及运输货物到达指定地点

自2017年6月,由中国汽车技术研究中心、中国生产力促进中心协会、中国人工智能学会智能驾驶专业委员会在中国汽车技术研究中心共同承办了世界智能驾驶挑战赛(World

Intelligent Driving Challenge,WIDC),重点聚焦行业高端交流平台和技术实践测评标尺,旨在通过汽车智能化功能测试、汽车自动驾驶测试和汽车智能网联测试等一系列立体化、实践性、全方位的测评,为国家决策、产品技术提升、社会消费认知提供权威、公正、第三方的测评服务。该赛事由无人驾驶组、智能辅助组、信息安全组3个组别组成。无人驾驶组比赛设置了15个关键测试区;智能辅助组比赛包含自动泊车(Automatic Parking,AP)、自主紧急制动、车道偏离预警与保持3个测试项目,主要针对装有智能辅助驾驶系统的车辆进行测评;信息安全组比赛主要针对具有智能化功能的汽车进行信息安全的攻防测评。自2018年8月,由中国国际智能产业博览会组委会设立的智能汽车集成系统试验区(Intelligent Vehicle Integrated Systems Test Area,i-VISTA)自动驾驶汽车挑战赛在重庆礼嘉地区举办。其中,智能辅助驾驶系统挑战赛旨在重点展示智能辅助驾驶系统创新技术在商业化产品或样车中的实际应用成效,以便广大消费者通过表演式竞赛更好地了解、掌握和使用汽车智能辅助驾驶功能,促进汽车智能辅助驾驶系统加快推广和应用。2018年设有两项比赛。一是自动泊车(Automatic Parking System,APS)挑战赛,将展示参赛车辆在垂直车位、平行车位和斜向车位3种场景下的自动泊车功能;二是自动紧急制动挑战赛,将展示参赛车辆对指定运动车辆、减速车辆、静止车辆、行人的自动识别和自动应对能力。创新应用挑战赛主要展示L3~L4级自动驾驶技术在城市道路实景的创新应用水平,重点考核参赛车辆在通过含有桥梁、急弯、长上下坡、S形弯路等城市道路和红灯路口及人行横道、事故车辆、公交车站、拥堵、同车道前车低速行驶、车道线模糊区域等复杂交通场景时主控系统的决策能力与效率,相应执行器的精准操作与控制能力。商业化进程挑战赛主要展示L2~L3级自动驾驶技术可商业化应用的技术水平,在限速条件下考核参赛车辆在简单快速道路上自动驾驶的通行能力及效率。城市交通场景挑战赛主要展示先进自动驾驶技术在城市复杂道路工况下的自适应驾驶能力,重点考核参赛车辆在指定的直道、弯道、合流道、异形十字路口、路障、行人等城市常见场景中对道路标线、典型目标物、常见交通信号的识别及响应能力,考核参赛车辆在上下坡、隧道、驼峰桥等特殊场景中对复杂工况、道路交通安全法律法规及规定的理解及适应能力。

2021年8月,《汽车驾驶自动化分级》(GB/T 40429—2021)推荐性国家标准由国家市场监督管理总局、国家标准化管理委员会批准发布,于2022年3月1日起实施。根据报批稿编制说明,为保证国际协调性,该标准参考SAE J3016的L0~L5级的分级框架,并结合中国当前实际情况进行调整。该标准与SAE J3016标准对每个具体的驾驶自动化功能分级结果基本是一致的,可减少不必要的分歧,但两者有几点不同:①本标准作为规范性国家标准,而SAE J3016标准作为行业指南,这决定了两个标准在编写形式上的区别;②SAE J3016将AEB等安全辅助功能和非驾驶自动化功能都放在L0级,名称为"无驾驶自动化",本标准名称为"应急辅助",作为一个安全的基础分支,和非驾驶自动化功能分开;③本标准对L3级驾驶自动化的要求中明确增加对驾驶人接管能力监测和风险减缓策略的要求,明确最低安全要求,减少实际应用的安全风险。《汽车驾驶自动化分级》提出了适合中国自动驾驶发展的分级标准,明确了系统和人在汽车行驶中的角色分配,统一相关行业认识,减少沟通分歧,为后续自动驾驶功能相关标准制定奠定基础,为相关行业政策和管理提供基础支撑。

上述自动驾驶挑战赛的促进,以及国家政策的支持,百度 Apollo 先后拿到首批上路测试、载人示范及商业化运营等自动驾驶牌照。百度 Apollo 是国内最早布局自动驾驶的企业之一,测试总里程已超过 2000 万 km,旗下"萝卜快跑"已在北京、上海、广州、长沙、沧州 5 地开放常态化运营。2021 年 11 月 25 日,北京正式开放国内首个自动驾驶出行服务商业化试点,标志着国内自动驾驶领域从测试示范迈入商业化试点探索新阶段,对全面贯彻新发展理念,加快构建新发展格局,变革未来出行方式具有里程碑意义。同时,北京市智能网联汽车政策先行区在发布的《自动驾驶出行服务商业化试点管理实施细则(试行)》中规定,在保障市场公平竞争原则的前提下,企业可采取市场化定价机制;在向乘客明确收费原则、支付方式等信息前提下,方可开启体验收费服务。

另外,从 2011 年起,我国乘用车高级辅助驾驶系统渗透率就开始稳步提高,且越来越智能化与个性化。目前,盲点监测、自动紧急制动、前向碰撞预警和智能泊车辅助已成为乘用车市场最受欢迎的 ADAS 功能。但是我国商用车进入 ADAS 市场较晚,宇通、金龙、金旅、海格等主流客车仅有防抱死制动系统(Antilock Braking System,ABS)、车身电子稳定系统、轮胎压力监测系统(Tire Pressure Monitioring System,TPMS)等基本功能,自适应巡航控制、前方碰撞预警系统、车道偏离预警系统等功能只能在高端客车上根据用户需求进行选配。货运车辆 ADAS 装配就更少,就连基本的 ADAS 功能也并未要求强制安装。2018 年底,根据交通运输部办公厅发布的《营运客车安全技术条件》(JT/T 1094—2016)、《营运货车安全技术条件 第 1 部分:载货汽车》(JT/T 1178.1—2018)、《营运货车安全技术条件 第 2 部分:牵引车辆与挂车》(JT/T 1178.2—2019)、《危险货物道路运输营运车辆安全技术条件》(JT/T 1285—2020)等相关法规政策、标准规范文件,营运客车应具备电子稳定控制功能,车长大于 9m 的营运客车应装备车道偏离预警系统和自动紧急制动系统(Advanced Emergency Braking System,AEBS)。最大设计车速大于 100km/h 的营运客车应具有限速功能。总质量大于或等于 12t 且最高车速大于 90km/h 的载货汽车,应具备 ESC、AEBS 功能。总质量大于 18t 且最高车速大于或等于 90km/h 的载货汽车,应具备 LDWS 和 FCWS 功能。牵引车辆应具备 ESC、LDWS 和 FC-WS 功能。最高车速大于 90km/h 的牵引车辆应安装 AEBS 功能,最高车速大于 90km/h 的牵引车辆与挂车均应安装电控制动系统功能。危险货物运输货车应具备 LDWS 和 FC-WS 功能,危险货物运输半挂牵引车及总质量大于或等于 12t 的危险货物运输货车应具备 ESC 功能。总质量大于或等于 12t 的危险货物运输货车应安装 AEBS 功能。《机动车安全运行技术条件》(GB 7258—2017)中强制规定:"车长大于 11m 的公路客车和旅游客车应装备符合标准规定的 LDWS 和 AEBS 功能","总质量大于或等于 12t 的危险货物运输货车还应装备 EBS"。

在《道路车辆 预期功能安全》(ISO 21448)的制定过程中,全国汽车标准化技术委员会秘书处组织国内专家组成中国代表团全程参与该标准的研究制定工作,针对草案提出了 132 项有影响力的中国提案,其中 96 项建议获得通过。同时针对行业痛点问题,在国内启动了针对性研究工作,取得了涵盖量化思想的预期功能安全(Safety Of The Intended Functionality,SOTIF)、双层安全接受准则、SOTIF 的量化开发、建立基于场景优先度子集的优先场景数据库及自动驾驶测试方法等方面的进展。

1.3 国内外智能网联汽车测试场/示范区

智能网联汽车的发展离不开测试与评价技术的发展,而测试场作为智能网联汽车测试与评价的重要一环,对智能网联汽车的发展具有重要意义。试验道路是现实存在的各种各样的道路,经过集中、浓缩、不失真的强化及典型化,主要包括基础测试道路、一般测试道路、道路网联环境和配套服务设施4个部分。基础测试道路设计应满足测试速度60km/h的最低要求,以实现测试车辆多数城市道路场景通行。如果需要实现城市快速路和高速公路等高速测试需求时,基础测试道路设计宜满足测试速度100km/h的要求。一般测试道路在满足自动驾驶基础功能测试的基础上,宜规划设计多种道路类型,满足丰富多样的测试场景需求。同时可根据当地区域特色进行相应道路的多样化设计,满足不同区域差异化测试需求。道路网联环境应包括网联通信、高精度定位、交通信号控制等设备,以及车辆准备车间、数据中心、云控平台、气象检测站等配套服务设施。

1.3.1 智能网联汽车国外测试场/示范区

美国。美国在自动驾驶场地测试方面起步较早,也是世界上在该领域规模最大、发展最快、规划最系统的国家,始终坚持封闭测试场地与开放道路测试相结合的路线。最初的自动驾驶测试场地建设是研究机构和企业自发建设,出现了底特律 Motor city(MCity)等具有代表性的场地设施。2015年在安娜堡市建成的MCity是世界上第一个用于车辆无线通信(V2X)技术、自动化/智能网联汽车的模拟城市环境全尺寸专用测试场地,占地约13万 m^2(32 英亩,195 亩),场地内包含各种不同形式的城市交通设施和V2X单元等先进的交通信息设施,如图1-3所示。测试内容主要包括汽车在多个时段、多种天气进行车联网应用测试。如行人保护系统,主要是传感器和主动安全测试,当在行人横穿道路时汽车会自动检测判断直至制动减速。又如V2X技术测试,当多辆车组成车队行驶时,可以通过车与车之间通信保持安全车距,遇到红灯时能提早唤醒汽车的制动装置。该场地由密歇根大学交通改造研究中心(The Mobility Transformation Center,MTC)设计建造并负责运营,有效支持了安娜堡V2X示范项目,并向自动驾驶汽车研发单位开放,我国一汽、长安汽车等企业也在MCity开展过测试。

图1-3 智能网联汽车测试场 MCity

2017年，美国运输部指定了10处测试地点，分布于9个州，旨在推进自动驾驶的技术开发和测试与数据共享，从而获取测试（自动驾驶汽车）可行性和安全性的示范项目资金，10个自动驾驶测试地点如表1-6所示。其中至少6个测试地点包括封闭测试场地，加利福尼亚州康科德 GoMentum Station 等部分场地已经对外开放运行。

美国运输部10个自动驾驶测试地点一览表　　　　表1-6

测试地点名称	属地	特点及规模
匹兹堡市和宾夕法尼亚州托马斯·D.拉尔森交通研究所	宾夕法尼亚	封闭场地+匹兹堡城市开放道路
得克萨斯州自动驾驶试验场联合体	得克萨斯	3个研究机构各自封闭场地+10条城市开放道路
美国陆军阿伯丁测试中心	马里兰	封闭场地+特殊路况和地貌
美国移动中心（ACM）	密歇根	134万m^2（331英亩）封闭测试场地+真实开放高速公路+危险场景测试
Gomentum Station 和康特拉科斯塔交通管理局	加利福尼亚	850万m^2（2100英亩）封闭测试场地+地形要素丰富的真实道路设施
圣迭戈政府联合会	加利福尼亚	真实开放的公路测试系统
爱荷华城市地区开发集团	爱荷华	城市走廊+研究设施
威斯康星大学麦迪逊分校	威斯康星	智能城市
佛罗里达州中部自动驾驶联合体	佛罗里达	162万m^2（400英亩）封闭测试场地+真实城市或州际道路
北卡罗来纳州收费公路管理局	北卡罗来纳	开放高速公路+研究设施

欧洲。欧洲的自动驾驶封闭测试场地设施主要由研究机构和汽车测试公司发起建设和运营，采用的方式多是在传统汽车试验场内建设自动驾驶和车路协同的专用测试区。自动驾驶汽车制造商除使用自己的场地进行研发和测试外，也积极参与独立测试场的建设与测试研究。较为典型的有瑞典布罗斯 AstaZero 试验场，英国米拉（Motor Industry Research Institute, MIRA）试验场等。

瑞典 AstaZero 试验场位于瑞典西南部，由瑞典 SP 技术研究所和查尔姆斯理工大学建设和运营，沃尔沃、奥托立夫、斯堪尼亚等公司参与投资建设并获得长期使用权。该试验场2011年开始建设，2014年正式投入使用，如图1-4所示。整个试验场以测试自动驾驶和车路协同为特色，设置专门的城镇模拟区域，可以模拟几乎全部的道路交通模式及交通状况，该区域包括一个主试验中心、一个多车道公路、一个由4个街道分区组成的城市区域、一个高速道路区域及农郊道路。同时为各种设施提供电力及光纤信号以满足测试地区车辆与基础设施的通信。可用的模拟物品包括人和动物模型、远程控制的"气球车"、道路护栏与交通标志，以及隧道、大雾发生器和雨水发生器。

英国的 MIRA 试验场由英国政府于1946年创立，是英国主要的综合性汽车和交通测试中心,在2015年被日本精密仪器公司堀场(Horiba)收购,从传统汽车道路测试开始向自动驾驶汽车和网联汽车的测试项目转变,如图1-5所示。在MIRA试验场内建设了自动驾驶和网联车辆的专用测试场地City Circuit,在2km长的环道内模拟城市道路和智能设施,可以开展自动驾驶汽车、合作式智能交通系统、高级辅助驾驶系统等测试。

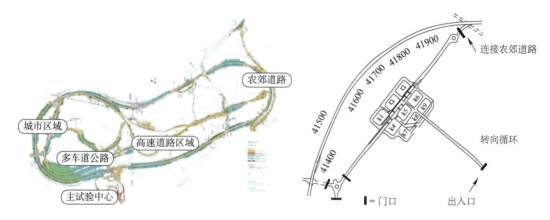

图1-4 智能网联汽车测试场 AstaZero

图1-5 智能网联汽车测试场 MIRA

日本。日本运输部、产业省、汽车工业协会等机构在2016年成立了自动驾驶技术研发中心,用于研究自动驾驶相关的汽车安全技术、通信协议及相关问题和标准。并依托日本汽车研究所(Japan Automobile Research Institute,JARI)在筑波科学城建设自动驾驶测试场地。2017年4月,JARI的自动驾驶测试场地"J-Town"正式投入使用,包括"特异环境试验场""V2X城市模拟道路""多功能道路"3个试验区域,具体包括涵盖各种道路交叉口的直线车道、四车道-二车道交叉路口、四车道-四车道交叉路口、坡道、城乡接合部道路、有信号控制、人行横道的交叉路口、多功能测试街区并可设置隔离栏、标志标线以及车流汇合道路等条件,如图1-6所示。

综上,由于国外智能网联汽车的技术日臻成熟,自动驾驶汽车测试已在各国多地蓬勃展开,所以测试场主要用于自动驾驶高危场景柔性化设计以及多场景循环测评、强化测试、压力测试等内容。

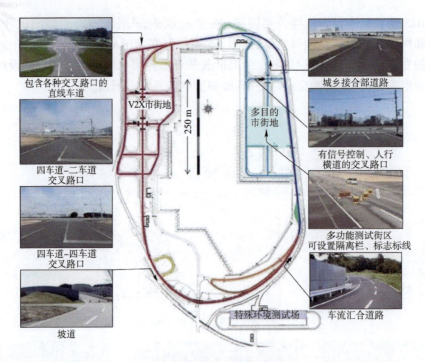

图 1-6　智能网联汽车测试场 J-Town

1.3.2　智能网联汽车国内测试场/示范区

在我国，随着移动互联、大数据及云计算等技术的迅猛发展，国家对智能网联汽车日益重视。2015 年《中国制造 2025》提出了智能网联汽车及其发展方向，并推行智能网联汽车试点示范项目。同年 6 月，工业和信息化部批准建设国内首个国家级智能网联汽车示范区——国家智能网联汽车(上海)试点示范区。该示范区是由上海国际汽车城(集团)有限公司承担建设，以服务智能汽车、V2X 网联通信两大类关键技术的测试及演示为目标，根据产业技术进步需求，分 4 个阶段展开建设——封闭测试区与体验区、开放道路测试区、典型城市综合示范区、城际共享交通走廊，从而逐步形成系统性评价体系和综合性示范平台，如图 1-7 所示。

	封闭测试与体验区	开放道路测试示范区	典型城市综合示范区	示范城市+共享交通走廊
	5km²	27km²	100km²	150km²
道路里程	15km	73km	366km（含高速28km）	500km
道路类型	模拟高速+城市+乡村	快速+城市+乡村+园区	高速/快速+城市+乡村	高速/高架+城市+乡村

图 1-7　国家智能网联汽车(上海)试点示范区

自此，工业和信息化部又陆续批准建成了浙江、北京和河北、重庆、长春、武汉、无锡、长沙 7 个智能网联汽车试点示范区，如表 1-7 所示。从地方级智能网联测试基地来看，整体综合功能较国家级尚有差距,但是地方也在积极开放自动驾驶测试的范围,比如深圳市为了贯彻落实《深圳建设中国特色社会主义先行示范区综合改革试点实施方案(2020—2025年)》,提出在坪山建设全封闭-半开放-全开放式的自动驾驶测试场及车路协同示范区。现已在全市9个行政区域(除罗湖区和深汕合作区)开放智能网联汽车测试道路里程144.69km,发放道路测试牌照14张,累计道路测试总里程达18638km,开放区域、开放里程及牌照发放数量位都位居全国前列。

国家智能网联汽车试点示范区"5+2+1"一览表　　表1-7

地区	时间	示范区名称	建设现状
上海	2015年6月	国家智能网联汽车(上海)试点示范区	封闭测试区搭建了200余个测试场景,围绕智能网联汽车道路测试,搭建了17个测试项目共计62个逻辑测试场景,累计为上汽、宝马等超过100家企业提供测试服务
浙江	2015年9月	浙江5G车联网应用示范区	以桐乡市乌镇和杭州市云栖小镇为核心区域,桐乡测试场可提供20余种网联式场景测试;杭州云栖小镇测试场主要结合云栖大会开展智能网联汽车测试展示活动
北京、河北	2016年1月	国家智能汽车与智慧交通(京冀)示范区	涉及3个测试场,其中海淀测试场测试道路里程4.8km,亦庄测试场道路测试里程8km(含800m高速公路),海淀和亦庄测试场均为北京市公共道路测试的自动驾驶能力评估场地
重庆	2016年1月	国家智能汽车与智慧交通重庆应用示范区	搭建了50个城市交通测试场景,其中交通安全场景35个,效率类场景3个,信息服务类场景6个,通信和定位能力测试场景6个,涵盖了弯道、隧道、坡道、桥梁、十字交叉路口等场景
长春	2016年11月	国家智能网联汽车应用(北方)示范区	封闭道路里程3km,具有6大类99个测试场景,43个网联场景,涵盖城市快速路、坡路、砂石路、十字路口、林荫路、雨雾路、连续转弯、隧道等道路场景,通过行驶场地和驾驶情景的组合可以扩展到300余个场景,智慧交通设施共有4大类100余个
武汉	2016年11月	国家智能网联汽车(武汉)测试示范区	规划面积90km²,开放示范道路159km,覆盖居住区、商业区、物流区、旅游风景区和工业区,已接入了263辆智能公交,5辆ADAS公交以及41辆景区自动驾驶汽车,运营情况良好
无锡	2017年8月	国家智能交通综合测试基地(无锡)	开放通锡高速公路S19无锡段作为封闭高速测试环境。分为公路测试区、多功能测试区、城市街区、环道测试区和高速测试区等。测试基地内提供封闭的实际道路和模拟测试环境,依据多种类型道路、障碍物、交通信号、交通标志、气象条件等因素构150余个实际道路测试场景
长沙	2018年6月	国家智能网联汽车(长沙)测试区	设置了78个常规智能系统测试场景和228个智能网联汽车测试场景,拥有测试道路8条,测试区内测试道路总里程12km(包括3.6km双向高速公路),其中城市环境模拟场景33个,乡村环境模拟场景13个,高速公路环境模拟场景6个

在示范区引领下,我国智能网联汽车产业链布局加快,汽车与互联网、电子通信等技术加速融合。2019年9月,上海市抢抓长三角一体化上升为国家战略的重大机遇,协同推进智能网联汽车产业一体化发展。已与江苏、浙江、安徽共同签订了《长江三角洲区域智能网联汽车道路测试互认合作协议》。浙江吉利、安徽江淮、江苏中智行获颁首批长三角一体化测试牌照,实现了长三角测试的互联互通。同年,北京与天津、河北共同签署了《进一步加强产业协同发展备忘录》和《京津冀区域智能网联汽车道路测试互认合作协议》,持续推进产业园区共建、项目对接、标准互认,共同打造合理布局、协同创新、互利共赢的产业生态。在不久后举行的2019世界智能网联大会期间,由工业和信息化部等有关部门引导,16家测试区(场)联合发起并共同签署了《智能网联汽车测试示范区(场)共享互认倡议》,聚焦智能网联汽车安全,促进车路协同发展,简化测试流程,提高评估效率,实现数据共享、结果互认,进一步提升我国智能网联汽车测试服务水平。

2020年7月,国务院办公厅发布《关于进一步优化营商环境更好服务市场主体的实施意见》(以下简称《意见》),《意见》指出要统一智能网联汽车自动驾驶功能测试标准,推动实现封闭场地测试结果全国通用互认,简化测试通知书申领及异地换发手续。为落实《意见》,在工业和信息化部指导下,智能网联汽车测试示范工作组成立,邀请国家级智能网联汽车测试区(场)、国家级车联网先导区、测试企业、科研机构和高校等单位共同发起。工作组在各地测试区(场)的支持下,通过问卷调查、现场调研、组织讨论等多种形式,梳理形成《智能网联汽车测试互认推进路线图》,从车、场、人、网、管等方面梳理影响测试互认的问题清单,并提出分阶段、分区域地推进我国智能网联汽车道路测试结果互认与测试通知书互认的目标、时间表和主要任务。2020年11月,工作组正式发布了《智能网联汽车测试互认推进路线图》,明确将从车、场、人、网、管等方面梳理影响测试互认的问题清单,如图1-8所示,并提出分阶段、分区域地推进我国智能网联汽车道路测试结果互认与测试通知书互认的目标、时间表和主要任务。《智能网联汽车测试互认推进路线图》的目标是争取各地测试区到2021年底实现测试结果互认,在2022—2023年实现测试通知书互认。

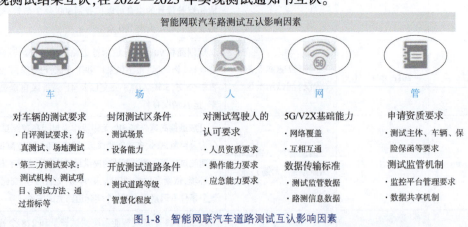

图1-8 智能网联汽车道路测试互认影响因素

1.4 智能网联汽车测试评价与示范应用的重要意义

智能网联汽车道路测试和示范应用并非传统意义上的"试车""车辆性能试验"的概念

和范畴。智能网联汽车道路测试是在上路前其车辆本身已完成了需要完成的车辆性能、可靠性、耐久性等试验之后,对实际交通状况进行适应性匹配的过程,是一种用实际路况完善自动驾驶系统标定的过程;而示范应用是在充分道路测试后对于即将进入产品化车辆的进一步验证。上述过程,是智能网联汽车发展的重要环节,是自动驾驶系统从设计、开发到功能完善,直至产品化的关键一步。

1.4.1 道路测试和示范应用是智能网联汽车技术研发和应用过程中必不可少的步骤

从技术角度而言,实现基本的自动驾驶功能相对简单,但自动驾驶功能完善则需要以大量场景输入作为基础的持续演进和迭代升级。国内外政府及产业普遍认为,为保障车辆在复杂的道路交通环境中安全、可靠行驶,需要通过模拟仿真测试、测试区(场)测试和实际道路测试等综合手段进行大量测试、验证。将具备自动驾驶功能的智能网联汽车置于实际交通环境中,通过道路环境和交通参与者等元素随机组合的场景输入,可以更好地实现智能网联汽车与道路、设施及其他交通参与者的相互适应与协调,验证并不断完善车辆面对真实复杂道路场景的行驶能力。

现阶段,我国自动驾驶技术的发展已进入快车道,随着自动驾驶功能的不断完善,在实际道路和真实交通环境下的测试和示范应用已成为自主骨干企业开展智能网联汽车技术和产品应用及推广的现实需求。相较于道路测试规定路径、规定时间、规定测试内容的验证方案,示范应用可与社会活动紧密结合,基于公众出行和货物运输需求提供服务并实施驾驶任务,验证车辆在限定区域范围内的实际运行能力。通过面向公众的示范应用不仅可以充分验证车辆的人机交互能力,还可提升公众对于自动驾驶技术的认知度和信赖感,为即将到来的智能网联汽车自动驾驶功能规模化、商业化应用奠定基础。

1.4.2 道路测试和示范应用是欧、美、日各国从技术发展和管理角度采取的普遍做法

当前,道路测试已经成为各国适应智能网联汽车技术及产业发展而采取的普遍做法,越来越多的国家和地区通过修订道路交通安全法规或颁布新的法案,给予自动驾驶汽车合法的地位,消除道路测试、试点示范应用甚至商品化应用面临的法律障碍。其中,德国、英国、韩国、新加坡等已经允许智能网联汽车作为普通试验车辆在包括高速公路在内的各类道路上进行测试;日本、瑞典和美国也相继开放公共道路上的自动驾驶测试;丹麦、加拿大、美国部分州政府就自动驾驶汽车示范应用出台了管理规范。从总体来看,各国主要通过修改现行法律或采取豁免措施允许智能网联汽车使用公共道路测试、开展示范应用,并从测试主体资质、测试流程、事故处理等各个方面作了明确的规定。全球智能网联汽车技术发展已进入道路测试常态化运行、示范应用多点开放的新阶段。

1.4.3 道路测试和示范应用在大量测试基础上进行且不会对道路交通产生不利影响

智能网联汽车在进入公共道路交通环境前,需要通过模拟仿真、测试区(场)测试等多种手段模拟各种道路交通场景,并对其在不同场景下的功能和性能,特别是安全性能进行必要

和充分的测试评估。为进一步提高智能网联汽车公共道路测试安全，还要求驾驶人全程监控车辆自动驾驶行驶状态并在必要时进行干预或接管。从实践情况来看，自2018年4月《智能网联汽车道路测试管理规范》实施至今，全国范围内未发生因公共道路测试造成的恶性交通事故，这既在一定程度上体现了前期充分验证的必要性，也验证了相关测试及管理要求在保障自动驾驶功能道路测试安全性方面的可行性。

1.4.4 《测试与示范管理规范》是在智能化网联化新形势下汽车行业管理工作的客观要求

智能网联汽车并非单一的新技术、新功能、新应用，而是整合利用最先进的电子控制、人工智能、网络通信及互联网技术等，对原有以人类驾驶人为核心的车辆功能、作用的重新定位，不仅改变了人类驾驶人在环境感知、分析决策及车辆控制等驾驶任务中的作用和职责，逐步分担驾驶任务并最终完全替代人类驾驶车辆，而且将由此改变自汽车问世以来、人类以汽车为交通工具所形成的生活、工作方式以及经济、社会和法律环境与秩序。智能网联汽车新形态的产生衍生了多种新课题和新需求，面向不断更新的技术和产业发展需要持续优化管理方案，这对我国现行的汽车及道路交通管理带来了新的挑战。

当前，我国相关企业、高校等已研发出可在高速公路上进行自动驾驶的智能网联汽车，行业对在更广泛测试场景下开展道路测试的需求强烈，实现不同地区之间的测试结果互认已然成为产业的共同诉求。面对《智能网联汽车道路测试管理规范》实施过程中出现的新问题和新挑战，从管理的角度应提前采取针对性的准备措施与方案，为后续建立智能网联汽车产品准入、注册、使用及营运管理提供参考。国务院办公厅《关于进一步优化营商环境更好服务市场主体的实施意见》(国办发〔2020〕24号)也明确提出"在条件成熟的特定路段及有需求的机场、港口、园区等区域探索开展智能网联汽车示范应用"。因此，有必要对原《智能网联汽车道路测试管理规范》进行修订，增强对当前产业发展需求的适应性，并进一步规范、促进和指导示范应用活动。

综上，智能网联汽车仍处于产业发展的前期阶段，需要从政策角度加大培育力度、营造生态环境，提升服务能力，为产业未来发展预留创新空间。工业和信息化部、公安部、交通运输部建立联合工作机制，推动和促进智能网联汽车道路测试与应用示范：加强内容宣贯，健全管理监督机制；加强政府宣传，提升道路测试和应用示范积极性；促进道路测试安全性提高，逐步扩展测试和示范应用的道路区域范围；结合量产应用，探索智能网联汽车产品管理模式。对于基础较强、条件较好的省、市等各地方开展智能网联汽车道路测试与示范应用工作时，在保障安全的前提下积极开展先试先行，对于示范应用效果良好的新技术、新模式，可进一步扩展应用到更加广泛的产业实践之中。

第 2 章
智能网联汽车标准概述

智能网联汽车作为新兴产业集群，融合了汽车、电子、信息、通信等不同行业的新理念、新技术，技术和产业尚处于快速发展中，智能网联汽车的范畴也随着技术发展和应用不断扩展和完善。智能网联汽车标准体系建设考虑未来技术发展和应用的多样性，采取开放、融合的态度，以共性基础、关键技术和较为成熟的产品与技术应用为重点，为未来技术发展预留空间和接口，避免标准体系方案对智能网联汽车技术和产业发展的制约。

2.1 标准制定的意义

标准是技术和产业有序、健康发展的基础和必要条件，在保障产品质量安全、促进产业转型升级、带动经济提质增效、服务外交外贸等方面正起着越来越重要的作用，主要表现在几个方面：

（1）建立良好秩序的工具。标准化为生产活动提供了科学、有序的规范，为社会化大生产下的分工及合作奠定了基础。同时，标准化是从全局出发、平衡各方利益确立的，是无偏见的约束，能够从技术和管理上对生产及服务进行权威的统一和协调，是提高质量、降低成本、缩短工期的有效工具。

（2）维持市场运转的手段。维护市场公平、保护消费者权益，是市场良性运转的前提条件。标准是管理者、生产者、消费者等各方协商确定的，是政府对市场实施干预的技术依据。同时，建立在产品和服务标准化基础上的合格评定，可以简化交易过程、降低交易风险和成本，提高市场运行效率。

（3）参与国际竞争的战略。伴随经济的全球化，各国都意识到标准在提高市场信任度、加速商品流通、减少贸易壁垒方面的作用，对标准化给予高度关注。商业团体、跨国公司比以往任何时候都更为重视标准的国际化，通过标准抢占产业制高点，标准化逐渐成为国际贸易竞争的主要战略之一。

智能网联汽车尚处于技术开发和产业培育期，更需要充分发挥标准的规范和引领作用，减少无序、重复开发。特别是对我国来说，智能网联还在起步和追赶阶段，应尽快研究提出标准体系架构，及时填补关键标准缺口，积极争取国际话语权，通过"标准先行"加速本土产业化进程。

建立健全智能网联汽车标准规范体系，有以下重要意义：
1）有利于营造统一的智能网联驾驶环境
智能网联驾驶涉及汽车制造、通信服务、基础设施等多个领域，不是孤立的系统。如果没有明确的标准规范，不同品牌的车辆可能无法实现互联互通，不同基础设施也难以提供水平一致的服务，智能网联驾驶应用场景将支离破碎，得不到用户和市场的认可。以"顶层设计先行"为指导，尽快构建标准体系，有利于在产业培育初期确定统一的智能网联驾驶环境，减少未来产业化的风险。

2）有利于构建清晰的技术发展路线图

在研究智能网联驾驶各板块技术现状和技术发展趋势的基础上，提出覆盖智能网联汽车、新型基础设施、车车/车路通信、信息服务、信息安全等在内的智能网联驾驶标准体系框架，有利于清晰描绘各主要技术的发展路线图，为技术研发指明方向，减少低效的重复开发，少走弯路。

3）有利于形成明确的产业发展预期

科学、合理的标准体系，一方面是技术研发的指南针，另一方面也是产业投资的风向标。标准体系在统一技术研发环境、规范开发秩序的同时，通过技术路线设计，也为投资方、上下游产业展示了产业发展预期，对于相关企业未来的投资和产业布局有很好的指导作用。

4）有利于增强国际竞争力

智能网联驾驶是智能运输系统（Intelligent Transportation System，ITS）领域的研究热点，美国、日本、欧洲都在技术、产业等领域积极推进，标准也是战略争夺焦点之一。因此，尽快建立我国的智能网联驾驶标准体系，一方面有利于防止国外标准的"一家独大"，另一方面有利于尽快提升自身竞争力，通过标准推动技术和产品"走出去"。

因此，在智能网联驾驶理论技术快速发展、产业扩张蓄势待发的当下，研究提出标准体系框架和建设路线，对进一步指导智能网联驾驶标准化具体工作，进而推动技术和产业有序、健康发展有积极的现实意义。

智能网联驾驶系统体系框架研究应参照智能交通系统体系框架，按以下几个步骤进行：

（1）确定服务内容。明确服务对象和主要服务内容，确定用户主体和服务主体，提出智能网联驾驶系统服务领域及各领域子服务。

（2）梳理技术体系。结合现状调研情况，分析智能网联驾驶系统各主要板块关键技术，融合形成智能网联驾驶总体技术体系。通过技术体系梳理，明确标准化重点。

（3）建立物理架构。从物理组成的角度，分析智能网联驾驶系统结构，并按照系统、子系统、模块等层次，对系统进行结构解析。同时，厘清不同子系统之间交互的主要信息，反映物理结构和服务功能之间的对应关系。

（4）提出标准体系。在用户服务、技术体系和物理架构的基础上，结合标准化现状，按照标准体系形成的基本原则，明确标准化主要对象，确定标准层次结构，研究提出标准体系架构，并梳理标准体系表。同时，根据市场需求和技术现状，提出标准体系建设路径，形成有重点、分阶段的标准化目标。

2.2 智能网联汽车国家标准体系

为加强顶层设计，2017—2018年，工业和信息化部、国家标准化管理委员会联合组织制定并发布《国家车联网产业标准体系建设指南》系列文件，根据标准化主体对象和不同行业属性划分为总体要求、智能网联汽车、信息通信、电子产品与服务等部分,涵盖汽车、通信、电子、交通和公安 5 大行业领域,如图 2-1 所示。为打造创新驱动、开放协同的车联网产业提供支撑。其中,智能网联汽车部分于 2017 年 12 月率先发布,主要针对智能网联汽车通用规范、核心技术与关键产品应用,形成标准体系框架,梳理并提出了计划研究制定的标准项目。

根据智能网联汽车技术现状、产业应用需要及未来发展趋势,分阶段建立适应我国国情并与国际接轨的智能网联汽车标准体系:

图 2-1 国家车联网产业标准体系建设结构图

到 2025 年,系统形成能够支撑高级别自动驾驶的智能网联汽车标准体系。制定 100 项以上智能网联汽车标准,涵盖智能化自动控制、网联化协同决策技术以及典型场景下自动驾驶功能与性能相关的技术要求和评价方法,促进智能网联汽车"智能化 + 网联化"融合发展,以及技术和产品的全面推广普及。

通过建立完善的智能网联汽车标准体系,引导和推动我国智能网联汽车技术发展和产品应用,培育我国智能网联汽车技术自主创新环境,提升整体技术水平和国际竞争力,构建安全、高效、健康、智慧运行的未来汽车社会。

2.2.1 标准体系构建方法

构建科学、合理的智能网联汽车标准体系,应充分考虑不同层面的基本情况并理清构建思路:面向未来技术,避免对技术创新和产业发展形成的制约;以智能化为主,同时考虑智能化和网联化两条路径;立足基本国情,适应我国道路交通特点与产业需求;科学进行分类,合理确定层级、定位和适用范围;确定工作进度,加快急需标准项目的制修订;强化体系协调,实现与其他相关行业标准的兼容;坚持开放态度,积极参与国际标准法规的制定与协调。在充分考虑以上构建思路的基础上,着重从技术逻辑结构和产品物理结构两个层面进行系统分析,剖析智能网联汽车技术和产品基本特性,构建整个标准体系。

2.2.1.1 智能网联汽车技术逻辑结构

智能网联汽车技术逻辑的两条主线是"信息感知"和"决策控制",其发展的核心是由系统进行信息感知、决策预警和智能控制,逐渐替代驾驶人的驾驶任务,并最终完全自主执行全部驾驶任务,如图 2-2 所示。根据《智能网联汽车技术路线图》,智能网联汽车可分为智能化与网联化两个层面;智能网联汽车通过智能化与网联化两条技术路径协同实现"信息感知"和"决策控制"功能。

在信息感知方面,根据信息对驾驶行为的影响和相互关系分为"驾驶相关类信息"和"非驾驶相关类信息";其中,"驾驶相关类信息"包括传感探测类和决策预警类,"非驾驶相关类信息"主要包括车载娱乐服务和车载互联网信息服务。传感探测类又可根据信息获取方式进一步细分为依靠车辆自身传感器直接探测所获取的信息(自身探测)和车辆通过车载通信装置从外部其他节点所接受的信息(信息交互)。"智能化 + 网联化"相融合可以使车辆在自身传感器直接探测的基础上,通过与外部节点的信息交互,实现更加全面的环境感知,从而更好地支持车辆进行决策和控制。

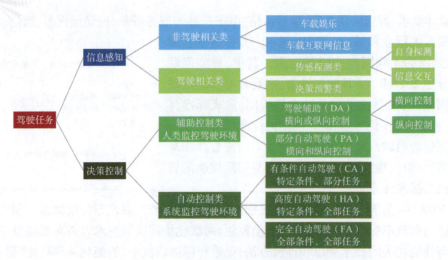

图 2-2 智能网联汽车技术逻辑结构

在决策控制方面,根据车辆和驾驶人在车辆控制方面的作用和职责,区分为"辅助控制类"和"自动控制类",分别对应不同等级的决策控制。其中,辅助控制类主要指车辆利用各类电子技术辅助驾驶人进行车辆控制,如横向控制和纵向控制及其组合,可分为驾驶辅助(Driving Assistance,DA)和部分自动驾驶(Partial Autonomous,PA);自动控制类则根据车辆自主控制以及替代人进行驾驶的场景和条件进一步细分为有条件自动驾驶(Conditional Autonomous,CA)、高度自动驾驶(Highly Autonomous,HA)和完全自动驾驶(Fully Autonomous,FA)。

2.2.1.2 智能网联汽车产品物理结构

智能网联汽车的产品物理结构是把技术逻辑结构所涉及的各种"信息感知"与"决策控制"功能落实到物理载体上。车辆控制系统、车载终端、交通设施、外接设备等按照不同的用途,通过不同的网络通道、软件或平台对采集或接收到的信息进行传输、处理和执行,从而实现了不同的功能或应用,如图 2-3 所示。

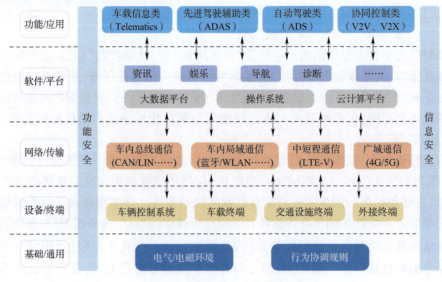

图 2-3 智能网联汽车产品物理结构

功能与应用层根据产品形态、功能类型和应用场景，分为车载信息类、智能驾驶辅助类、自动驾驶类以及协同控制类等，涵盖与智能网联汽车相关各类产品所应具备的基本功能。

软件和平台层主要涵盖车载计算平台和操作系统等基础平台产品，以及资讯、娱乐、导航和诊断等应用软件产品，共同为智能网联汽车相关功能的实现提供平台级、系统级和应用级的服务。

网络和传输层根据通信的不同应用范围，分为车内总线通信、车内局域通信、中短程通信和广域通信，是信息传递的"管道"。

设备终端层按照不同的功能或用途，分为车辆控制系统、车载终端、交通设施终端、外接设备等，各类设备和终端是车辆与外界进行信息交互的载体，同时也作为人机交互界面，成为连接"人"和"系统"的载体。

基础和通用层涵盖电气/电磁环境以及行为协调规则。安装在智能网联汽车上的设备、终端或系统需要利用汽车电源，在满足汽车特有的电气、电磁环境要求下实现其功能；设备、终端或系统间的信息交互和行为协调也应在统一的规则下进行。

此外，产品物理结构中还包括功能安全和信息安全两个重要组成部分，两者作为智能网联汽车各类产品和应用都需要满足的基本条件，贯穿于整个产品物理结构之中，是智能网联汽车各类产品和应用实现安全、稳定、有序运行的可靠保障。

2.2.2 标准体系框架

按照智能网联汽车的技术逻辑结构、产品物理结构的构建方法，综合不同的功能要求、产品和技术类型、各子系统间的信息流，将智能网联汽车标准体系框架定义为"基础""通用规范""产品与技术应用""相关标准"4个部分，同时根据各具体标准在内容范围、技术等级上的共性和区别，对4部分做进一步细分，形成内容完整、结构合理、界限清晰的14个子类，如图2-4所示（括号内数字为体系编号）。

图2-4 国家车联网产业（智能网联汽车）标准体系框架

2.2.2.1　基础(100)

基础类标准主要包括智能网联汽车术语和定义、分类和编码、标识和符号等 3 类基础标准。

术语和定义标准用于统一智能网联汽车相关的基本概念,为各相关行业协调兼容奠定基础,同时为其他各部分标准的制定提供支撑。

分类和编码标准用于帮助各方统一认识和理解智能网联标准化的对象、边界以及各部分的层级关系和内在联系。

标识和符号标准用于对智能网联汽车中各类产品、技术和功能对象进行标识与解析,为人机界面的统一和简化奠定基础。

2.2.2.2　通用规范(200)

通用规范类标准从整车层面提出全局性的要求和规范,主要包括功能评价、人机界面、功能安全和信息安全等方面。

功能评价标准主要从整车及系统层面提出智能化、网联化功能评价规范以及相应的测试评价应用场景,在一定程度上反映了对产品和技术应用前景的判断。

人机界面标准主要考虑智能网联汽车产品形态与传统汽车在人机工程、功能信息传递上的差异,同时着重考虑驾驶模式切换等问题,人机界面的优劣与驾驶安全密切相关,同时也会影响驾乘体验和对产品的接受度。

功能安全标准侧重于规范智能网联汽车各主要功能部件及其下属系统在安全性保障能力方面的要求,其主要目的是确保智能网联汽车整体及子系统功能运行的可靠性,并在系统部分或全部发生失效后仍能最大限度地保证车辆安全运行。

信息安全标准在遵从信息安全通用要求的基础上,以保障车辆安全、稳定、可靠运行为核心,主要针对车辆及车载系统通信、数据、软硬件安全,从整车、系统、关键节点以及车辆与外界接口等方面提出风险评估、安全防护与测试评价要求,防范对车辆的攻击、侵入、干扰、破坏和非法使用以及意外事故。

2.2.2.3　产品与技术应用(300)

产品与技术应用类标准主要涵盖信息感知、决策预警、辅助控制、自动控制和信息交互等智能网联汽车核心技术和应用的功能、性能要求及试验方法,但不限定具体的技术方案,以避免对未来技术创新发展和应用产生制约或障碍。

信息感知是指车辆利用自身搭载的传感器,探测和监控车辆驾乘人员、车辆自身运行情况及周围环境(包括道路、交通设施、其他车辆、行人等交通参与者)等与驾驶相关的信息,覆盖人员状态监测系统、车身传感探测系统、驾驶人视野拓展系统,以及传感器、雷达、摄像头等关键部件的功能、性能要求及试验方法。

决策预警是指车辆按照某种逻辑规则对探测和监控的车辆运行情况、周围环境信息等进行处理、分析和决策,判定车辆在发生危险倾向、处于危险状态或达到其他(例如可能危及其他交通参与者)需要提醒驾驶人注意或采取措施时,通过光学、声学及其他易于识别的方式发出报警信号,覆盖车辆前后向行驶、转向等不同行驶工况下的提醒和报警系统及其关键部件的功能、性能要求及试验方法。

智能控制主要指车辆行驶过程中横向(方向)控制和纵向(速度)控制及其组合对车辆

行驶状态的调整和控制,涉及发动机、变速器、制动、底盘等多个系统。根据车辆智能控制的复杂程度、自动化水平和适应工况不同,又可分为辅助控制和自动控制两类。其中:

(1)辅助控制类标准覆盖车辆静止状态下的动力传动系统控制,车辆行驶状态下的横向(方向)控制和纵向(速度)控制,以及整车和系统层面的功能、性能要求和试验方法。

(2)自动控制类标准则以城市道路、公路等不同道路条件以及交通拥堵、事故避让、倒车等不同工况下的应用场景为基础,提出车辆功能要求以及相应的评价方法和指标。

信息交互主要指具备网联功能的车辆可在车辆自身传感器探测的基础上,通过车载通信装置与外部节点进行信息交换,为车辆提供更加全面的环境信息,可视作一种特殊的环境感知传感器;未来能够在信息交互的基础上进行网联化协同决策与控制,实现车辆安全、有序、高效、节能运行。该类标准不局限于车辆自身范畴,还涉及交叉路口通行支持、违规警告、事故救援等功能和服务,也包括车载通信装置、通信协议及对应的界面接口。

2.2.2.4 相关标准(400)

相关标准主要包括车辆信息通信的基础——通信协议,主要涵盖实现车与 X(人、车、路、云端等)智能信息交互的中短程通信、广域通信等方面的协议规范;在各种物理层和不同的应用层之间,还包含软、硬件界面接口的标准规范。

2.2.3 标准体系表

根据如上所提标准体系框架,形成我国智能网联汽车国家标准体系表,如表 2-1 所示。

国家智能网联汽车标准体系表 表 2-1

标准项目及分类		标准类型	标准性质	状态	采用或相应的国际、国外标准号
基础(100)					
术语和定义(101)					
101-1	智能网联汽车术语和定义	国标	推荐	预研中	
101-2	先进驾驶辅助系统(ADAS)术语和定义	国标	推荐	已实施 GB/T 39263—2020	
101-3	汽车信息安全术语和定义	国标	推荐	预研中	
分类和编码(102)					
102-1	汽车智能化、网联化信息分类与代码	国标	推荐	预研中	
102-2	汽车智能化、网联化数据结构及传输格式	国标	推荐	预研中	
102-3	智能运输系统 智能驾驶电子地图数据模型与交换格式 第1部分:高速公路	国标	推荐	已完成征求意见稿 计划号:20192189-T-469	
102-4	智能运输系统 智能驾驶电子地图数据模型与交换格式 第2部分:城市道路	国标	推荐	已完成征求意见稿 计划号:20192188-T-469	
102-5	汽车驾驶自动化分级	国标	推荐	已实施 GB/T 40429—2021	

续上表

标准项目及分类		标准类型	标准性质	状　态	采用或相应的国际、国外标准号
102-6	汽车网联化等级划分	国标	推荐	预研中	
102-7	汽车信息安全风险分类与等级划分	国标	推荐	预研中	
102-8	汽车信息安全域及防护层级化定义	国标	推荐	预研中	
标识和符号(103)					
103-1	智能网联汽车信号图形和标识	国标	推荐	预研中	
103-2	智能网联汽车报警信号	国标	推荐	预研中	
通用规范(200)					
功能评价(201)					
201-1	汽车智能化功能及性能评价通用规范	国标	推荐	预研中	
201-2	汽车网联化功能及性能评价通用规范	国标	推荐	预研中	
201-3	汽车智能化应用工况	国标	推荐	预研中	
201-4	汽车网联化应用工况	国标	推荐	预研中	
201-5	汽车软件升级技术条件及功能评价规范	国标	推荐	预研中	
人机界面(202)					
202-1	汽车人机交互界面系统评价方法	国标	推荐	预研中	
202-2	汽车报警信号优先度规范	国标	推荐	预研中	
202-3	汽车报警信号通用规范	国标	强制	预研中	
202-4	汽车人机控制转换系统性能要求及试验方法	国标	强制	预研中	
功能安全(203)					
203-1	道路车辆功能安全(1~10 部分)	国标	推荐	已实施 GB/T 34590—2017 (1~10 部分)	ISO 26262
203-2	智能网联汽车人机交互系统失效保护要求及评价方法	国标	强制	预研中	
203-3	汽车交互接口功能安全要求	国标	推荐	预研中	
203-4	汽车信息感知系统功能安全要求	国标	推荐	预研中	
203-5	汽车决策预警系统功能安全要求	国标	推荐	预研中	
203-6	汽车辅助控制系统功能安全要求	国标	推荐	预研中	
信息安全(204)					
204-1	汽车信息安全通用技术要求	国标	推荐	已发布 GB/T 40861—2021	
204-2	汽车信息安全风险评估指南	国标	推荐	预研中	
204-3	汽车数据保护安全和隐私保护通用要求	国标	推荐	预研中	

续上表

标准项目及分类		标准类型	标准性质	状　态	采用或相应的国际、国外标准号
204-4	车载操作系统及应用软件安全防护要求	国标	推荐	预研中	
204-5	汽车信息安全通用测试与评价方法	国标	推荐	预研中	
204-6	汽车信息感知设备安全技术要求	国标	推荐	预研中	
204-7	汽车信息安全通用技术要求	国标	推荐	已发布 GB/T 40861—2021	
204-8	车载总线系统信息安全技术要求	国标	推荐	预研中	
204-9	汽车网关信息安全技术要求及试验方法	国标	推荐	已发布 GB/T 40857—2021	
204-10	车载信息交互系统信息安全技术要求	国标	推荐	已完成征求意见稿 计划号:20191069-T-339	
204-11	车载信息交互系统信息安全技术要求及试验方法	国标	推荐	已发布 GB/T 40856—2021	
204-12	车载诊断接口(OBD)信息安全技术要求	国标	推荐	预研中	
204-13	驾驶人身份认证系统技术要求	国标	推荐	预研中	
204-14	汽车软件升级信息安全防护规范	国标	推荐	预研中	
204-15	电动汽车远程信息服务与管理系统信息安全技术要求	国标	推荐	已完成征求意见稿 计划号:20192313-T-339	
204-16	电动汽车充电系统信息安全技术要求	国标	推荐	已完成征求意见稿 计划号:20191066-T-339	
204-17	汽车信息安全应急响应管理指南	国标	推荐	已完成征求意见稿 计划号:20213611-T-339	
产品与技术应用(300)					
信息感知(301)					
301-1	汽车倒车视野辅助性能要求及试验方法	国标	推荐	预研中	
301-2	自适应前照明系统性能要求及试验方法	国标	推荐	已实施 GB/T 30036—2013	
301-3	汽车全景影像监测系统性能要求及试验方法	国标	推荐	已完成征求意见稿 计划号:20203958-T-339	
301-4	乘用车夜视系统性能要求与试验方法	国标	推荐	已完成征求意见稿 计划号:20203963-T-339	
301-5	车距监测系统性能要求及试验方法	国标	推荐	预研中	
301-6	抬头数字显示(HUD)系统性能要求及试验方法	国标	推荐	预研中	
301-7	车载卫星定位系统信号接收装置性能要求及试验方法	国标	推荐	预研中	

续上表

标准项目及分类		标准类型	标准性质	状　态	采用或相应的国际、国外标准号
决策预警(302)					
302-1	道路车辆3.5 t以上的商用车报警系统	国标	推荐	已实施 GB/T 26776—2011	
302-2	道路车辆—盲区监测(BSD)系统性能要求及试验方法	国标	推荐	已实施 GB/T 39265—2020	
302-3	行人监测系统性能要求及试验方法	国标	推荐	预研中	
302-4	酒精闭锁检测系统性能要求及试验方法	国标	推荐	预研中	
302-5	智能运输系统　车辆前向碰撞预警系统性能要求和测试规程	国标	推荐	已实施 GB/T 33577—2017	ISO 15623:2013, ECE R131
302-6	智能运输系统　车道偏离报警系统性能要求与检测方法	国标	推荐	已实施 GB/T 26773—2011	ISO 17361:2007, ECE R130
302-7	乘用车车门开启预警系统性能要求及试验方法	国标	推荐	已完成征求意见稿 计划号:20205126-T-339	
302-8	乘用车后部交通穿行提示系统性能要求及试验方法	国标	推荐	已完成征求意见稿 计划号:20205125-T-339	
302-9	汽车智能限速系统性能要求及试验方法	国标	推荐	已完成征求意见稿 计划号:20203961-T-339	
302-10	预碰撞安全系统性能要求及试验方法	国标	推荐	预研中	
302-11	汽车泊车测距警示装置性能要求及试验方法	国标	推荐	已实施 GB/T 21436—2008	
302-12	低速行驶操控辅助性能要求及试验方法	国标	推荐	预研中	ISO 17386:2010
302-13	智能运输系统换道决策辅助系统性能要求与检测方法	国标	推荐	已实施 GB/T 37471—2019	ISO 17387:2008
302-14	智能运输系统扩展型倒车辅助系统性能要求与检测方法	国标	推荐	已实施 GB/T 37436—2019	ISO 22840:2010
302-15	弯道车速预警系统性能要求及试验方法	国标	推荐	预研中	ISO 11067
302-16	驾驶人注意力监测系统性能要求及试验方法	国标	推荐	已完成征求意见稿 计划号:20193390-T-339	
辅助控制(303)					
303-1	低速跟车系统性能要求及试验方法	国标	推荐	预研中	ISO 22178:2009
303-2	智能运输系统　自适应巡航控制系统性能要求与检测方法	国标	推荐	已实施 GB/T 20608—2006	ISO 15622:2010

续上表

标准项目及分类		标准类型	标准性质	状 态	采用或相应的国际、国外标准号
303-3	汽车全速自适应巡航控制系统性能要求及试验方法	国标	推荐	已完成征求意见稿	ISO 22179:2009
303-4	车辆车速限制系统技术要求及试验方法	国标	强制	已实施 GB 24545—2019	
303-5	乘用车自动紧急制动系统（AEBS）性能要求及试验方法	国标	推荐	已实施 GB/T 39901—2021	
303-6	商用车辆自动紧急制动系统（AEBS）性能要求及试验方法	国标	推荐	已实施 GB/T 38186—2019	ECE R131
303-7	乘用车车道保持辅助（LKA）系统性能要求及试验方法	国标	推荐	已实施 GB/T 39323—2020	
303-8	商用车辆车道保持辅助系统性能要求及试验方法	国标	推荐	已完成征求意见稿 计划号：20193389-T-339	
303-9	商用车辆电子稳定性控制系统性能要求及试验方法	国标	推荐	已实施 GB/T 38185—2019	
303-10	正向碰撞缓解系统性能要求及试验方法	国标	推荐	预研中	ISO 22839
303-11	汽车紧急转向辅助系统性能要求及试验方法	国标	推荐	预研中	
303-12	智能网联汽车 组合驾驶辅助系统技术要求及试验方法	国标	推荐	已立项 计划号：20213607-T-339	
303-13	智能泊车辅助系统性能要求及试验方法	国标	推荐	已完成征求意见稿 计划号：20192315-T-339	
303-14	汽车驾驶远程控制辅助系统	国标	推荐	预研中	
303-15	交叉路口避撞辅助系统技术要求及试验方法	国标	推荐	预研中	
自动控制（304）					
304-1	智能网联汽车 自动驾驶系统通用功能要求	国标	推荐	已立项 计划号：20213608-T-339	
304-2	智能网联汽车 自动驾驶功能场地试验方法及要求	国标	推荐	已完成征求意见稿 计划号：20203962-T-339	
304-3	智能网联汽车 自动驾驶功能道路试验方法及要求	国标	推荐	已完成征求意见稿 计划号：20213609-T-339	
304-4	城市工况自动驾驶系统功能、性能要求及评价方法	国标	推荐	预研中	

续上表

标准项目及分类		标准类型	标准性质	状态	采用或相应的国际、国外标准号
304-5	高速公路自动驾驶系统功能、性能要求及评价方法	国标	推荐	预研中	
304-6	车辆列队跟驰自动驾驶系统功能、性能要求及评价方法	国标	推荐	预研中	
304-7	有条件自动驾驶系统(CA)功能、性能要求及评价方法	国标	推荐	预研中	
304-8	高度自动驾驶系统(HA)功能、性能要求及评价方法	国标	推荐	预研中	
304-9	完全自动驾驶(FA)功能、性能要求及评价方法	国标	推荐	预研中	
信息交互(305)					
305-1	汽车事件数据记录系统	国标	强制	已实施 GB 39732—2020	
305-2	智能网联汽车 自动驾驶数据记录系统	国标	强制	已立项 计划号:20214420-Q-339	
305-3	车联网车载信息交互系统数据采集技术要求	国标	推荐	预研中	
305-4	车联网车载信息交互系统数据采集测试方法	国标	推荐	预研中	
305-5	交叉口信号信息与违规警告系统性能要求及评价方法	国标	推荐	预研中	ISO 26684:2015
305-6	碰撞事故自动报警系统性能要求及评价方法	国标	推荐	预研中	ISO 24978:2009
305-7	危险通报系统性能要求及评价方法	国标	推荐	预研中	
305-8	特殊驾驶环境预警系统性能要求及评价方法	国标	推荐	预研中	
相关标准(400)					
通信协议(401)					
401-1	基于LTE-V的中短程通信协议	国标	推荐	预研中	
401-2	基于5G的广域通信协议	国标	推荐	预研中	
界面接口(402)					
402-1	基于LTE-V的中短程通信接口	国标	推荐	预研中	
402-2	基于5G的广域通信接口	国标	推荐	预研中	
402-3	汽车安全类通信专用短程通信接口	国标	推荐	预研中	
402-4	车载定位及导航系统接口技术要求	国标	推荐	预研中	
402-5	车辆与外部终端物理接口技术要求	国标	推荐	预研中	
402-6	车辆与外部终端软件接口技术要求	国标	推荐	预研中	

2.3 智能网联汽车团体标准体系

2017年11月4日,十二届全国人大常委会第三十次会议通过《中华人民共和国标准化法(修订草案)》,并于2018年1月1日起正式施行。新修订的标准化法指出,标准包括国家标准、行业标准、地方标准和团体标准、企业标准,首次明确了团体标准的法律地位。与此同时,草案中提到,鼓励学会、协会、商会、联合会、产业技术联盟等社会团体协调相关市场主体共同制定满足市场和创新需要的团体标准,如图2-5所示。培育发展团体标准,是发挥市场在标准化资源配置中的决定性作用、加快构建国家新型标准体系的重要举措。

图2-5 国家新型标准体系结构图

2020年3月,国家标准化管理委员会发布《2020年全国标准化工作要点》,指出要深化标准化改革,提升标准化发展活力,做优做强团体标准:大力实施团体标准培优计划和应用示范,聚焦新技术、新产业、新业态和新模式,扩大先进 适用团体标准供给;引导和规范社会团体开展标准化工作,强化团体标准监督管理,营造团体标准健康发展的良好环境;鼓励社会团体参与国际标准化活动,加快团体标准的国际化发展。同年5月,工业和信息化部发布《2020年智能网联汽车标准化工作要点》,指出将以推动标准体系与产业需求对接协同、与技术发展相互支撑,建立国标、行标、团标协同配套新型标准体系为重点。同时,指出在跨行业交叉领域,要促进与相关团体标准组织的对接,鼓励通过联合开展标准需求调研、跨行业联合开展标准研究等方式,持续优化完善各类标准化有效供给。

2021年10月,中共中央、国务院印发《国家标准化发展纲要》(以下简称《纲要》),这是指导中国标准化中长期发展的纲领性文件,对我国标准化事业发展具有重要里程碑意义。《纲要》明确实现标准供给由政府主导向政府与市场并重转变,指出要优化标准供给结构,充分释放市场主体标准化活力,优化政府颁布标准与市场自主制定标准二元结构,大幅提升市场自主制定标准的比例。大力发展团体标准,实施团体标准培优计划,推进团体标准应用示范,充分发挥技术优势企业作用,引导社会团体制定原创性、高质量标准。建立健全政府颁布标准,采信市场自主制定标准的机制。

根据智能网联汽车技术现状、产业需求及未来发展趋势,分阶段建立适应我国国情并与国家标准、行业标准协调互补的智能网联汽车团体标准体系,发挥团体标准机制灵活、快速响应、技术创新的特点,大幅增加标准有效供给,有目的、有计划、有重点地安排相关标准化工作并进行有效管理。

(1)到 2022 年,实现对国家标准与行业标准的有效补充,形成新型标准体系,快速、高效地满足市场需求和响应技术创新,累计制定 25 项智能网联汽车相关急需重点团体标准,涵盖人机交互、新型车载高速网络等车辆关键技术和测试方法,通信系统应用层、大数据及信息服务、车路协同、云控平台等信息交互关键技术标准,以及自动驾驶地图与定位、信息安全、测试评价与示范应用等基础支撑关键技术标准,促进智能化产品的初步普及与网联化技术的逐步应用。

(2)到 2025 年,系统形成能够支撑高级别自动驾驶的智能网联汽车国标、行标、团标协同配套新型标准体系,涵盖智能化自动控制、网联化协同决策技术相关的计算平台、系统设计、测试评价、通信协议、地图与定位、车路协同、信息安全、大数据及信息服务等重点标准,促进智能化与网联化深度融合发展,以及技术和产品的全面推广普及。

2.3.1 标准体系构建方法

构建与国家标准、行业标准协调互补、科学合理的智能网联汽车团体标准体系,应充分考虑不同层面的基本情况,向产业提供一个未来标准层级和发展方向的清晰建设指南。

(1)立足基本国情,结合我国智能网联汽车技术和产业发展的现状及特点,建立适应我国道路交通环境、驾驶人行为习惯与产业需求的团体标准体系,构建符合中国国情的智能基础设施标准、网联运营标准、信息安全管理标准、新型架构汽车产品标准等中国方案智能网联汽车体系架构,如图 2-6 所示。

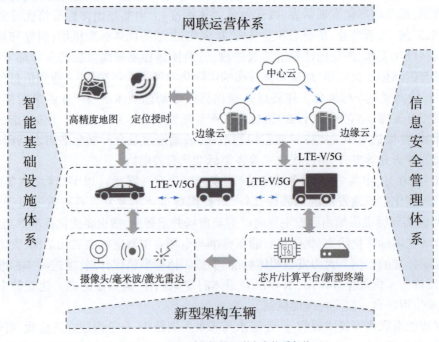

图 2-6 中国方案智能网联汽车体系架构

(2) 坚持"填补空白、创新引领"的工作定位,把握汽车产业变革,加速推进国家标准化改革,针对智能网联汽车前瞻、交叉、空白领域,积极推动市场急需、社会关注度高的团体标准研制并广泛应用,落实与汽标委签署的合作备忘录,发挥对国家标准的先行先试作用。

(3) 坚持"功能出发,技术中立",以前瞻、交叉新技术为基础,面向未来技术,避免对技术创新和产业发展形成制约。

(4) 科学分类,合理确定层级、定位和适用范围,发挥团体标准机制灵活,快速响应和技术创新的特点,加快急需标准项目的制修订。

(5) 智能网联汽车团体标准体系的构建应当是一个不断完善和调整的动态过程,形成持续更新和协商讨论的工作机制。

智能网联汽车在产品结构、功能实现等方面与传统汽车存在较大差异,车辆安全相关基本特征、技术参数仍在不断变化;随着智能网联汽车科学化、技术化、产业化及市场化的快速发展,跨产业、跨学科协同创新持续深入,属于新兴交叉学科的技术标准的市场需求日益旺盛,需要充分发挥团体标准快速、高效、满足市场需求和响应技术创新的优势,紧跟技术演进发展规律建立健全技术标准体系,依据智能网联汽车技术架构搭建团体标准体系框架。

智能网联汽车涉及汽车、信息通信、交通、地理资源、大数据等多领域技术,其技术架构较为复杂,《智能网联汽车技术路线图》中分为"三横两纵"技术架构。"三横"是指智能网联汽车主要涉及的车辆关键技术、信息交互关键技术与基础支撑关键技术三大领域,"两纵"是指支撑智能网联汽车发展的车载平台和基础设施。"三横"技术再细分第二层与第三层技术,如表2-2所示。

智能网联汽车的技术体系 表2-2

第一层级	第二层级	第三层级
车辆关键技术	环境感知技术	高精度传感器,包括摄像头、毫米波、激光雷达
		行驶环境感知技术
		车辆状态感知技术
		乘员状态感知技术
		态势分析技术
	智能决策技术	行为预测与决策技术
		轨迹规划技术
		基于深度学习的决策算法
	控制执行技术	关键线控执行机构,包括驱动、制动、转向
		车辆纵向、横向和垂向运动控制技术
		车辆多目标智能控制技术
	系统设计技术	电子电气架构技术
		人机交互技术
		智能计算平台技术

续上表

第一层级	第二层级	第三层级
信息交互关键技术	专用通信与网络技术	C-V2X 无线通信技术
		专用通信芯片与模块技术
		车载信息交互终端技术
		直连通信技术
		移动自组织组网技术
		5G 网络切片及应用技术
	大数据云控基础平台技术	多接入边缘计算技术
		边云协同技术
	车路协同技术	车路数字化信息共享技术
		车路融合感知技术
		车路融合辅助定位技术
		车路协同决策自动驾驶技术
		车路云一体化协同控制自动驾驶技术
基础支撑关键技术	人工智能技术	新一代人工智能与深度学习技术
		端到端智能控制技术
	安全技术	信息安全技术
		功能安全技术
		预期功能安全技术
	高精度地图和定位技术	高精度三维动态数字地图技术
		多层高清地图采集及更新技术
		高精度地图基础平台技术
		基于北斗卫星的车用高精度定位技术
		高精度地图协作定位技术
		惯性导航与航迹推算技术
	测试评价技术	测试评价方法与技术标准
		自动驾驶训练与仿真测试
		测试场地规划与建设
		示范应用与推广
	标准法规	标准体系与关键标准构建
		标准技术试验验证
		前瞻标准技术研究
		国际标准法规协调

2.3.2 标准体系框架

智能网联汽车团体标准体系建设坚持"市场主导,创新驱动;交叉共性,前瞻引领;填补空白,拾遗补阙;协同发展,开放合作"的基本原则,同时,按照智能网联汽车技术体系的构建方法,综合上述不同细分技术领域的功能要求、产品和技术类型、各子系统间的信息流,将团体标准体系框架定义为"车辆关键技术""信息交互关键技术""基础支撑关键技术"3个部分,根据各具体标准在内容范围、技术等级上的共性和区别,对3部分做进一步细分,形成内容完整、结构合理、界限清晰的10个子类,如图2-7所示。

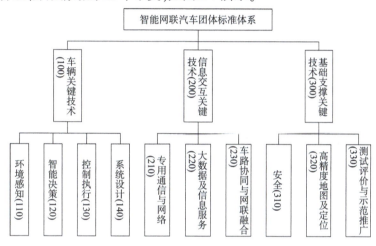

图2-7 智能网联汽车团体标准体系框架

2.3.2.1 车辆关键技术(100)

车辆关键技术类标准主要涵盖环境感知、智能决策、控制执行、电子电气架构、人机交互、计算平台等基于智能网联汽车整车以及关键系统部件的核心技术和应用的功能、性能要求及试验方法。

环境感知是指车辆利用自身搭载的传感器,探测和监控车辆驾乘人员、车辆自身姿态及行驶环境(包括道路、交通设施、其他车辆、行人等交通参与者)等与驾驶相关的信息,覆盖人员状态监测系统、车身传感探测系统、驾驶人视野拓展系统和态势分析系统,以及摄像头、毫米波/激光雷达、新型传感器等关键部件的功能、性能要求及试验方法。

智能决策是指车辆按照某种逻辑规则对探测和监控的车辆运行情况、周围环境信息等进行处理、分析和决策,覆盖车辆行为预测、轨迹规划、提醒和报警系统及其关键部件的功能、性能要求及试验方法。

控制执行是指车辆行驶过程中纵向(速度)控制、横向(方向)控制和垂向(离地间隙)控制及其组合对车辆行驶状态的调整和控制,涉及驱动、传动、制动、转向、悬架等多个线控执行系统,覆盖不同工况下应用场景的车辆整车及系统层面的功能、性能要求以及相应的评价方法和指标。

系统设计是指基于智能网联汽车特征的电子电气架构设计、人机交互界面设计以及计算平台技术。其中,新型电子电气架构包含新型车载高速网络相关协议、接口、应用类标准;人机交互着重考虑驾驶模式切换和其他交通参与者信息传达、交互等问题,与驾驶安全密切相关,包括非告警类图标设计原则,基于中文的设计参数标准(视觉、听觉)等;计算平台是指包括芯片、模组、接口等硬件以及驱动程序、操作系统、基础应用程序等软件,能够保障智能网联汽车感知、决策、规划、控制的高速可靠运行的新一代车载中央计算单元,具体团体标准项目待双方联合研究梳理后更新。

2.3.2.2 信息交互关键技术(200)

信息交互是指具备网联功能的车辆可在自身传感器探测的基础上,通过车载通信装置与外部节点进行信息交换,并在此基础上进行网联化协同决策与控制,实现车辆安全、有序、高效、节能运行。信息交互关键技术类标准涵盖专用通信与网络、大数据及信息服务、车路协同与网联融合等相关标准。

专用通信与网络技术涵盖 LTE-V2X 及 5G-V2X 无线通信技术专用通信芯片与模块、应用层(具体功能场景)、数据集、通信终端等相关标准。

信息服务是指非安全、效率类的信息服务,如资讯、娱乐、在线商务服务等。大数据及信息服务类技术标准涵盖智能网联跨行业数据的采集、传输、管理、共享等的标准化,以及信息服务平台架构、界面接口等技术要求。

车路协同与网联融合包括行驶环境/路网环境协同感知、协同定位、协同预警、协同决策、协同控制等旨在提高交通安全和效率的服务与控制相关标准。

2.3.2.3 基础支撑关键技术(300)

基础支撑关键技术类标准主要包括安全、高精度地图与定位、测试评价与示范推广等方面。

安全主要包括信息安全、数据安全、预期功能安全(SOTIF)等。信息安全主要针对支撑智能网联汽车信息安全产业链的汽车电子产品、汽车信息系统、通信网络传输、云端平台与基础设施等方面提出风险评估、安全防护与测试评价要求,包括车辆信息安全(国标体系信息安全子体系规划中未涉及的部分)、通信网络信息安全、云端平台与基础设施信息安全3部分。数据安全部分主要为落实国家有关数据安全管理要求而形成的标准规范,包括支撑建立健全智能网联汽车数据安全管理制度,建立数据资产管理台账,开展数据安全防护技术研究,开展跨境数据传输合规风险评估,推进数据分类分级管理,研究数据集脱敏后的开放使用及安全共享等而梳理出的关键标准项目。预期功能安全相关标准主要包括 SOTIF 防护标准、SOTIF 实时管控标准、SOTIF 测试评价标准,以及支撑这些领域的 SOTIF 场景建设标准及工具链标准,以保障智能网联汽车不存在因设备性能局限、功能不足、合理的可预见的人员误用导致的风险。

高精度地图与定位包括面向智能网联汽车的自动驾驶地图以及高精度定位及时空服务相关标准,基于《自动驾驶高精地图的技术标准需求研究报告》梳理的标准需求开展。

测试评价与示范推广主要包括从整车层面提出的自动驾驶测试场景、场地测试、道路测试、仿真测试,以及测试场地规划与建设、管理与运营相关标准;同时包括智能网联汽车示范应用与推广、商业化认证、产业生态及构建、行业应用模式和业务管理规则等相关标准。

2.3.3 标准体系表

如前文所述,智能网联汽车团体标准体系主要包括环境感知、智能决策、控制执行、系统设计、专用通信与网络、大数据及信息服务、车路协同与网联融合、安全、高精度地图与定位、测试评价与示范推广10个子类,根据行业需求、技术发展趋势及团体标准工作定位,在《智能网联汽车团体标准体系建设指南》(2020版)梳理识别出的93项团体标准项目和18项研究项目(含ICV分标委与联盟联合开展的研究项目)基础上,进一步增加至212项团体标准项目和13项研究项目,详见表2-3。

表2-3 智能网联汽车团体标准体系表

标准项目及分类		项目类型	状态
车辆关键技术(100)			
环境感知(110)			
1	智能传感器技术发展趋势及标准化需求研究	研究项目	预研
2	电动自动驾驶汽车环境信息系统接口规范	研究项目	已完结
3	先进驾驶辅助系统视觉传感器离线检测方法	团体标准	已立项
4	智能网联汽车辅助驾驶前向视觉感知性能测评要求和方法 第1部分:测试方法及指标定义	团体标准	已立项
5	智能网联汽车辅助驾驶前向视觉感知性能测评要求和方法 第2部分:ACC测评场景及要求	团体标准	已立项
6	智能网联汽车辅助驾驶前向视觉感知性能测评要求和方法 第3部分:AEB测评场景及要求	团体标准	已立项
7	智能网联汽车激光雷达感知测评要求及方法	团体标准	已立项
8	智能网联汽车辅助驾驶毫米波雷达感知性能要求及测试方法	团体标准	预研
9	车载角向毫米波雷达系统技术要求及测试方法	团体标准	预研
10	智能网联汽车车载毫米波角向雷达感知性能测评要求及方法	团体标准	预研
11	智能网联汽车智能摄像头硬件性能要求及测评方法	团体标准	筹备立项
12	车载高精度卫星定位与高精度惯性导航融合系统技术要求	团体标准	预研
13	自动驾驶融合感知 第1部分:系统架构设计规范	团体标准	筹备立项
14	自动驾驶融合感知 第2部分:功能模块规范	团体标准	预研
15	自动驾驶融合感知 第3部分:数据规范	团体标准	预研
16	L4无人小巴融合感知系统技术要求及测试方法	团体标准	预研
17	面向功能型任务的汽车环境感知系统要求	团体标准	预研
18	功能型无人车传感器接口规范	团体标准	预研
智能决策(120)			
1	基于人工智能技术的决策机制研究	联合研究	预研
2	智能网联汽车交通信号预警系统性能要求和测试方法	团体标准	已立项
3	汽车功能任务决策系统性能要求及试验方法	团体标准	预研
控制执行(130)			
1	企业定制场景的自动驾驶功能测试要求及评价方法	团体标准	预研

续上表

标准项目及分类		项目类型	状态
2	智能网联汽车对关联系统性能要求及测试评价(底盘、动力、冗余电源等系统)需求研究	联合研究	预研
3	智能网联汽车先进底盘技术发展趋势及标准化需求研究	研究项目	预研
4	汽车液压制动系统 ABS/ESC 电磁阀技术要求及测试方法	团体标准	征求意见
5	乘用车自动驾驶线控底盘性能要求及试验方法 第1部分:驱动系统	团体标准	已立项
6	乘用车自动驾驶线控底盘性能要求及试验方法 第2部分:制动系统	团体标准	已立项
7	乘用车自动驾驶线控底盘性能要求及试验方法 第3部分:转向系统	团体标准	已立项
8	功能型无人车多轮分布式驱动系统性能要求及试验方法	团体标准	预研
9	功能型无人车多轮独立转向系统性能要求及试验方法	团体标准	预研
10	功能型无人车独立动作车轮系统性能要求及试验方法	团体标准	预研
系统设计(140)			
141	新型电子电气架构		
1	车载音视频桥(AVB)技术要求	团体标准	已发布
2	车载时间敏感网络(TSN)技术要求和测试方法	团体标准	预研
3	车载时间敏感网络中间件技术要求	团体标准	预研
4	汽车以太网诊断技术规范	团体标准	预研
5	汽车数据线供电(PoDL)系统测试方法	团体标准	预研
6	智能汽车用数据分发服务(DDS)测试方法	团体标准	已立项
7	汽车以太网交换机设备安全技术要求	团体标准	已立项
8	新型电子电气架构车辆数据接口规范	团体标准	预研
9	面向服务的电子电气架构要求及测试方法	团体标准	预研
10	功能型无人车功能任务模块技术要求及测试方法	团体标准	预研
11	功能型无人车功能模块与平台模块插接技术要求	团体标准	预研
142	人机交互界面		
1	智能网联汽车信息显示与交互原则	研究项目	预研
2	车载视觉信息汉字显示规范	团体标准	已送审
3	基于人机功效学的车载声音规范	团体标准	预研
4	汽车人机多模态交互技术指南	团体标准	预研
5	典型告警场景及告警技术指南	团体标准	预研
6	汽车智能座舱人机交互安全评价方法	团体标准	已立项

续上表

标准项目及分类		项目类型	状 态
7	功能型无人车报警信号规范	团体标准	预研
8	功能型无人车人机交互系统性能要求及试验方法	团体标准	预研
143	计算平台		
1	车控操作系统功能软件架构及接口要求	团体标准	征求意见
2	车用操作系统虚拟化管理	团体标准	预研
3	车控操作系统中间件技术要求及测试方法	团体标准	预研
4	车用操作系统开发工具链技术要求及测试方法	团体标准	预研
5	车用操作系统内核技术要求及测试方法	团体标准	预研
6	智能网联汽车车控操作系统功能安全技术要求	团体标准	已立项
7	应用于自动驾驶功能的执行器接口	团体标准	预研
8	车控操作系统面向硬件的接口	团体标准	预研
9	功能软件和系统软件层间接口	团体标准	预研
10	车控操作系统内核与中间件接口	团体标准	预研
11	智能网联汽车视觉感知计算芯片技术要求和测试方法	团体标准	已立项
12	智能网联汽车计算芯片性能要求及测试方法	团体标准	预研
13	智能网联汽车视觉感知芯片技术要求及测试方法	团体标准	预研
14	智能网联汽车雷达射频芯片技术要求及测试方法	团体标准	预研
15	智能网联汽车通信芯片技术要求及测试方法	团体标准	预研
16	智能网联汽车 C-V2X 芯片技术要求及测试方法	团体标准	预研
17	智能网联汽车高精定位芯片技术要求及测试方法	团体标准	预研
18	智能网联汽车车载芯片电磁抗扰性能技术要求及测试方法	团体标准	预研
19	智能网联汽车车载芯片能耗及散热性能要求	团体标准	预研
20	智能网联汽车车载芯片接口规范	团体标准	预研
21	功能型无人车功能任务软件系统技术要求	团体标准	预研
信息交互关键技术(200)			
专用通信与网络技术(210)			
1	汽车网联技术应用现状及标准化需求研究	联合研究	已完成
2	基于 LTE 的车联网无线通信技术直连通信系统路侧单元技术要求	团体标准	已发布
3	合作式智能运输系统车用通信系统应用层及应用数据交互标准第一阶段	团体标准	已修订
4	合作式智能运输系统车用通信系统应用层及应用数据交互标准第二阶段	团体标准	已发布

续上表

	标准项目及分类	项目类型	状 态
5	合作式智能运输系统车路协同云控系统 C-V2X 设备接入技术规范	团体标准	已送审
6	合作式智能运输系统路侧终端运维管理平台技术要求	团体标准	预研
7	智能网联汽车 V2X 系统预警应用功能测试与评价规程	团体标准	已送审
8	基于车路协同的高等级自动驾驶数据交互内容	团体标准	已发布
9	高等级网联协作式应用及应用数据交互规范	团体标准	预研
10	自主代客泊车车-场通信系统应用层及应用数据交互规范	团体标准	预研
11	智能网联汽车意图与协作类应用数据交互规范	团体标准	预研
12	基于 V2X 的交通效率类应用场景性能要求及试验方法	团体标准	预研
13	基于 V2X 的信息服务类应用场景性能要求及试验方法	团体标准	预研
14	基于 5G 的远程遥控驾驶通信系统总体技术要求	团体标准	联合立项
15	汽车功能任务模块与智能驾驶模块数据交互规范	团体标准	预研
16	功能型无人车单车与云端调度系统交互规范	团体标准	预研
大数据及信息服务(220)			
1	车联网数据采集要求	团体标准	已发布
2	车辆信息服务平台架构	团体标准	预研
3	车辆信息服务平台总体技术要求	团体标准	预研
4	车辆信息服务平台界面接口技术要求	团体标准	预研
5	车辆信息服务平台数据管理要求	团体标准	预研
6	网联车辆远程管理与数据上传企业平台接口要求	团体标准	预研
7	智能网联汽车线上零售服务规范	团体标准	预研
8	车载数字多媒体广播服务规范	团体标准	预研
9	功能型无人车云端监控与调度平台技术要求	团体标准	预研
10	智能网联汽车面向群体运营的云端调度系统性能要求及试验方法	团体标准	预研
车路协同与网联融合(230)			
1	汽车智能化与网联化融合分级	团体标准	预研
2	车路协同信息物理系统应用业务数据集	团体标准	预研
3	车路协同信息物理系统总体技术要求	团体标准	预研
4	车路协同信息物理系统应用与接口管理要求	团体标准	预研
5	车路协同路侧基础设施技术要求及测试方法	团体标准	预研
6	面向车路协同的智能道路(高速公路与城市道路)分级	团体标准	预研
7	面向车路协同的路侧感知系统网联接口要求	团体标准	预研

续上表

	标准项目及分类	项目类型	状态
8	面向车路协同的车载单元(OBU)数据开放接口要求	团体标准	预研
9	面向车路协同的车载单元与CAN总线接口规范	团体标准	预研
10	路侧智能协同感知系统性能要求及测试方法	团体标准	预研
11	智能网联汽车室内定位场景下坐标转换与应用场景要求	团体标准	预研
12	智能网联汽车云控系统 第1部分:系统组成及基础平台架构	团体标准	已立项
13	智能网联汽车云控系统 第2部分:车云数据交互规范	团体标准	已立项
14	智能网联汽车云控系统 第3部分:路云数据交互规范	团体标准	已立项
15	智能网联汽车云控系统 第4部分:云云数据交互规范	团体标准	预研
16	智能网联汽车云控系统 第5部分:平台服务场景规范	团体标准	已立项
17	智能网联汽车云控系统 第6部分:平台服务质量规范	团体标准	预研
18	智能网联汽车云控系统 第7部分:安全要求	团体标准	预研
19	智能网联汽车云控系统 第8部分:测试方法	团体标准	预研
20	智能网联汽车云控系统 第9部分:建设指南	团体标准	预研
21	基于公用通信网络的C-V2X车联网区域应用云技术要求	团体标准	已立项
22	智能网联汽车企业远程服务与管理系统规范	团体标准	预研
23	功能型无人车群体协同感知与控制功能要求及测试方法	团体标准	预研
24	功能型任务路侧装备系统功能要求及测试方法	团体标准	预研
基础支撑关键技术(300)			
安全(310)			
311	信息安全		
311.1	智能车辆信息安全		
1	智能网联汽车车载端信息安全技术要求	团体标准	已发布
2	智能网联汽车车载端信息安全测试规程	团体标准	已报批
3	车载应用软件信息安全技术要求	团体标准	预研
4	汽车CAN网络信息安全技术要求	团体标准	预研
5	汽车LIN网络信息安全技术要求	联合研究	预研
6	汽车信息安全日志格式要求	团体标准	预研
7	车载USB接口信息安全技术要求	团体标准	预研
8	智能网联汽车信息安全入侵检测技术要求	联合研究	预研
9	智能网联汽车软件升级(OTA)网络安全测试方法	团体标准	预研
10	车载毫米波雷达信息安全技术要求	联合研究	预研
11	车载激光雷达信息安全技术要求	联合研究	预研
12	车载摄像头信息安全技术要求	联合研究	预研

续上表

	标准项目及分类	项目类型	状 态
13	智能网联汽车计算芯片信息安全技术要求及测试方法	团体标准	预研
14	功能型无人车功能任务信息安全技术要求	团体标准	预研
311.2	通信网络信息安全		
1	V2X车载终端安全芯片处理性能测试方法	团体标准	已送审
2	汽车无线局域网(WLAN)通信安全技术要求	团体标准	预研
3	汽车蓝牙通信安全技术要求	团体标准	预研
4	汽车无线射频识别安全技术要求	团体标准	预研
311.3	云端平台与基础设施信息安全		
1	路侧通信单元信息安全技术要求	团体标准	预研
2	自动驾驶高精度地图信息安全技术要求	团体标准	预研
3	智能网联汽车云平台攻击溯源与取证技术要求	团体标准	预研
4	智能网联汽车云平台主机信息安全防护技术要求	团体标准	预研
5	功能型无人车远程操控终端信息安全要求	团体标准	预研
6	功能型无人车云端监控与调度平台信息安全要求	团体标准	预研
312	数据安全		
1	智能网联汽车数据共享安全要求	团体标准	已发布
2	智能网联汽车数据安全管理指南	团体标准	预研
3	智能网联汽车数据安全分级指南	团体标准	预研
4	智能网联汽车数据安全评估指南	团体标准	预研
313	预期功能安全		
1	智能网联汽车预期功能安全场景要素及管理规范	团体标准	已立项
2	智能网联汽车预期功能安全量化评价方法 第1部分:整车级	团体标准	预研
3	智能网联汽车预期功能安全量化评价方法 第2部分:系统级	团体标准	预研
4	智能网联汽车预期功能安全量化评价方法 第3部分:部件级	团体标准	预研
高精度地图与定位(320)			
321	地图数据存储格式、数据模型与交换格式相关标准		
1	智能网联汽车自动驾驶地图采集要素模型与交换格式	团体标准	已发布
2	自动驾驶地图动态信息数据交换格式	团体标准	征求意见
3	自动驾驶地图物理存储格式要求	团体标准	预研
4	车用矢量地图格式要求	团体标准	预研
5	自动驾驶高精度地图地理数据位置参考协议	团体标准	预研
6	自动驾驶地图数据质量规范	团体标准	已立项

续上表

标准项目及分类		项目类型	状 态
322	传感器数据与云平台交互相关标准		
1	自动驾驶路侧传感器数据交换格式	团体标准	征求意见
323	高精度地图数据与辅助驾驶功能单元交互相关标准		
1	高精度地图与高级驾驶辅助系统数据接口协议	团体标准	预研
2	自动驾驶地图数据应用交互要求	团体标准	预研
324	高精度地图与导航地图交互相关标准		
1	高精度地图与导航地图协同工作交互协议	团体标准	预研
325	车路协同高精度地图交互相关标准		
1	基于V2X的高精度地图动态信息适配场景及技术要求	团体标准	预研
2	高精度自动驾驶地图与V2X地图转换方法及技术要求	团体标准	预研
326	高精度定位相关标准		
1	自动驾驶路侧感知定位技术条件	团体标准	征求意见
2	基于卫星地基增强的车辆定位技术要求	团体标准	征求意见
3	道路高精度电子导航地图生产技术规范	团体标准	预研
4	车载卫星终端通用要求及测试方法	团体标准	预研
5	车载导航定位系统技术要求及测试方法	团体标准	预研
6	自主代客泊车地图与定位技术要求	团体标准	征求意见
7	基于5G-V2X的智能网联汽车协同定位系统技术要求	团体标准	预研
327	自动驾驶高精度地图安全相关标准		
1	自动驾驶高精度地图功能安全技术要求	团体标准	预研
2	自动驾驶高精度地图加密、传输与存储安全技术要求	团体标准	预研
3	自动驾驶高精度地图信息更新技术要求	团体标准	预研
测试评价与示范推广（330）			
331	自动驾驶测试场景数据类标准		
1	智能网联汽车场景数据图像标注要求及方法	团体标准	已发布
2	智能网联汽车激光雷达点云数据标注要求及方法	团体标准	已发布
3	智能网联汽车场景数据采集平台搭建要求及方法	团体标准	已立项
4	智能网联汽车场景数据采集要求及实施方法	团体标准	预研
5	智能网联汽车原始场景数据格式要求及处理方法	团体标准	预研
6	智能网联汽车自然驾驶场景提取方法及要求	团体标准	已立项
7	智能网联汽车自然驾驶场景生成测试用例的方法及要求	团体标准	预研
8	智能网联汽车自然驾驶场景采集区域选择和道路规划的方法及要求	团体标准	预研
9	智能网联汽车无线通信环境场景描述要求及方法	团体标准	预研

续上表

标准项目及分类		项目类型	状　态
10	智能网联汽车驾驶员信息采集方法及要求	团体标准	预研
11	智能网联汽车测试场景库建设指南	团体标准	预研
332	自动驾驶测试场景应用类标准-仿真测试		
1	自动驾驶仿真测试平台技术要求	团体标准	预研
2	自动驾驶模型在环(MIL)测试方法及要求	团体标准	预研
3	自动驾驶硬件在环(HIL)测试方法及要求	团体标准	预研
4	智能网联汽车在环(VIL)测试方法及要求	团体标准	预研
333	自动驾驶测试场景应用类标准-物理测试		
1	智能网联汽车特殊自然环境自动驾驶功能场地试验方法及要求	团体标准	预研
2	智能网联汽车测试场设计技术要求	团体标准	已发布
3	智能网联汽车测试示范区运行组织与管理规范	团体标准	预研
4	智能网联汽车道路试验监管系统技术规范	团体标准	已送审
5	车路协同路侧单元监管数据通信协议及数据格式要求	团体标准	预研
6	车路协同车载单元监管数据通信协议及数据格式要求	团体标准	预研
7	智能网联汽车测试驾驶员能力要求	团体标准	已立项
8	智能网联汽车功能测试用路侧目标物技术要求　第1部分:波形梁护栏	团体标准	已立项
9	智能网联汽车功能测试用路侧目标物技术要求　第2部分:水泥桩	团体标准	预研
10	智能网联汽车功能测试用路侧目标物技术要求　第3部分:水泥路牙	团体标准	预研
11	智能网联汽车功能测试用路侧目标物技术要求　第4部分:草地	团体标准	预研
12	智能网联汽车功能测试用环境模拟装置　第1部分:灯光模拟器	团体标准	预研
13	智能网联汽车功能测试用环境模拟装置　第2部分:雨雾模拟器	团体标准	预研
14	智能网联汽车自动驾驶功能危险场景封闭场地测试方法	团体标准	预研
15	自主代客泊车停车场建设规范	团体标准	预研
16	功能型无人车总体技术要求	团体标准	预研
334	自动驾驶测试场景应用类标准-评价方法		
1	智能网联汽车产品评价指南	团体标准	已立项
2	功能型无人车术语、定义与设计运行区域	团体标准	预研
3	功能型无人车功能任务性能评价通用规范	团体标准	预研
335	辅助驾驶功能&自动驾驶功能技术要求与测试方法标准		
1	乘用车倒车自动紧急制动系统性能要求和测试方法	团体标准	已立项

续上表

	标准项目及分类	项目类型	状态
2	商用车预见性巡航系统技术规范	团体标准	已立项
3	记忆泊车系统技术要求	团体标准	预研
4	自主代客泊车系统总体技术要求	团体标准	已发布
5	自主代客泊车系统测试规范	团体标准	预研
6	高速公路领航系统技术要求及测试方法	团体标准	预研
7	智能网联汽车自动驾驶功能要求	团体标准	预研
8	智能网联汽车"多支柱"测试方法研究	研究项目	预研
336	示范应用与推广		
1	自动驾驶限定区域商业化运营认证规范 第1部分:区域公交客运	团体标准	预研
2	自动驾驶限定区域商业化运营认证规范 第2部分:区域物流运输	团体标准	预研
3	自动驾驶限定区域商业化运营认证规范 第3部分:营运调度系统	团体标准	预研
4	自动驾驶商业化运营区域认证规范	团体标准	预研
5	无人驾驶公交车(Robobus)场站设计技术要求	团体标准	预研
6	智能网联汽车示范运营与管理规范	团体标准	预研
7	智能网联汽车保险服务要求	团体标准	预研
8	功能型无人车功能任务示范应用指南	团体标准	预研

2.4 标准相关工作建议

总结我国当前智能网联驾驶系统发展现状,可以用"机遇和挑战并存"来概括。推进智能网联驾驶是一项系统工程,不仅需要加快关键技术研发、建立标准规范体系,还需要在政策层面加强统筹规划和顶层设计,研究出台配套法律、法规及规范性文件,形成与技术发展相适应的制度体系。具体政策建议如下:

1)加强顶层设计

建议在国家层面建立部际协调机制,凝聚各部门合力,加强战略态势研判,出台智能网联驾驶发展指导意见,合理规划发展目标及路线,营造健康、可持续的发展环境。各部门结合管理职能,在顶层框架下找到具体抓手,在统筹协调下分头推进,形成有效的联动机制。

2)积极推动试点示范

因地制宜选择典型应用场景开展示范应用,一方面为技术找到市场空间,并通过市场需求持续拉动技术迭代和产品升级;另一方面不断积累运行和管理经验,为智能网联驾驶中国方案争取先机。在车辆智能化方面,建议以营运车为切入点,推广自动紧急制动、车道偏离预警等主动安全技术,提升营运车辆安全水平;推进新型公共交通自动驾驶,在工业园区、旅游景区等区域内试点低速行驶、中等运量的自动驾驶摆渡车。在基础设施方面,建议以智慧公路为切入点,通过试点项目验证路网运行感知、实时高精定位、车-车/车-路通信、货车编队行驶、自由流收费等关键技术的集成适应性。在车联网方面,建议结合智慧城市试点建设,打造覆盖区域路网的 LTE-V/5G 通信环境,让公众在日常出行中体验车路协同服务。

3) 开展重大基础预研

智能网联驾驶在改变传统驾驶形态的同时,也催生出按需出行、自主编队等新型出行模式和运输方式,对交通管理和控制提出了新的要求。特别是在相当长一段时间内,人工驾驶车辆将与不同等级的智能驾驶车辆混合运行。建议管理部门提前应对,一方面研究智能网联驾驶场景下的驾驶伦理,提出与其相适应的交通法规;另一方面加快启动混合交通环境下交通流理论、感知融合方法、交通控制策略等前瞻性基础研究,从法规、政策、管理等方面做好迎接智能网联驾驶技术的准备。

特别是在标准化方面,相比于传统交通领域,智能网联驾驶技术演进快,对标准的实时性要求也更高。因此,建议在标准体系建设过程中,突出团体标准快速、灵活的优势,建立"团体标准先行先试、成熟标准尽快转化"的机制,对急需标准,鼓励企业、研究所等以团体标准为切入点,率先在一定范围内形成共识;经过试点、示范验证后对团体标准进行修订完善,并同步推动向国标和行标转化。还可探索"团体标准—国际标准"的双向转化途径,一方面压缩流程、加快推动国内标准"走出去",提升标准国际化水平;另一方面,及时将国际标准引入国内,由产业团体进行试用,验证其技术适应性,为制定对应的国标、行标提供支撑。

第 3 章
智能网联汽车测试场景概述

智能网联汽车测试场景是指测试车辆行驶时所处的地理区域、自然环境、道路、交通流和时间等要素的集合,描述了测试车辆与其所处环境之间的相对关系,是一段连续的事件序列。在以场景为基础的自动驾驶研发与测试中,系统、科学、有序地构建自动驾驶测试场景能有效支撑自动驾驶的测试研发工作;同时自动驾驶测试研发工作的开展能够反馈和丰富自动驾驶测试场景,形成闭环。因此,自动驾驶测试场景是支撑智能网联汽车测试评价技术的核心要素与关键技术,通过场景的解构与重构对智能网联汽车进行封闭场地测试和虚拟测试已成为业内公认的最佳测试手段,得到广泛关注。

3.1 测试场景介绍

选择合适的场景分类方法进而明确场景要素是进行基于场景的智能网联汽车测试的第一步,但场景具有无限丰富、极其复杂、不可预测、不可穷尽等特点,难以采用统一的标准对其进行分类。

3.1.1 测试场景分类

3.1.1.1 按照场景的抽象程度可分为:功能场景、逻辑场景、具体场景

自动驾驶系统开发需经历的 3 个阶段:概念阶段、系统开发阶段、测试阶段。随着系统开发过程的逐渐深入,测试场景的抽象程度需求不断降低,但测试场景的数量需求却不断在增加,如图 3-1 所示。通过将结构化的功能场景与参数范围相结合能够转换生成逻辑场景,参数范围可以通过数据驱动方法来定义。每个逻辑场景都可以通过从参数范围中选择具体值来转换为具体场景。

图 3-1 不同类型场景的抽象等级和场景数量关系

1)功能场景

通过语义描述的最抽象级别的操作场景,即通过语言场景符号来描述场景区域内的实体以及实体间的关系;功能场景用于概念阶段的项目定义、危险分析和风险评估;在测试过程中,往往需要将功能场景转换为逻辑场景,并转换为可用于相应仿真环境的数据格式。

2)逻辑场景

通过定义状态空间内变量的参数范围来表达实体特征和实体间的关系;逻辑场景是基

于状态空间变量对功能场景的进一步详细描述,用于项目开发阶段生成需求;对于每一个具有连续取值范围的逻辑场景,都可以派生出任意数量的具体场景。

3) 具体场景

通过确定状态空间中每个参数的具体值来明确描述实体和实体间的关系,以状态空间详细描述了测试场景;具体场景可以直接转化为测试用例;要将具体场景转换成测试用例,需要增加被测对象的预期行为表现以及对相关测试设施的需求。

在功能场景、逻辑场景和具体场景中,只有具体场景可以用来生成测试用例。功能场景、逻辑场景和具体场景对于跟车的定义如表3-1所示。

功能场景、逻辑场景和具体场景对于跟车的定义　　　　　　　　表3-1

场　景	功能场景	逻辑场景	具体场景
路网结构	3车道的高速公路弯道,限速100km/h的交通标志	车道宽:2.3~3.5m 曲率半径:0.6~0.9km 交通标志位置:0~200m	车道宽:3.2m 曲率半径:0.8km 交通标志位置:100m
静止对象	无	无	无
运动对象	本车行驶在中间车道,高速公路车流较快	拥堵长度:10~200m 车流速度:0~130km/h 本车跟车距离:10~300m 本车速度:80~130km/h	拥堵长度:100m 车流速度:100km/h 本车跟车距离:100m 本车速度:110km/h
环境	夏天、雨天	温度:10~40℃ 雨滴大小:20~100μm	温度:20℃ 雨滴大小:40μm

3.1.1.2　按照测试场景数据来源可分类:自然驾驶场景、危险工况场景、标准法规场景、参数重组场景

1) 自然驾驶场景

数据源自汽车真实的自然驾驶状态场景下,是最基础的数据来源;包含自动驾驶汽车所处的人-车-环境-任务等全方位信息;自然驾驶场景能够提供车辆数据、驾驶人行为、道路环境等多维度信息,是证明自动驾驶有效性的一种充分测试场景。

2) 危险工况场景

数据主要来源于交通事故数据库,是自动驾驶控制策略安全性和可靠性验证的关键;危险工况场景主要涵盖恶劣天气环境、复杂道路交通以及典型交通事故3大类场景,是证明自动驾驶有效性的一种必要测试场景。

3) 标准法规场景

数据主要来源于现有的标准、评价规程等,如 ISO、NHTSA、E-NCAP、C-NCAP 等多项标准、评价规程对现有自动驾驶功能进行了测试规定;标准法规测试场景是自动驾驶功能在研发和认证阶段必须要满足的基础测试场景。

4) 参数重组场景

数据来源于现有场景数据库资源,通过对已有的仿真场景进行参数化设置,随机生成或自动重组相应类型的场景;参数重组场景通过对静态要素、动态要素以及驾驶人行为要素等进行不同排列组合及遍历取值,扩展参数重组场景边界;有效覆盖自动驾驶功能测试盲区,是对未知工况的有效补充测试场景。

4种典型测试场景的定义、重要性和目的见表3-2。

4种典型测试场景　　　　　　　　　　　　　　表3-2

场景分类	定义	重要性	目的
自然驾驶场景	来源于汽车真实的自然驾驶状态,包含自动驾驶汽车所处的人-车-环境-任务等全方位信息,如车辆数据、驾驶人行为、道路环境等多维度信息	充分测试场景	最基本的功能开发与验证
危险工况场景	主要包含大量恶劣天气环境、复杂道路交通以及典型交通事故等场景	必要测试场景	安全性和可靠性验证
标准法规场景	验证自动驾驶有效性的一种基础测试场景,目前有ISO、NHTSA、E-NCAP、C-NCAP等多项标准、评价规程对现有自动驾驶功能进行了测试规定	基础测试场景	对应具备的基本能力进行测试
参数重组场景	将已有仿真场景进行参数化设置并完成仿真场景的随机生成或自动重组,具有无限性、扩展性、批量化、自动化等特点	补充测试场景	补充未覆盖的未知场景

3.1.1.3　按照场景应用方式分类:模拟测试场景、封闭试验场测试场景、开放道路测试场景

1)模拟测试场景

模拟测试场景主要用于软件在环测试、硬件在环测试和车辆在环测试。基于模拟仿真技术的数字化与虚拟化场景构建方法能够解决传统汽车技术研发测试所面临的行驶环境复杂难预测、难复制、试验危险等难题,基于数字虚拟的模拟场景主要包含车辆动力学模型、三维静态虚拟场景、动态交通虚拟场景和车载环境传感模型、智能驾驶系统5个部分,并支持在高效、高精度的数字仿真环境下汽车动力学性能、汽车电控系统、智能驾驶功能、主动安全、环境传感与感知等技术和产品的研发、测试和验证。

2)封闭试验场测试场景

封闭试验场测试场景是进行智能网联汽车实车实验的真实场景,在封闭的环境下进行,并使用假人假车代替真实环境中的行人和其他交通参与者。在封闭试验场测试场景下,自动驾驶汽车决策压力较小,很少遇到极端情况,一旦测试车辆出现自身问题,可以及时在路边停下,不会影响交通,可广泛用于智能驾驶技术的研发、测试与评价要求。其组成结构主要包括场景类型、场景关键要素、通信定位设备、多样道路和遥控移动平台等。

3)开放道路测试场景

开放道路测试场景是自动驾驶汽车进行安全测试的最终项目,是在开放道路上行驶的交通场景,受到较多其他因素的干扰,同时在开放道路中车辆不会预存储地区地图以及目的地信息。因此开放条件的场景行驶目的多样,行驶环境复杂,路径信息不足,极大考验着智能网联汽车的行驶能力。在开放道路测试时需要充分考虑对周围环境的影响,以免对周围其他交通参与者造成伤害。开放道路测试对自动驾驶系统的数据更新、技术改进、安全评价等方面具有重要作用,其组成结构主要包括多样的测试区域、足够数量的测试车辆、充分的测试时间、必要的配套设备等。

3.1.2　测试要素分类

自动驾驶测试场景包括测试车辆自身要素及外部环境要素,外部环境要素又包括:静态环境

要素、动态环境要素、交通参与者要素、气象要素等，如图 3-2 所示，各要素具体指标见表 3-3。

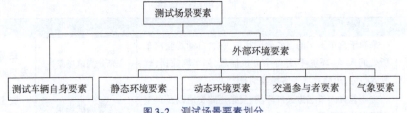

图 3-2　测试场景要素划分

测试要素具体指标　　表 3-3

要素分类	属性	具体指标
测试车辆自身要素	重量	—
	几何信息	长、宽、高；重心位置
	性能信息	最大车速；最大加速度；最大爬坡度；百公里油耗
	位置状态信息	坐标信息；车道位置信息
	运动状态信息	横向运动状态信息；纵向运动状态信息
	驾驶任务信息	感知识别类、路径规划类、人机交互类、联网通信类、驾驶任务信息
静态环境要素	障碍物	正障碍；负障碍
	周围景观	花草树木；建筑
	交通设施	道路辅助设施；道路交通标线；道路交通标志
	道路	桥涵；匝道；交叉路口；路标；路段
动态环境要素	动态指示设施	交通信号灯；可变交通标志；交通警察
	通信环境信息	信号强度；电磁干扰；信号延迟
交通参与者要素	其他车辆	机动车；非机动车
	行人	步行行人；跑步行人；残疾人
	动物	猫；狗等
气象要素	环境温度信息	—
	光照条件信息	光线强度；光线角度
	天气情况信息	雨、雪、雾、霾、风、冰雹

3.1.2.1　场景静态要素库

场景静态要素是指其中无运动物体，且通过视觉可以感受到的区域场景。常见智能网联交通场景静态要素库由道路、交通设施、光照环境 3 个一级要素类构成，一级要素类还下分二级要素类、三级要素类，或直接由元要素构成，如图 3-3 所示。通过组合各类场景要素，研究各种测试场景的要素组成，形成车路协同混合交通的测试环境，以实现对复杂环境的准确模拟。

道路是场景静态要素库的核心，分为 3 个二级要素类：道路类型、车道参数、车道标线参数。其中，道路类型包括路段、交叉路口、匝道、环岛；车道参数包括车道弯曲度、斜率、车道数、车道标记、路边设施；车道标线参数包括清晰度、完整度、颜色、类型。这种交通环境要素类，借助结构物来限制场景的环境信息，规范车辆驾驶行为。

交通设施作为意义性交通环境，是人们赋予它一定意义后才对交通起作用的，包括道路交通标志、道路交通标线、交通信号灯、路侧设备 4 个二级要素类，其二级要素又下分若干元要素。道路交通标志分成主标志和辅助标志两大类，其中主标志包含指路标志、指示标志、施工标志、警告标志、禁令标志等;道路交通标线可分为指示标线、警告标线、禁令标线;交通信号灯和路侧设备按照是否具有通信功能和控制功能划分,充分体现了车路协同系统的车路通信与控制功能。

图 3-3　智能网联交通场景静态要素库

光照环境包括天气、时段、周围景观、障碍物 4 个二级要素类,天气和时段是测试场景中不可忽视的要素类,天气和时段的变化都会严重影响驾驶行为,其中天气主要包括雾、雨、雪、晴,时段划分为白天(8:00—17:00)、黄昏/黎明(17:00—19:30/5:30—8:00)夜晚(19:30—5:30);周围景观是指路侧的建筑物等,主要由建筑物和花草树木 2 种元要素构成;障碍物是位于车辆行进路线的静态物体,包括正障碍和负障碍,正障碍指各种位于道路平面上方的物体,负障碍指低于道路平面的坑、沟等。

3.1.2.2 场景动态要素库

常见智能网联交通场景动态要素库组成如图3-4所示。动态要素库的核心是运动要素状态的描述,将其主要归成4个要素类:异构机动车、非机动车、行人、混合交通流。通过这4个要素类可以较全面地描述动态交通参与者的大小、形状、远近及方位等。道路参与对象如异构机动车、非机动车和行人等,是混合交通场景动态要素库的关键,具有瞬时性、可变性的特点;混合交通流要素类包含的密度、流量、平均速度和CAV渗透率4个元要素则直接影响混合交通场景生成状态。智能网联交通场景是在智能网联环境下由异构交通主体混合而构成的交通场景,在进行智能网联交通场景测试案例的构建时,重点关注混有不同渗透率的智能网联汽车形成的混合交通流对场景生成产生的影响。所以,在建立智能网联交通场景要素库时除了考虑传统场景要素外,还需考虑异构车辆之间的耦合以及混合交通流运行机理对场景运行的影响。

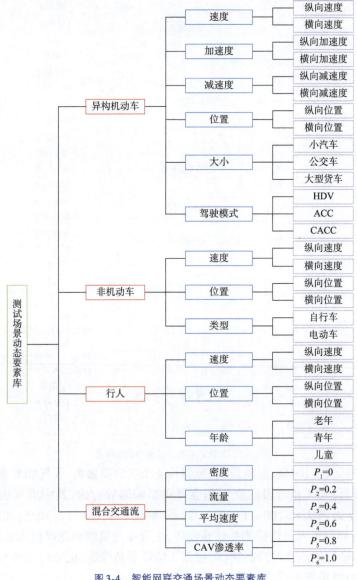

图3-4 智能网联交通场景动态要素库

3.2 测试场景构建

真实世界的场景无穷无尽,故需要通过一定的手段对其进行提炼和抽象;在此基础上,可以进一步演绎出更多场景,并大大降低获取测试场景的成本。场景构建即通过对采集场景的分析,构建关键要素并设置要素间的关系,生成具有测试价值和意义的场景。场景采集是场景构建的起点,在明确了测试场景的分类方法和构成要素后,应充分考虑不同分类方法和要素的特点,制定合理的场景采集方案和数据处理手段。故而,构建测试场景首先需要对场景数据采集技术展开研究;进而对采集到的数据进行分析和挖掘,用于对场景内要素特征的提取和类聚;最后对采集和处理后的数据进行关联、贴标签,即可进入场景的构建。与之相关的关键技术主要包括场景数据采集技术、场景分析挖掘技术和场景验证技术等。

3.2.1 场景数据采集技术

为了确保对自动驾驶技术安全性、高效性、舒适性等各项性能测试的完整有效,需要完整采集智能网联汽车应用范围内的相关数据,分析构建智能网联汽车测试场景。

对于场景数据采集技术来说,所需采集的数据来源一般包括自然驾驶场景数据、事故场景数据以及测试过程中新产生的场景数据。第一类数据一般通过场景采集技术在真实环境中采集获得;第二类数据需要基于事故现场采集、行车记录仪、路侧监控记录等信息来源经过重现分析加工获得,且无法主动获取;第三类数据是在前两类数据的基础上通过虚拟仿真测试手段演化形成的,是前两类数据的衍生和补充。其中,第一类数据能够全面覆盖各类场景,也是其他类型场景数据的基础,相较第二类数据,更具采集的可行性。因此,真实场景数据采集是场景采集的主要手段。除此之外,还需要从数据的采集范围、采集方法、数据处理技术及数据传输存储方法等方面,综合考虑制定合理的测试场景数据采集技术方案。场景数据采集应以统一的场景数据采集需求、场景数据存储格式、同步方式等为基本前提进行采集,并应制定通用的场景数据采集工具链和统一规范。

真实数据主要是通过车载端传感器实车采集、路侧端传感器定点采集或者交通部门记录/报告的数据等。其中,车载传感器实车采集和路侧设备采集是目前业内获取真实场景数据最主要的手段。在车载传感器数据采集设备的配置方面,既有使用低成本的纯摄像头轻量化方案,也有视觉与雷达、激光雷达协同的多传感器融合采集方案。目前,多家企业机构已经完成覆盖全国多个地点,达到数十万千米乃至百万千米级别行驶里程的采集积累。车载传感器实车采集虽然能直接获得视角的多维度真实场景数据,然而,其采集所需的人力和时间成本却是非常高昂的,采集效率也容易受到外部环境因素的影响。为了适应建设大规模场景数据库的需求,近年来,行业已逐渐兴起从路侧设备中获取交通信息,从而抽取出真实交通场景数据的方法。其中最典型的应用是通过路侧摄像头记录的交通视频,使用视觉挖掘技术来自动化地完成场景提取。

路侧设备采集相比车载传感器实车采集有其独特的优势,一方面,它可以探查到更大范围内的场景信息,同时可以获得车端视角难以获取的更多的车辆交互信息,从而更好地提取场景内多个交通参与者之间的动态交互情况，这对于构建具有强交互影响的典型场景非常有益；并且由于提取的车辆轨迹精度高，所以对测试智能网联汽车的自动驾驶决策算法意义重大。另一方面，路侧端采集设备通常可以24h无间断地获取路面交通信息，更容易获取边缘场景和事故场景，并且成本低廉。

3.2.2 场景分析挖掘技术

测试场景包含很多要素，而这些要素又组成了多种多样的场景。利用各要素的属性与特征，以及根据实际的交通状况挖掘出有意义的场景对场景数据库的建设十分重要。当数据库中有了初步的场景信息后，又需要有效的数学分析方法去归类、扩充、优化现有的场景，这些都需要通过数据挖掘技术来实现。

现实中的日常交通场景通常是不能直接被应用到测试场景中的，这就需要甄别出具有典型性或者普遍性的场景，对自动驾驶汽车进行测试。比如需要从纷繁的交通信息中分离出交通事故或者有潜在交通隐患的场景，或者自然驾驶状态下的典型场景等。当获取到了上述典型性的场景后，就需要用特定的方法来对这些场景的等级或者覆盖率进行分析，以及对这些场景中的车辆或者行人等特征进行提取挖掘。

3.2.2.1 数据预处理

从数据来源来看，不同方式获取的传感器数据可能存在格式、单位等差异，而且原始数据因没有经过预处理会出现很多无效、错位数据。因此，传感器数据清洗成为构建数据库的前提。

对采集到的原始场景数据，在利用之前必须进行数据清洗，否则会影响后续的使用效率。数据清洗主要针对数据冗余、数据缺失、数据异常等进行相关的数据修复操作。目前数据清洗技术已经得到了不错的发展，不仅是通过人工手段，更加高效的是算法加人工辅助的方式。不过，任何数据清洗方式都是在满足数据清洗质量的前提下尽量降低数据清洗代价。可以用 $C_{ost}(x)$ 来衡量单个数据元组的清洗代价，用 $C_{ost}(s)$ 表示整个数据集的清洗代价，定义为：

$$C_{ost}(x) = \varphi(x) \sum_{i=1}^{n} D(t_i, t'_i) \tag{3-1}$$

$$C_{ost}(s) = \sum_{x \in s} C_{ost}(x) \tag{3-2}$$

式中：x——分组后的单个数据元组；

$\varphi(x)$——x 与所有数据元组总和的比值；

t_i——数据要素；

t'_i——修复后的数据要素；

s——所有数据元组总和；

D——t_i 到 t'_i 的距离。

3.2.2.2 场景特征提取

经过清洗后的数据必须经过场景特征提取才能实现场景解构，以场景特征为要素进行场景聚类是目前比较契合的思路。例如，需要从交通场景数据中挖掘出相对危险的场景时，就要分析梳理危险场景的特征元素与特征量。基于特征信息，从原始交通场景数据中进行挖掘处理,获取目标类型的场景数据。

场景仿真需要当时场景中相关车辆或行人的动态信息。比如采集车载摄像头、激光雷达和定位等信息,通常被认为是描述场景动态部分所需的最小信息集。通过结合来自车辆控制器域网(Controller Area Network,CAN)总线的信息(如轮速、制动压力和转向盘转角等),可以扩展场景的内容。

以场景挖掘部分描述的视频抓取场景为例,当搜集到了合适的场景时,首先需要对场景中车辆的运动状态进行提取,例如需要提取车辆的实时位置信息、实时速度信息、最大速度、转向的角速度信息等。然后根据事先设定的评估标准对该场景进行评价,将提取出来的车辆速度等信息作为评价的参考指标之一。

3.2.2.3 场景聚类分析

场景特征提取后,由于各个特征要素之间的单位存在较大的差异,会导致聚类分析效率低下,所以在聚类分析前要对场景特征变量进行数字化处理。根据场景特征变量在场景中的表现形式可以进行静态定义处理和动态定义处理,其中静态定义处理其实就是指可以用常数表示状态,比如天气中的晴天和雨天就可以分别用 0 和 1 表示;动态定义处理就是指元素状态会随时变化,不能单纯用常数来表示,比如测试车辆速度和目标速度可以采用极差标准化的方式进行处理,这样处理后的动态变量取值就在 0~1 范围内,标准化后的变量用 z_{xy} 表示,如下式:

$$z_{xy} = \frac{z_{xy} - \min\limits_{1 \leq x \leq i} z_{xy}}{\max\limits_{1 \leq x \leq i} z_{xy} - \min\limits_{1 \leq x \leq i} z_{xy}} \tag{3-3}$$

式中:i——数据样本的个数;

x——数据样本;

y——一个数据样本中特征变量的个数。

比如对危险场景进行特征提取,并且对特征变量预处理后可以形成如表 3-4 所示的定义。

事故场景特征变量的定义　　　　表 3-4

特征变量	变量描述	数字化定义
时段	白天	0
	晚上	1
天气	晴天	0
	雨天	1
路口类型	直行路	0
	T形路口	0.5
	十字路口	1
交通控制方式	有交通信号灯	0
	没有交通信号灯	1
本车车速	危险开始时刻本车车速(例如:此时速度为30km/h,最大速度为90km/h,最小速度为15km/h)	极差标准化计算 $\left(\frac{30-15}{90-15}=0.20\right)$

续上表

特征变量	变量描述	数字化定义
目标车速	危险开始时刻目标车速（例如：此时速度为45km/h，最大速度为85km/h，最小速度为20km/h）	极差标准化计算 $\left(\dfrac{45-20}{85-20}=0.38\right)$
碰撞类型	正面碰撞	0
	侧面碰撞	0.5
	追尾碰撞	1
……	……	……

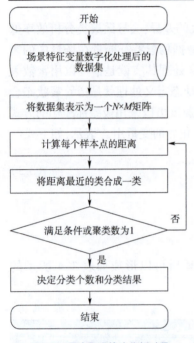

图 3-5　层次聚类算法分析过程

在对相关场景特征进行数字化处理后就可以进行聚类分析。聚类分析是一种比较常见的数据挖掘算法，核心是利用数字公式将相似性高的对象或者元素划分为一类，相似度低的相互分开。常用的聚类算法主要包括 K 均值聚类、层次聚类、密度聚类、基于深度学习的聚类等。其中，层次聚类算法分析过程如图 3-5 所示。

3.2.2.4　场景生成方法

场景的解析是研究如何描述一个场景，场景的构成要素有哪些，每个要素的取值范围是多少，要素间的约束如何确定和表述。场景的生成需要建立在解析的基础上，利用各种方法从被解析的场景参数空间中组合生成出测试用例。由于场景的参数空间往往较为庞大，全组合得到的测试用例数量往往十分庞大，难以用于实际的测试，为此就需要采用专门的组合算法生成具有代表性的测试用例。

场景测试用例的来源有多个不同的渠道，为了提高场景的覆盖率，需要对已经采集到的场景进行推演归纳处理，从而衍生出更多合理的场景。此过程称为场景重构，即通过各种方法组合生成出场景的测试用例。目前常见的场景生成方法有基于随机采样的生成方法、基于深度学习的生成方法和基于参数组合的生成方法，如图 3-6 所示。

3.2.3　场景验证技术

为了确保由分析挖掘生成的测试场景符合客观事实，能够对智能网联汽车的安全性、高效性、舒适性等进行考察，需要对初步生成的场景进行试验，验证是否满足相关性、真实性、有效性等要求。场景测试验证主要是将数据库内已经构建好的场景抽取出来，用虚拟场景验证、实车场景验证等方法进行验证，确认场景的真实性、代表性和有效性，从而更好地服务于研发和测试工作。与场景相关的测试结果反馈给数据库，对场景的分析挖掘方法等进行修正，或者根据需求重构生成场景，更新补充完善

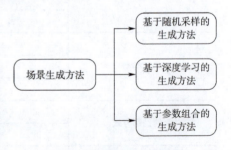

图 3-6　常见的场景生成方法

数据库。数据库进一步有效支撑测试研发工作,从而形成数据库构建与应用的正向循环。

在完成场景数据采集、分析挖掘和测试验证后,为了对已有数据进行有效的组织、管理与应用,需要建立相应的数据库系统,并应在场景数据库系统架构、数据格式、数据文件接口、数据管理等方面满足相应需求。自动驾驶测试场景构建应按照一定的格式进行,并通过构建驾驶场景数据库对场景进行统一的存储和管理。测试场景构建应依托于一套完整的数据库构建体系,该体系包含数据处理、数据格式化、数据库结构化以及仿真软件接口在内的标准性流程和规范,从而指导测试场景数据库的标准化建设,以便数据库不断扩充和完善。

3.3 仿真测试场景集要求

虽然自然驾驶数据和交通事故数据作为真实交通数据和已知场景数据在自动驾驶测试中发挥了不可替代的作用,但现有数据及技术手段仍难以保障测试场景的覆盖度和复杂性。主要体现在以下4个方面:一是由于真实交通场景存在交通环境复杂性、驾驶行为异质性和气象环境时变性的特点,人力可为的真实驾驶场景数据采集不可能覆盖全部可能存在的交通环境、气象环境及驾驶行为;二是纯人类驾驶场景与人机共驾场景、人机混驾场景、自动驾驶场景特征并不完全一致,基于人类自然驾驶场景数据提取的典型测试场景对于自动驾驶测试覆盖的全面性仍然存疑;三是危险驾驶场景在自然驾驶数据中始终属于小概率事件,难以从大量的自然驾驶数据中提取全面的罕见场景、边角场景;四是交管部门等基于调查、质询、事故分析等原有技术手段采集的道路交通事故数据的数量和精细化程度均难以支撑自动驾驶测试场景的构建,因此,仅基于真实数据直接进行测试场景的构建,可能造成部分罕见场景、边角场景的遗漏,无法满足测试场景覆盖全面性的要求。此外,即便构建了较为完善的测试场景数据库,考虑测试成本,开展全场景因子测试也可能难以执行,需要采取有效的方法从所有可能的场景变体中进行典型的测试场景及测试用例参数选取,实现通过部分典型测试场景及用例测试验证自动驾驶系统的有效性,以保障测试过程的经济性和可行性。因此,把场景与仿真结合起来,可以达到灵活配置、提高测试效率的目的。

3.3.1 仿真场景设计要求

自动驾驶仿真测试场景设计要素应包括ODD(设计运行范围)元素、OEDR(目标和事件探测与响应)元素、自车元素和失效元素。测试场景的参数范围应在不违反客观事实规律的基础上,结合真实道路场景数据分析结果进行设计,尽可能多地覆盖整个场景的参数取值空间。同时,需要识别ODD各种使用场景下的安全风险,即基于安全分析,从系统内部识别可能存在的失效,建立失效场景。

(1)ODD元素主要包括道路类型、交通设施、场景参与者行为、场景参与者类型、场景参与者位置等。其中,道路类型应参考《城市道路工程设计规范》(CJJ 37—2012),包括直道、弯道、坡道、交叉路口、环岛。交通设施应参考现行版《道路交通标志和标线》(GB 5768)和《道路交通信号灯设置与安装规范》(GB 14886),包括交通信号灯、交通标志、交通标线、减速带。连接性指自车所处环境的网络连接性、V2X连接性以及是否支持高精地图等特性。

(2) OEDR 元素是指相应测试场景下自动驾驶系统需要探测的物体或者事件以及应做出的响应,作为仿真测试场景的关键考察方面,其主要包括交通参与者的类型及行为等信息。场景参与者类型应参考《机动车辆及挂车分类》(GB/T 15089—2016),包括乘用车、货车、公交车、摩托车骑行者、自行车骑行者、行人。场景参与者行为应包括静止、直行、左转、右转、掉头、变换车道、切入、起步、加速、减速、匀速、跟随行驶、并排行驶、泊车。场景参与者位置应明确初始位置、与测试车辆相对位置关系或时距关系。

(3) 自车元素的驾驶行为应包括巡航行驶、跟随行驶、智能避障、靠边停车、路口直行、路口左转、路口右转、路口掉头、直路掉头、变换车道、起步、减速让行、泊车等。

(4) 失效模式是指为保证自动驾驶的安全性,需测试车辆的失效响应,通过设置一些失效模式如注入故障、超出 ODD、传感器失效等,设置超过 ODD 的参数取值等来验证车辆的失效响应能力。例如,按照感知系统失效(由于安装、环境、车辆等因素导致的感知系统无法准确识别到环境中的风险)、复杂交通场景(交通流与道路的组合导致本车处于危险的交通环境)、车辆控制失效(如由于载荷、路面或侧风等原因导致的车辆无法跟随控制指令)等进行分类。

3.3.2 仿真场景集要求

自动驾驶仿真测试场景集应以自动驾驶能力为框架进行分类,参照《自动驾驶仿真测试场景集要求》(TCMAX 21002—2020)所示的基本能力,如表 3-5 所示,选取如下典型测试场景为表述。仿真测试执行的测试场景最小单元应为具体场景。

自动驾驶能力分类 表 3-5

序 号	能力类别	序 号	能力类别
1	通过路口	10	识别并应对临近障碍
2	遵守交通信号灯	11	限速识别
3	识别并应对切入	12	靠边停车及起步
4	自动泊车	13	通过辅路
5	车道内行驶	14	通过环岛
6	跟随行驶	15	通过减速带
7	变换车道	16	通过人行横道
8	汇入车流	17	掉头行驶
9	智能避障		

3.3.2.1 通过路口

1) 路口直行遇对向车道连续左转车辆

测试车辆以目标车速 V_1 接近十字路口,测试车辆左侧车道线为实线,右侧车道线为虚线,车道宽度为 X_0。测试车辆直行通过十字路口过程中,对向车道上放置以车速 V_2 进行左转的连续目标车辆,目标车辆之间纵向距离为 d。如图 3-7 所示。

2) 路口直行遇通过本车道人行横道行人

测试车辆以目标车速 V_1 接近十字路口,测试车辆左侧车道线为虚线,右侧车道线为实线,车道宽度为 X_0。本车道左/右侧放置等待通过人行横道的行人,行人与车道中心线之间的距

离为 D。测试车辆直行通过十字路口过程中,测试车辆到达碰撞点所需时间 $TTI_1 = TTI_2$(行人到达碰撞点所需时间)时,行人以速度 V_2 从本车道左/右侧通过人行横道。如图 3-8 所示。

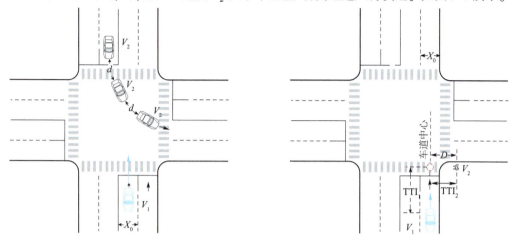

图 3-7 路口直行遇对向车道连续左转车辆场景示意图　　图 3-8 路口直行遇通过本车道人行横道行人场景示意图

$$V_1 = V_{max\_}ODD$$
$$V_2 = [10.0:10.0:50.0] \text{km/h}$$
$$d = [10.0:1.0:120.0] \text{m}$$
$$X_0 = 3.5 \text{m}$$

式中:$V_{max\_}ODD$——ODD 范围内最大车速值。

$$V_1 = V_{max\_}ODD$$
$$V_2 = [5.0, 8.0] \text{km/h}$$
$$D = [3.0, 4.5] \text{m}$$
$$TTI_2 = D/V_2$$
$$X_0 = 3.5 \text{m}$$

3)路口左转遇障碍物遮挡的左侧垂直车道直行车辆

测试车辆以目标车速 V_1 接近十字路口,测试车辆左侧车道线为实线,右侧车道线为虚线,车道宽度为 X_0。测试车辆左侧垂直车道外放置有静止障碍物,测试车辆左侧垂直车道上放置以车速 V_2 进行直行且被障碍物遮挡的目标车辆,测试车辆左转通过十字路口过程中,测试车辆到达碰撞点所需时间与目标车辆到达碰撞点所需时间相同 $TTI_1 = TTI_2$。如图 3-9 所示。

$$V_1 = V_{max\_}ODD$$
$$V_2 = [10.0:1.0:50.0] \text{km/h}$$
$$TTI_1 = TTI_2 = [5.0:1.0:25.0] \text{s}$$
$$X_0 = 3.5 \text{m}$$

4)路口左转遇对向车道连续直行车辆

测试车辆以目标车速 V_1 接近十字路口,测试车辆左侧车道线为实线,右侧车道线为虚线,车道宽度为 X_0。测试车辆左转通过十字路口过程中,对向车道上放置以车速 V_2 进行直行的连续目标车辆,目标车辆之间纵向距离为 d。如图 3-10 所示。

$$V_1 = V_{max\_}ODD$$

$$V_2 = [10.0:1.0:50.0]\,\text{km/h}$$
$$d = [10.0:1.0:120.0]\,\text{m}$$
$$X_0 = 3.5\,\text{m}$$

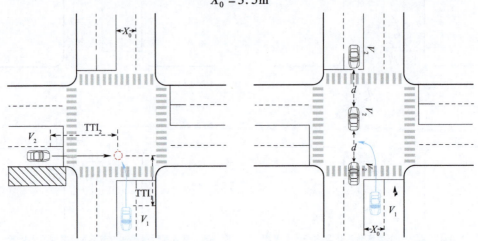

图 3-9 路口左转遇障碍物遮挡的左侧垂直车道直行车辆场景示意图

图 3-10 路口左转遇对向车道连续直行车辆场景示意图

5) 路口右转遇左侧垂直车道连续直行车辆

测试车辆以目标车速 V_1 接近十字路口,测试车辆左侧车道线为虚线,右侧车道线为实线,车道宽度为 X_0。测试车辆右转通过十字路口过程中,左侧垂直车道上放置以车速 V_2 进行直行的连续目标车辆,目标车辆之间纵向距离为 d。如图 3-11 所示。

$$V_1 = V_{\max}\_\text{ODD}$$
$$V_2 = [10.0:1.0:50.0]\,\text{km/h}$$
$$d = [10.0:1.0:120.0]\,\text{m}$$
$$X_0 = 3.5\,\text{m}$$

6) 路口右转遇通过右侧垂直车道人行横道骑行者

测试车辆以目标车速 V_1 接近十字路口,测试车辆左侧车道线为虚线,右侧车道线为实线,车道宽度为 X_0。右侧垂直车道左/右侧放置等待通过人行横道的骑行者,骑行者与车道中心线之间的距离为 D。测试车辆右转通过十字路口过程中,测试车辆到达碰撞点所需时间 $TTI_1 = TTI_2$ 时,骑行者以速度 V_2 从本车道左/右侧通过人行横道。如图 3-12 所示。

$$V_1 = V_{\max}\_\text{ODD}$$
$$V_2 = [5.0:5.0:30.0]\,\text{km/h}$$
$$D = 17.0\,\text{m}$$
$$TTI_2 = D/V_2$$
$$X_0 = 3.5\,\text{m}$$

7) 跨停止线掉头遇左侧垂直车道右转和对向车道直行车辆

测试车辆以目标车速 V_1 接近十字路口,测试车辆左侧车道线为实线,右侧车道线为虚线,车道宽度为 X_0。左侧垂直车道上放置以车速 V_2 进行右转的目标车辆 TV_1,对向车道放置以车速 V_3 进行直行的目标车辆 TV_2,测试车辆跨停止线掉头通过路口过程中,测试车辆到达碰撞点所需时间为 TTI_1，目标车辆 TV_1 和目标车辆 TV_2 到达碰撞点所需时间为 TTI_2 和 TTI_3。如图 3-13 所示。

$$V_1 = V_{max}\_ODD$$
$$V_2 = [10.0:10.0:60.0] \text{km/h}$$
$$V_3 = [10.0:10.0:60.0] \text{km/h}$$
$$TTI_1 = 10.0 \text{s}$$
$$TTI_2 = [5.0:1.0:15.0] \text{s}$$
$$TTI_3 = [5.0:1.0:15.0] \text{s}$$
$$X_0 = 3.5 \text{m}$$

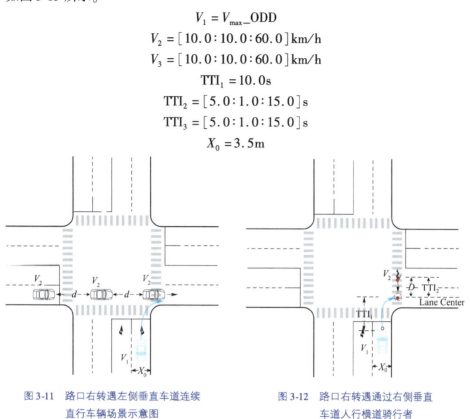

图 3-11　路口右转遇左侧垂直车道连续直行车辆场景示意图

图 3-12　路口右转遇通过右侧垂直车道人行横道骑行者

8）未跨停止线掉头遇对向车道直行车辆

测试车辆以目标车速 V_1 接近十字路口，测试车辆左侧车道线为实线，右侧车道线为虚线，车道宽度为 X_0。对向车道上放置以车速 V_2 进行直行的目标车辆，测试车辆未跨停止线掉头通过十字路口过程中，测试车辆到达碰撞点所需时间与目标车辆到达碰撞点所需时间相同，即 $TTI_1 = TTI_2$。如图 3-14 所示。

$$V_1 = V_{max}\_ODD$$
$$V_2 = [10.0:10.0:60.0] \text{km/h}$$
$$TTI_1 = TTI_2$$
$$X_0 = 3.5 \text{m}$$

3.3.2.2　遵守交通信号灯

1）路口直行遇红灯

测试车辆以目标车速 V_1 在直行/左转车道上行驶，车道宽度为 X_0。十字路口位置放置双排机动车信号灯，测试车辆直行通过十字路口过程中，机动车信号灯状态默认为黄灯，测试车辆与本车道停止线之间的纵向距离为 d 时，机动车信号灯的状态设置为红灯；Red_Light_Time 代表红灯持续时间，经过 Red_Light_Time 设定的时间后，机动车信号灯的状态变为绿灯。如图 3-15 所示。

$$V_1 = V_{\max}\_\text{ODD}$$
$$V_2 = [10.0:10.0:50.0]\text{km/h}$$
$$\text{Red\_Light\_Time} = 60.0\text{s}$$
$$X_0 = 3.5\text{m}$$

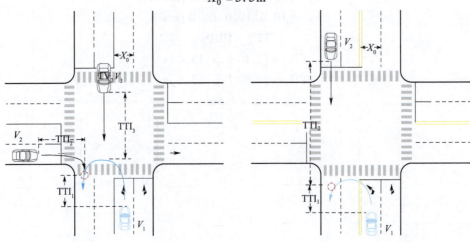

图 3-13 跨停止线掉头遇左侧垂直车道右转和对向车道直行车辆场景示意图

图 3-14 未跨停止线掉头遇对向车道直行车辆场景示意图

2）路口左转遇红灯

测试车辆以目标车速 V_1 在左转车道上行驶，车道宽度为 X_0。十字路口位置放置双排信号灯，左侧为方向指示信号灯，右侧为机动车信号灯。测试车辆左转通过十字路口过程中，左转方向指示信号灯的状态默认为黄灯，测试车辆与本车道停止线之间的纵向距离为 d 时，左转方向指示信号灯的状态设置为红灯，右侧机动车信号灯的状态设置为 Right_Signal_Status；Red_Light_Time 代表红灯持续时间，经过 Red_Light_Time 设定的时间后，左转方向指示信号灯的状态设置为绿灯。如图 3-16 所示。

$$V_1 = V_{\max}\_\text{ODD}$$
$$d = [10.0:1.0:50.0]\text{m}$$
$$\text{Right\_Signal\_Status} = [\text{red, yellow, yellow\_flash, green, green\_flash, failure}]$$
$$\text{Red\_Light\_Time} = 60.0\text{s}$$
$$X_0 = 3.5\text{m}$$

3）路口右转遇红灯

测试车辆以目标车速 V_1 在右转车道上行驶，车道宽度为 X_0。十字路口位置放置双排信号灯，左侧为机动车信号灯，右侧为方向指示信号灯。测试车辆右转通过十字路口过程中，右转方向指示信号灯的状态默认为黄灯，测试车辆与本车道停止线之间的纵向距离为 d 时，右转方向指示信号灯的状态设置为红灯，左侧机动车信号灯的状态设置为 Left_Signal_Status；Red_Light_Time 代表红灯持续时间，经过 Red_Light_Time 设定的时间后，右转方向指示信号灯的状态设置为绿灯。如图 3-17 所示。

$$V_1 = V_{\max}\_\text{ODD}$$
$$d = [10.0:1.0:50.0]\text{m}$$

$$\text{Left\_Signal\_Status} = [\text{red}, \text{yellow}, \text{yellow\_flash}, \text{green}, \text{green\_flash}, \text{failure}]$$
$$\text{Red\_Light\_Time} = 60.0\text{s}$$
$$X_0 = 3.5\text{m}$$

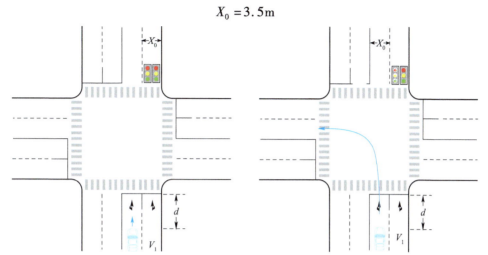

图 3-15　路口直行遇红灯场景示意图　　　图 3-16　路口左转遇红灯场景示意图

4) 路口掉头遇红灯

测试车辆以目标车速 V_1 在左转车道上行驶,车道宽度为 X_0。十字路口位置放置信号灯,测试车辆跨越停止线掉头通过十字路口过程中,信号灯状态默认为黄灯,测试车辆与本车道停止线之间的纵向距离为 d 时,信号灯的状态设置为红灯;Red_Light_Time 代表红灯持续时间,经过 Red_Light_Time 设定的时间后,信号灯的状态设置为绿灯。如图 3-18 所示。

$$V_1 = V_{\max}\_\text{ODD}$$
$$d = [10.0:1.0:50.0]\text{m}$$
$$\text{Red\_Light\_Time} = 60.0\text{s}$$
$$X_0 = 3.5\text{m}$$

5) 左转待转区左转遇左转红灯/直行红灯

测试车辆以目标车速 V_1 在左转车道上行驶,左转车道处设置左转待转区,车道宽度为 X_0。十字路口位置放置双排信号灯,左侧为方向指示信号灯,右侧为机动车信号灯。测试车辆左转通过十字路口过程中,左转方向指示信号灯状态默认为黄灯,直行信号灯状态默认为黄灯,测试车辆与本车道停止线之间的纵向距离为 d 时,左转方向指示信号灯状态默认为红灯,直行信号灯状态默认为红灯。Red_Light_Time 代表红灯持续时间,经过 Red_Light_Time 设定的时间后,直行信号灯状态设置为绿灯;Green_Light_Time 代表绿灯持续时间,经过 Green_Light_Time 设定的时间后,左转方向指示信号灯状态默认为绿灯,直行信号灯状态设置为红灯。如图 3-19 所示。

$$V_1 = V_{\max}\_\text{ODD}$$
$$d = [10.0:10.0:50.0]\text{m}$$
$$\text{Red\_Light\_Time} = 30.0\text{s}$$
$$X_0 = 3.5\text{m}$$

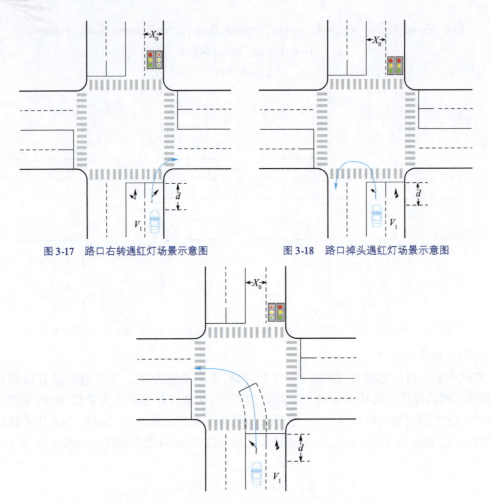

图3-17 路口右转遇红灯场景示意图　　图3-18 路口掉头遇红灯场景示意图

图3-19 左转待转区左转遇左转红灯/直行红灯场景示意图

3.3.2.3 识别并应对切入

1) 目标车辆切入后制动

测试车辆以目标速度 V_1 在直线道路上行驶,测试车辆左侧车道线为虚线,右侧车道线为实线,车道宽度为 X_0。相邻车道前方放置以速度 V_2 沿车道中心线行驶的目标车辆,$V_2 < V_1$。测试车辆与目标车辆的碰撞时间为 TTC 时,目标车辆保持速度不变,以变道周期 t 向本车道变道,目标车辆完成变道后,目标车辆以减速度 a 进行制动。如图3-20所示。

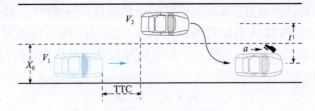

图3-20 目标车辆切入后制动场景示意图

$$V_1 = V_{max}\_ODD$$
$$V_2 = [(V_1 - 10.0):-1.0:10.0]\text{km/h}$$

$$t = [2.0:1.0:6.0] \mathrm{s}$$
$$\mathrm{TTC} = [2.0:1.0:6.0] \mathrm{s}$$
$$a = [-1.0:-1.0:-4.0] \mathrm{m/s^2}$$
$$X_0 = 3.5 \mathrm{m}$$

2) 行人从停靠车辆后方穿行

测试车辆以目标速度 V_1 在直线道路上行驶,测试车辆左侧车道线为虚线,右侧车道线为实线,车道宽度为 X_0。测试车辆右侧放置停止的目标车辆 TV_1 和目标车辆 TV_2,目标车辆 TV_1 与目标车辆 TV_2 之间的纵向距离为 d_3,目标车辆与测试车辆之间的横向距离为 d_1。目标车辆 TV_2 前方放置等待穿行本车道行人,目标车辆 TV_2 与行人之间纵向距离为 d_4,行人与车道中心线之间的距离为 D。测试车辆与行人之间的纵向距离为 d_2 时,行人以速度 V_2 从测试车辆右侧穿行本车道。如图3-21所示。

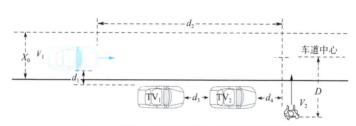

图3-21 行人从停靠车辆后方穿行场景示意图

$$V_1 = V_{\max}\_\mathrm{ODD}$$
$$V_2 = [3.0:1.0:12.0] \mathrm{km/h}$$
$$D = [3.0, 4.5] \mathrm{m}$$
$$d_1 = d_3 = d_4 = 1.0 \mathrm{m}$$
$$d_2 = [10.0:1.0:50.0] \mathrm{m}$$
$$X_0 = 3.5 \mathrm{m}$$

3.3.2.4 自动泊车

1) 自动泊入平行车位

测试车辆以目标速度 V_1 在直线道路上行驶,测试车辆左侧车道线为虚线,右侧车道线为实线,车道宽度为 X_0。测试车辆与目标车位设置为平行车位,停车位长度为 L,宽度为 W。目标车位两侧车位放置静止目标车辆 TV_1 和静止目标车辆 TV_2。如图3-22所示。

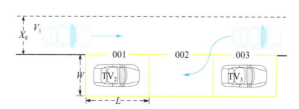

图3-22 自动泊入平行车位场景示意图

$$V_1 = V_{\max}\_\mathrm{ODD}$$

$L = 6.0 \text{m}$

$W = 3.0 \text{m}$

$X_0 = 3.5 \text{m}$

2)平行车位自动泊出过程中遇直行车辆

测试车辆停入平行车位,停车位长度为 L,宽度为 W。测试车辆左右车位放置静止目标车辆 TV_2 和静止目标车辆 TV_3。测试车辆相邻车道放置以速度 V_1 沿车道中心线行驶的目标车辆 TV_1,目标车辆 TV_1 左侧车道线为虚线,右侧车道线为实线,车道宽度为 X_0。目标车辆与测试车辆距离为 d 时,测试车辆进行自动驶出动作。如图3-23所示。

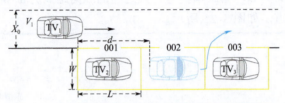

图3-23 平行车位自动泊出过程中遇直行车辆场景示意图

$V_1 = [10.0:1.0:70.0] \text{km/h}$

$D = [10.0:1.0:100.0] \text{m}$

$L = 6.0 \text{m}$

$W = 3.0 \text{m}$

$X_0 = 3.5 \text{m}$

3.3.2.5 车道内行驶

测试车辆在半径 R 的弯道上静止,道路限制速度设置为 Speed_limit,测试车辆起步过程中,采集测试车辆加速度 a。如图3-24所示。

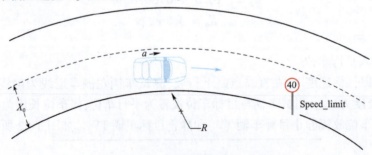

图3-24 弯道起步行驶场景示意图

$V_1 = V_{\max}\_\text{ODD}$

$\text{Speed\_limit} = [20.0:10.0:120.0] \text{km/h}$

$X_0 = 3.5 \text{m}$

3.3.2.6 跟随行驶

测试车辆以目标速度 V_1 在直线道路上行驶,测试车辆右侧为实线车道线,左侧车道内一直有行驶的车辆,因此测试车辆不能向左侧换道,或者测试车辆两侧均设置为实线车道线。测试车辆前方放置以速度 V_2 沿车道中心线行驶的目标车辆,$V_2 < V_1$。测试车辆以稳定

速度 V_1 接近目标车辆,测试车辆稳定跟随行驶时,目标车辆以加速度 a_1 加速到速度 V_3,之后目标车辆以减速度 a_1 减速到速度 V_2。如图 3-25 所示。

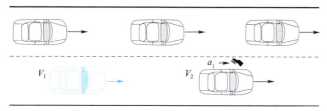

图 3-25　跟随行驶过程中目标车辆加速后减速场景示意图

$$V_1 = V_{max\_}ODD$$
$$V_2 = [10.0:5.0:V_1 - 5.0] km/h$$
$$V_3 = 1.5 V_2$$
$$a_1 = [1.0, 2.0] m/s^2$$

3.3.2.7　变换车道

测试车辆以目标速度 V_1 在直线道路上行驶,测试车辆左侧车道线为虚线,右侧车道线为实线,车道宽度为 X_0。测试车辆前方放置静止目标车辆,测试车辆与静止目标车辆 TV_1 初始纵向距离大于 100m;测试车辆左侧相邻车道后方放置以速度 V_2 行驶的目标车辆 TV_2、其与测试车辆初始纵向距离为 d。测试车辆以稳定速度接近前方静止目标车辆 TV_1,测量测试车辆换道时与左后方目标车辆 TV_2 之间的纵向距离 gap。如图 3-26 所示。

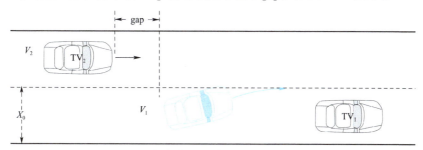

图 3-26　直行换道遇目标车道运动车辆场景示意图

$$V_1 = V_{max\_}ODD$$
$$V_2 = [30.0:1.0:50] km/h$$
$$d = [50.0:1.0:100] m$$
$$X_0 = 3.5 m$$

3.3.2.8　汇入车流

测试车辆静止在直线车道上,测试车辆左侧车道线为虚线,右侧车道线为实线,车道宽度为 X_0。测试车辆前方放置静止目标车辆 TV_1,测试车辆与目标车辆 TV_1 之间的纵向距离为 D。测试车辆起步变道过程中,遇到左侧相邻车道以速度 V_1 行驶的连续目标车辆,目标车辆之间纵向距离为 d。如图 3-27 所示。

$$V_1 = [5.0:1.0:V_{max\_}ODD + 10.0] km/h$$
$$d = [10:1.0:120.0] m$$
$$X_0 = 3.5 m$$

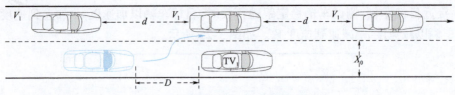

图 3-27 直路起步汇入车流场景示意图

3.3.2.9 智能避障

测试车辆以目标速度 V_1 在直线道路上行驶，测试车辆左侧车道线为虚线，右侧车道线为实线，车道宽度为 X_0。测试车辆前方放置以车速 V_2 行驶的目标车辆 TV_1，目标车辆 TV_1 左侧边界与测试车辆右侧车道线距离为 offset1；测试车辆左侧相邻车道放置以速度 V_3 行驶的目标车辆 TV_2，目标车辆 TV_2 右侧边界与左侧相邻车道左侧车道线距离为 offset2；目标车辆 TV_1 与目标车辆 TV_2 平行放置，且目标车辆 TV_1 与目标车辆 TV_2 速度相同，即 $V_2 = V_3$，测试车辆以稳定速度 V_1 接近目标车辆。如图 3-28 所示。

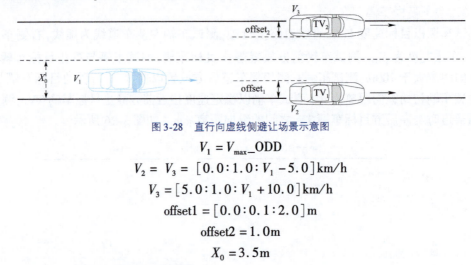

图 3-28 直行向虚线侧避让场景示意图

$$V_1 = V_{\max}\_\text{ODD}$$
$$V_2 = V_3 = [0.0:1.0:V_1 - 5.0]\,\text{km/h}$$
$$V_3 = [5.0:1.0:V_1 + 10.0]\,\text{km/h}$$
$$\text{offset1} = [0.0:0.1:2.0]\,\text{m}$$
$$\text{offset2} = 1.0\,\text{m}$$
$$X_0 = 3.5\,\text{m}$$

3.3.2.10 识别并应对临近障碍

测试车辆以目标车速 V_1 接近十字路口，测试车辆左侧车道线为虚线，右侧车道线为虚线，车道宽度为 X_0。测试车辆左侧相邻车道上放置以车速 V_2 进行左转的目标车辆，测试车辆左转通过十字路口过程中，测试车辆与停止线距离为 d_1 时，目标车辆与停止线之间距离为 d_2。如图 3-29 所示。

$$V_1 = V_{\max}\_\text{ODD}$$
$$V_2 = [10.0:10.0:30.0]\,\text{km/h}$$
$$d_1 = 50.0\,\text{m}$$
$$d_2 = [0.0:10.0:100.0]\,\text{m}$$
$$X_0 = 3.5\,\text{m}$$

3.3.2.11 靠边停车及起步

测试车辆以目标车速 V_1 在车道内直线行驶，车道宽 X_0，接驳点设置在最外侧机动车道内，车道宽 X_1，测试车辆与接驳点的初始纵向距离大于 200m。在与接驳点距离为 d 的位置

放置静止目标车辆 TV_1，目标车辆左侧边界与外侧车道线的横向距离为 offset，观察测试车辆响应。如图 3-30 所示。

$$V_1 = V_{max}\_ODD$$
$$d = [0.0:5.0:50.0]\,m$$
$$offset = [0.0:0.1:1.0]\,m$$
$$X_0 = 3.5\,m$$

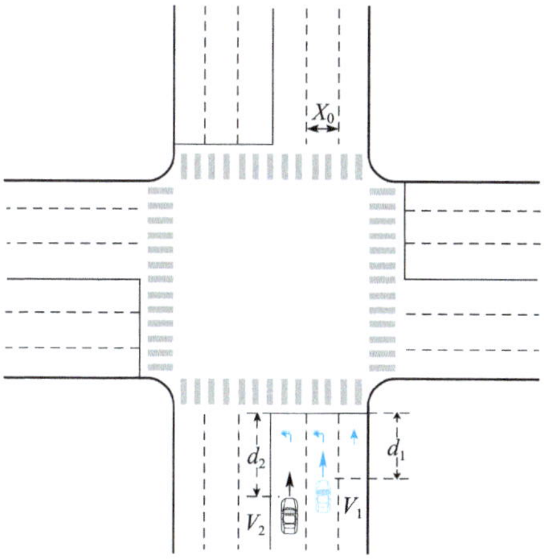

图 3-29 路口左转遇左侧相邻车道左转车辆场景示意图

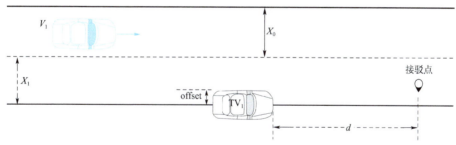

图 3-30 靠边停车时机动车外道有侵入目标车辆场景示意图

3.3.2.12 通过辅路

测试车辆以目标速度 V_1 在辅路上行驶，车道宽度为 X_0。测试车辆驶过辅路入口过程中，主路放置以速度 V_2 驶入辅路的连续目标车辆，目标车辆之间纵向距离为 d。如图 3-31 所示。

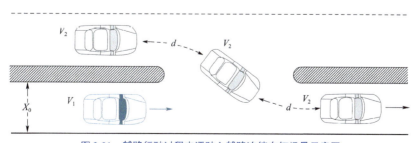

图 3-31 辅路行驶过程中遇驶入辅路连续车辆场景示意图

$$V_1 = V_{\max}\_\text{ODD}$$
$$V_2 = [5.0:1.0:70.0]\text{km/h}$$
$$d = [10.0:1.0:120.0]\text{m}$$
$$X_0 = 3.5\text{m}$$

3.3.2.13 通过环岛

测试车辆以目标速度 V_1 在半径为 R_0 环岛内侧车道行驶，测试车辆左侧车道线为虚线，右侧车道线为虚线，车道宽度为 X_0。测试车辆驶出环岛过程中，环岛最外侧车道放置以速度 V_2 行驶的连续目标车辆，目标车辆之间纵向距离为 d。如图 3-32 所示。

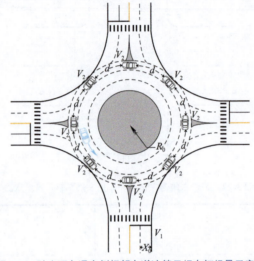

图 3-32 驶出环岛遇右侧相邻车道连续目标车辆场景示意图

$$V_1 = V_{\max}\_\text{ODD}$$
$$V_2 = [5.0:5.0:50.0]\text{km/h}$$
$$d = [10.0:10.0:50.0]\text{m}$$
$$X_0 = 3.5\text{m}$$
$$R_0 = [50, 100]\text{m}$$

3.3.2.14 通过人行横道

测试车辆以目标速度 V_1 在直线道路上行驶，测试车辆左侧为虚线，右侧为实线，车道宽度为 X_0。本车道左侧放置等待穿行本车道行人，行人与本车道中心线之间的距离为 D。测试车辆与行人之间的纵向距离为 d 时，行人以速度 V_2 从测试车辆左侧穿行本车道。如图 3-33 所示。

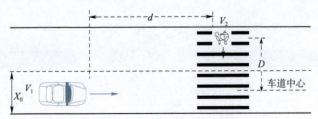

图 3-33 通过人行横道场景示意图

$$V_1 = V_{max\_}ODD$$
$$V_2 = [2.0:1.0:12.0] \text{km/h}$$
$$D = 7.5 \text{m}$$
$$d = [50.0:1.0:260.0] \text{m}$$

3.3.2.15 掉头行驶

测试车辆以目标车速 V_1 在双向四车道左侧车道行驶,测试车辆左侧车道线为实线,右侧车道线为虚线,车道宽度为 X_0。对向车道内侧车道上放置以车速 V_2 直行的目标车辆,测试车辆在直路掉头过程中,测试车辆到达碰撞点所需时间与目标车辆到达碰撞点所需时间相同,即 $TTI_1 = TTI_2$。如图 3-34 所示。

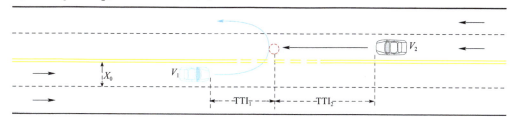

图 3-34 双向四车道掉头遇对向车道直行车辆场景示意图

$$V_1 = V_{max\_}ODD$$
$$V_2 = [10.0:10.0:60.0] \text{km/h}$$
$$TTI_1 = TTI_2$$
$$X_0 = 3.5 \text{m}$$

第 4 章
智能网联汽车仿真测试技术与方法

智能网联汽车仿真测试是以数学建模方式将自动驾驶的应用场景进行数字化还原,建立尽可能接近真实世界的系统模型,通过仿真测试进行分析和研究,便可以达到对自动驾驶系统算法测试验证的目的。仿真测试可以帮助研发人员和汽车认证检测机构对自动驾驶系统产品的验证测试流程和认证检测方法进行完善和优化。通过高覆盖度、高复杂度的数据库,不但可以增加智能网联汽车测试工况的范围和复杂程度,更可以对其零部件、子系统与整车集成进行不同层级的全链条测试。通过仿真覆盖实车检测不能实现的长尾场景[①],在仿真测试环境下及早发现实车测试不易甄别的软件故障,仿真测试将逐步成为物理测试的补充或者替代,构成相互结合的有机整体。

4.1 仿真测试及其场景数字格式要求

根据如图 1-1 所示的 GRVA/VMAD IWG "多支柱验证方法",仿真测试是加速自动驾驶研发过程和保证安全的核心环节,道路测试会受到气候、地理和物理因素等各种客观条件的限制,而仿真测试可以通过构建标准化的测试场景,满足训练自动驾驶算法的要求,可以大幅度加快测试进度。

4.1.1 仿真测试一般要求

仿真测试的一般要求可分为系统级要求、仿真设施要求、仿真开展要求、仿真结果分析要求和文档要求。

(1) 系统级要求涵盖了自动驾驶仿真过程中所应遵循并应在系统级被定义的要求,如表 4-1 所示。

系统级要求 表 4-1

序号	要求
1	应定义仿真的输入和输出
2	应确定仿真模型开发所需的数据资料和文档
3	应确定仿真需要输出的数据,包括精度、逼真度、可靠性
4	应根据仿真需求,确定仿真类型(SiL、HiL、ViL、DiL)

---

① 指种类繁多、发生概率较低或者突发的场景。比如闯红灯的车辆,横穿道路的行人,红绿灯损坏的路口等。

续上表

序号	要求
5	应根据仿真需求,确定仿真系统的组成及各部分的功能
6	应确定仿真所需要的模型(见第二章测试场景介绍3)
7	应根据仿真类型确定仿真系统中每个部分的实现方式
8	应确定各部件之间的接口数据格式及实现方式
9	应确定采用的仿真语言
10	应确定每个仿真模型的调用周期
11	应确定仿真模型校验和校核的方法
12	应确定仿真模型校验和校核的过程
13	应分析和确定仿真中的不确定因素
14	应编写仿真系统设计报告,包含上述条目(见表4-6)
15	应编写仿真大纲(见表4-7)

(2)仿真模型要求如表4-2所示。

仿真模型要求 表4-2

序号	要求
1	应包含算法、被控对象模型、敏感模型、执行机构模型、环境模型及配置管理
2	应对确认建立模型所需要的数据和所使用的软件以及输入条件的预处理
3	应确保模型的功能、特性、接口与实物一致
4	应定义模型的基本结构和数学描述
5	应对模型的性能、准确度、逼真度、稳定性、有效范围做出规定
6	应指明模型中所使用的数据和输入输出变量的量纲
7	应对其使用的坐标系做出规定
8	应提供模型的正确使用方法说明
9	应记录校核验证所使用的技术和校验的范围
10	应记录校核验证的条件(如:需要的数据和软件)
11	应记录模型校验的结果(如:是否满足仿真要求)
12	应对模型及其数据、文档进行配置管理,例如文件版本、模型的更新

(3)仿真设施要求如表4-3所示。

仿真设施要求 表4-3

序号	要求
1	应列出对计算能力的特殊要求(例如:支撑软件、内存容量、硬盘容量、处理器等)
2	应能够检测和控制仿真的运行
3	应能够记录和显示仿真运行的状态
4	应能够比较相同格式的数据(如:比较两次仿真结果)
5	应能够对仿真输出数据进行在线或离线分析
6	应能够提供对仿真系统进行调试的方法

续上表

序号	要求
7	应能够接入外部时钟或为外部提供时钟,达到系统同步
8	应能够支持实时和非实时仿真
9	应能够对仿真系统中的所有设备进行校验
10	应能够对仿真系统中的所有设备进行校验
11	应确保具有设备的使用方法(含使用限制)
12	应确保仿真设备的技术指标在允许范围内
13	应对设施及相关文档进行配置管理

(4)仿真开展要求如表4-4所示。

仿真开展要求　　　　　　　表4-4

序号	要求
1	应确认所有输入的数据,包含其正确性、物理意义及量纲
2	应确认仿真模型和设施已经过校验
3	应按仿真大纲规定的测试用例开展
4	应确保仿真过程没有超出模型的运算范围(例如:高度范围和测量范围)
5	应记录仿真结果所对应的条件
6	应对仿真结果及时处理,对仿真数据进行修改和补充
7	应分析仿真中出现的问题(错误、警告)和解决方法
8	应对仿真过程中出现的错误和警告信息进行记录和解释,对严重的问题要及时上报
9	应对仿真和分析过程进行记录,以形成仿真结果报告
10	应保证多次运行的一致性,多次重复仿真的一致率不应低于99%

(5)仿真结果分析要求如表4-5所示。

仿真结果分析要求　　　　　　　表4-5

序号	要求
1	应说明、记录、分析所用的数据和来源
2	需分析主动驾驶系统的稳定性是否满足要求
3	需分析自动驾驶系统的性能指标是否满足要求
4	需分析自动驾驶系统是够符合自动驾驶汽车的参数不确定性
5	需分析自动驾驶系统的抗干扰能力是否满足要求
6	需分析自动驾驶系统对单机故障的适应能力是否满足要求
7	需分析是否达到了仿真的目的

(6)仿真系统设计报告要求如表4-6所示。

仿真系统设计报告要求　　　　　　　　　　　表4-6

序号	要　　求
1	应确认仿真系统的功能和性能
2	应记录仿真系统的构成
3	应记录仿真设施及其功能
4	应记录仿真软件及其功能
5	应确认仿真系统的内外部接口
6	应记录专门为本次仿真设计或修改的设备/软件的设计结果
7	应记录每个仿真设施的名称、编号、尺寸、位置、状态及其他重要的属性
8	应包括硬件相关文档
9	应包括软件相关文档

(7)仿真大纲要求如表4-7所示。

仿真大纲要求　　　　　　　　　　　表4-7

序号	要　　求
1	应确认仿真目的
2	应记录仿真的输入
3	应确认仿真的输出
4	应确认仿真内容
5	应记录仿真方案
6	应制定仿真运行步骤
7	应记录校核和验证的要求、计划和方法
8	应确认仿真中需要存储的数据内容、精度及格式
9	应记录仿真的时间表
10	应确认仿真环境(场地、能源、温度以及其他环境条件)
11	应记录仿真的人员安排

(8)完成仿真试验后,应对仿真开展过程和结果进行总结,形成仿真结果分析报告,其一般要求如表4-8所示。

仿真结果分析报告要求　　　　　　　　　　　表4-8

序号	要　　求
1	应给出仿真概况
2	应说明仿真输入数据及来源
3	应说明仿真中采用的模型
4	应记录数学模型的校验结果
5	应记录仿真中硬件设备的技术状态
6	应说明模型验证和采用的技术、验证和确认的结果及状态
7	应说明仿真中没有被验证的方面

续上表

序　号	要　　求
8	应进行仿真误差分析，说明仿真中不确定因素及对仿真的影响
9	应分析说明仿真结果，包含分析和统计过程记录文档
10	应说明仿真的修改和补充
11	应说明仿真中出现的问题（错误、警告）和解决方法
12	应对仿真和分析是否恰当做出评价
13	应记录仿真结果分析

4.1.2　仿真场景数字格式要求

自动驾驶仿真测试场景的数字格式应包括场景基本字段、动态要素字段以及静态要素字段3部分内容，所使用的数据格式（Java Script Object Notation，JSON），应不低于2.1.0版本。此外，自动驾驶仿真测试场景数据格式中依赖的地图格式，应兼容自动化及测量系统标准协会（Association for Standardization of Automation and Measuring Systems，ASAM）描述路网逻辑的开放文件格式（Open DRIVE），数据标准格式规范。依赖的路面条件格式，应兼容描述路面的开放文件格式（ASAM Open CRG），数据标准格式规范。

4.1.2.1　基本字段信息

场景基本信息（ADS_CONFIG）应包括场景ID、场景名称、场景类型、场景创建时间、地图信息、创建者、场景优先级和场景状态等信息，具体信息如表4-9所示。

场景基本信息字段　　　　　　　　　　　　　　表4-9

字　段	定　义	类　型	取值范围
ADS_ID	场景ID	int	0~99999999
ADS_NAME	场景名称	string	—
ADS_TYPE	场景类型	enum	0：路测开环数据 1：路测闭环数据 2：人工创建场景 3：危险驾驶场景 4：自定义
CONTROL_MODE	控制模式选择	enum	0：完美控制模式 1：动力学控制模式 2：自定义
PERCEPTION_MODE	感知模式选择	enum	0：完美感知模式 1：传感器模型模式 2：自定义
CREATE_TIME	场景创建时间	date	yyyy-MM-dd HH:mm:ss
CREATE_USER	创建用户	string	—
MAP_REGION	场景所在地图的区域信息	string	—

续上表

字段	定义	类型	取值范围
MAP_VERSION	地图版本信息	string	—
PRIORITY	场景优先级	enum	Low：低优先级 High：高优先级 Middle：中优先级
STATUS	场景状态	enum	Online：已上线 Offline：已下线 Pending：处理中
SIMU_TIME	模拟仿真运行时间	int	0~9999s

4.1.2.2 动态要素字段信息

1）测试车辆信息（TEST_VECHILE）

测试车辆信息应包括起点、终点和朝向角度等信息，具体信息如表4-10所示。

测试车辆信息字段　　　　　　　　　　表4-10

字段	定义	类型	取值范围
HEADING	朝向角	float	[-PI, PI]
FROM	起点坐标	struct	参见表3-8
TO	终点坐标	struct	参见表3-8

其中，FROM和TO的字段如表4-11所示。

测试车辆FROM和TO的字段　　　　　　　　　　表4-11

字段	定义	类型	取值范围
X	位置X	float	0~9999.9999
Y	位置Y	float	0~9999.9999

2）障碍物信息（OBSTACLE）

障碍物信息应包括障碍物ID、障碍物类型、障碍物起始点、障碍物轨迹点和障碍物尺寸等信息，具体信息如表4-12所示。

障碍物信息字段　　　　　　　　　　表4-12

字段	定义	类型	取值范围
OBSTACLE_ID	障碍物ID	int	0~99999999
OBSTACLE_TYPE	障碍物类型	int	0：轿车 1：货车 2：行人 3：自行车 4：摩托车 5：交通锥 6：救援车辆 7：公交车 8：自定义

续上表

字段	定义	类型	取值范围
START_POINT	障碍物起始状态	struct	参见表 4-14
TRACKED_POINTS	障碍物行驶轨迹点集合	set	参见表 4-14
CUBOIDS	障碍物形状信息	struct	参见表 4-13

其中,CUBOIDS 定义如表 4-13 所示。

表 4-13 障碍物形状字段

字段	定义	类型	取值范围
LENGTH	障碍物长度值	float	0 ~ 100m
WIDTH	障碍物宽度值	float	0 ~ 10m
HEIGTH	障碍物高度值	float	0 ~ 10m

其中,START_POINT 定义如表 4-14 所示。TRACKED_POINTS 是一系统数据的集合,其中数据点的定义如表 4-14 所示。

表 4-14 障碍物起始点字段

字段	定义	类型	取值范围
HEADING	障碍物朝向角	float	[−PI, PI]
SPEED	障碍物起始速度	float	0 ~ 120.00km/h
X	障碍物位置 X	float	0 ~ 9999.9999
Y	障碍物位置 Y	float	0 ~ 9999.9999

3)交通信号灯

交通信号灯应包括信号灯 ID、信号灯初始状态、信号灯转化序列和信号保持时间等字段,具体信息如表 4-15 所示。

表 4-15 交通信号灯字段

字段	定义	类型	取值范围
TRAFFIC_ID	红绿灯 ID	int	0 ~ 99999999
INITIAL_STATE	红绿灯初始状态	struct	参见表 4-16
LOCATION	红绿灯位置	struct	参见表 4-17
STATE_GROUP	红绿灯状态序列	struct	参见表 4-16
DETECT_DISTANCE	红绿灯可见距离	int	0 ~ 999m

其中,INITIAL_STATE 字段定义如表 4-16 所示,LOCATION 字段定义如表 4-17 所示,STATE_GROU 定义为状态集合,其中每个状态的定义如表 4-16 所示。

表 4-16 信号灯初始状态字段

字段	定义	类型	取值范围
BLINK	是否闪烁	bool	0:否 1:是

续上表

字　　段	定　　义	类　　型	取值范围
COLOR	红绿灯颜色	enum	0:绿色 1:黄色 2:红色 3:黑色 4:自定义
KEEP_TIME	红绿灯持续时间	int	0~999s

信号灯位置字段　　　　　　　　　　　　　　　　表4-17

字　　段	定　　义	类　　型	取值范围
X	红绿灯所在 X 坐标	float	0~9999.9999
Y	红绿灯所在 Y 坐标	float	0~9999.9999
Z	红绿灯所在 Z 坐标	float	0~9999.9999

4.1.2.3　静态要素字段信息

1）天气信息（WEATHER）

天气信息应包括天气类型、天气等级等字段，支持常见的几类天气类型，具体信息如表4-18所示。

天气字段说明　　　　　　　　　　　　　　　　表4-18

字　　段	定　　义	类　　型	取值范围
TYPE	天气类型	enum	0:晴天 1:雨天 2:雪天 3:雾霾 4:自定义
DEGREE	天气等级	enum	0:弱 1:中 2:强 3:自定义

2）光照条件（LIGHT）

光照信息应包括光照类型、光照时间和光照等级等常见类型，具体信息如表4-19所示。

光照字段说明　　　　　　　　　　　　　　　　表4-19

字　　段	定　　义	类　　型	取值范围
TYPE	光照类型	enum	0:顺光 1:逆光 2:侧光 3:顶光 4:自定义
TIME	光照时间	enum	0:上午 1:中午 2:下午 3:傍晚

续上表

字段	定义	类型	取值范围
TIME	光照时间	enum	4:夜间 5:自定义
DEGREE	光照等级	enum	0:弱 1:中 2:强 3:自定义

3）道路类型（ROAD_TYPE）

道路类型应包括道路等级字段，道路等级应参考现行版《高速公路交通工程及沿线设施设计通用规范》（JTG D80）、《公路交通安全设施设计规范》（JTG D81）和《城市道路工程设计规范》（CJJ 37）等道路设计规范要求，具体信息如表4-20所示。

道路类型字段说明　　　　　　　　　　　　　　　　表4-20

字段	定义	类型	取值范围
ROAD_TYPE	道路等级	enum	0:高速公路主路 1:快速路主路 2:城市主干路 3:城市次干路 4:城市支路 5:城市其他道路 6:非机动车道 7:人行道 8:园区道路 9:自定义

4）路面条件（ROAD_SURFACE）

路面条件应包括路面粗糙等级字段，路面条件应参考现行版《高速公路交通工程及沿线设施设计通用规范》（JTG D80）、《公路交通安全设施设计规范》（JTG D81）和《城市道路工程设计规范》（CJJ 37）等道路设计规范要求，具体信息见表4-21。

路面条件字段说明　　　　　　　　　　　　　　　　表4-21

字段	定义	类型	取值范围
DEGREE	路面粗糙等级	enum	0,优 1,良 2,中 3,差

4.2 仿真测试内容与方法

自动驾驶系统主要包括：环境感知系统、规划决策系统和控制执行系统，外界环境信息和车辆动态信息通过感知系统收集，通过通信接口传到规划决策系统运算，生成操作指令输出控制系统，控制车辆各组件运行，如加速、转向等，从而实现自动驾驶功能。对上述系统开展仿真测试,需要开展对自动驾驶算法、组件及系统集成的测试,保证整体性能满足设计和安全法规要求。按照现有自动驾驶系统的研发周期,仿真测试分为模型在环、软件在环、硬件在环、驾驶人在环和车辆在环 5 个测试阶段,各阶段原则上采用递进的方式执行,也可根据实际需求并行执行,在每一个阶段均涉及自动驾驶的 3 个主要组成系统测试,目前主要的仿真测试阶段的层次关系如图 4-1 所示。

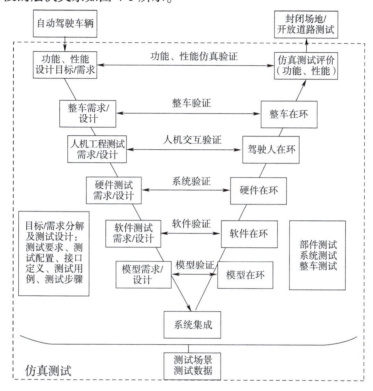

图 4-1 仿真测试阶段的层次关系图

4.2.1 仿真测试内容

按照自动驾驶系统组成,仿真测试内容包括分级的环境感知系统测试、规划决策系统测试、控制执行系统测试;以及端到端的仿真测试,如图 4-2 所示。

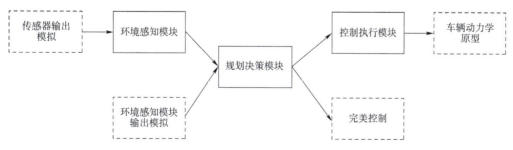

图 4-2 分级式自动驾驶测试

4.2.1.1 感知系统仿真测试

感知系统仿真测试主要包括零部件级别的仿真测试和感知系统在环仿真测试,其中零部件级仿真测试指测试传感器性能,在产品出厂时即被供应商进行了充分测试。自动驾驶系统中感知系统的仿真测试主要指感知系统在环测试,其测试内容包括感知环境虚拟构建的仿真方法和仿真数据直接注入的方式。感知环境虚拟构建的仿真方法指通过一定的技术手段搭建密闭黑箱,使其能够吸收传感器发出的电磁、声波等信息,并向其发送所需的虚拟环境中的对应传感器回波信号,从而在有限的试验场地对传感器进行在环仿真测试;虚拟场景数据直接注入的仿真方法指通过一定的技术手段,屏蔽传感器物理感知系统模块,直接向感知系统运算单元发送所需场景的数据信息。感知系统仿真测试如图4-3所示。

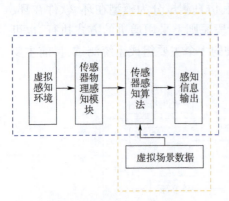

图4-3 端到端式自动驾驶测试

4.2.1.2 规划决策系统仿真测试

规划决策系统仿真测试是指将真实的车辆控制器放入虚拟的整车环境中,通过仿真模型来模拟受控对象的状态,并通过CAN接口、I/O接口等将车辆控制器与仿真模型进行连接。其测试框架如图4-4所示。

图4-4 规划决策仿真测试

4.2.1.3 控制执行系统仿真测试

控制执行系统仿真测试多用来测试所测试算法与硬件执行机构之间是否可形成良好的控制,在测试场景中控制系统是否可以与决策规划系统形成良好的工作配合。将真实的控制执行系统硬件嵌入到仿真回路之中,形成"闭环"通路,测试框架如图4-5所示。

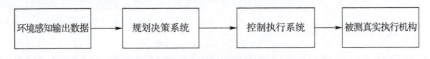

图4-5 控制执行系统仿真测试

4.2.1.4 端到端(end-to-end)仿真测试

端到端仿真测试系统将环境感知模块、规划决策模块、控制执行模块进行集成,直接向所测试系统发送测试场景信息,通过仿真系统车辆动力学模型观察车辆实时状态。测试框架如图4-6所示。

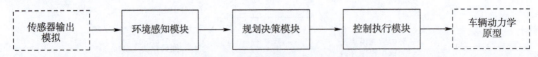

图4-6 端到端式自动驾驶测试

自动驾驶系统设计不是一个简单的迭代过程,可以分为概念设计、详细设计、工程样机设计和系统集成设计等。在整个设计过程中都需要开展仿真,控制系统设计与控制系统仿真的对应关系如图4-7所示。

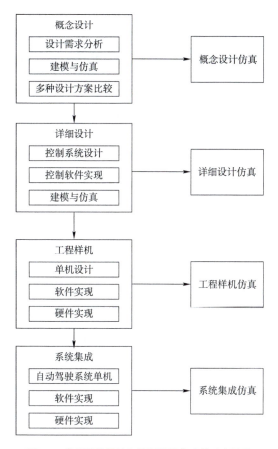

图 4-7 控制系统设计与控制系统仿真的对应关系

表 4-22 给出了概念设计仿真、详细设计仿真、工程样机仿真以及系统集成仿真的主要特点。

概念设计仿真、详细设计仿真、工程样机仿真、系统集成仿真的主要特点　　表 4-22

控制系统仿真	特点					
	仿真环境	验证项目	模型逼真度	控制算法编程	仿真系统校验	配置管理
概念设计仿真	纯软件,非实时	任务性能,稳定性,鲁棒性要求	低阶/低逼真度简化模型,线性,如刚体动力学	不要求模块化	数学模型校验	很少或非正式
详细设计仿真	纯软件,非实时	任务性能,稳定性,鲁棒性要求	高阶/高逼真度详细模型,非线性,如弹性体动力学、干扰	模块化	数学模型校验/仿真软件校验	部分正式
工程样机仿真	混合软/硬件,工程样机或模拟器,实时	信号/数据/时序功能兼容性,接口匹配性,软件处理功能	详细模型	接近自动驾驶状态	数学模型校验/仿真软件校验/仿真硬件校验	部分正式

续上表

控制系统仿真	特点					
	仿真环境	验证项目	模型逼真度	控制算法编程	仿真系统校验	配置管理
系统集成仿真	混合软/硬件，半实物，实时	正常状态下自动驾驶软件功能，故障模式功能	详细模型	正式自动驾驶系统	数学模型校验/仿真软件校验/仿真硬件校验	正式

1）概念设计仿真

概念设计阶段的仿真用于控制系统结构和概念设计的研究。纯软件数学环境为论证备选的控制系统结构/顶层设计是否满足任务指标和稳定鲁棒性要求提供支持。采用低阶/低逼真度的线性化模型以及简单的运行环境进行数学仿真。各工程师均可运用多种共存的模型和仿真工具，几乎无须正式的配置管理。

2）详细设计仿真

详细设计阶段的仿真同样也是数学仿真，这一阶段的仿真用于系统优化、参数敏感性估计、性能评估、稳定鲁棒性估计等。仿真环境为满足任务指标和稳定鲁棒性要求的控制系统最终设计方案的论证提供支持。采用高阶/高逼真度、非线性的模型和详细的接近真实自动驾驶状态的环境模型。存在一些正式的模型、参数数据库和仿真的配置管理。

3）工程样机仿真

在原型样机阶段，为硬件、软件相结合的半实物仿真，控制系统主要部件采用原型样机，验证控制系统控制算法、原型样机、自动驾驶软件系统的正确性及各接口之间的匹配性，减少自动驾驶系统与整个自动驾驶汽车的集成风险。仿真环境在必要时可以允许使用硬件代替自动驾驶系统的传感器/执行器模型，简单的软件对象用来闭合自动驾驶系统回路。本阶段也存在一些正式的配置管理。

4）系统集成仿真

在系统集成阶段，采用半实物仿真对自动驾驶系统进行驾驶功能和失效模式功能的集成测试。自动驾驶系统的主要部件采用实物，至少包括了运行控制率、数字滤波软件和其他相关的自动驾驶软件处理器。检验自动驾驶系统各部分之间的协调性，以确认自动驾驶系统满足自动驾驶汽车安全行驶的要求。自动驾驶汽车上路之后，仿真环境仍应保留以满足：

（1）通过自动驾驶系统实际运行性能与上路前仿真结果的对比进行模型验证。

（2）在自动驾驶系统更改应用到自动驾驶汽车之前，校验其正确性。

（3）支持解决自动驾驶汽车的故障。本阶段仿真环境的配置管理十分正式。

4.2.2 仿真测试方法

由于测试对象不同、仿真测试形式不同，测试方法需包含虚拟仿真、硬件在环仿真、整车在环仿真等，覆盖产品开发的不同阶段。测试场景数据库、测试平台工具链能够覆盖感知层、决策层和执行层，支撑整个研发设计阶段。

4.2.2.1 虚拟仿真测试

智能网联汽车虚拟仿真技术是精确物理建模、高效数值仿真、高逼真图像渲染等方法的集成，需要逼真地构建包括车辆、道路、天气和光照、交通等在内的人车环境模型，以及各类车载传感器模型。针对汽车行驶环境无限丰富的特征，以及对车载环境传感器的复杂影响，综合运用几何、物理、图像及概率等多种映射方式构建具有不同属性、满足不同应用需求的高逼真度数字化场景及场景库。虚拟仿真测试的开发可分为5个步骤。

(1) 车辆动力学建模：精确且高效的车辆动力学建模是汽车自动驾驶仿真测试的重要基础，对算法的评价来源于算法对车辆动力学模型的控制效果，通过在仿真软件中对包括汽车底盘（制动系统、转向系统和悬架系统）和动力总成（发动机、变速器、离合器、差速器等）建模、轮胎建模等，以支持汽车自动驾驶在各种行驶工况下的运动轨迹跟随、安全避让，以及动力性、舒适性和操纵稳定性等的模拟仿真。

(2) 搭建虚拟测试场景：根据自动驾驶汽车所需要实现的功能，搭建场景，这里的场景既可以是高速公路，也可以是城区道路。如果要完成城区道路的自动驾驶模拟，就需要搭建地图（地面类型，多车道，道路拓扑等），并加入交通参与者（车、人、运动路径等），交通标志（信号灯、地标、施工）等必要信息。

(3) 添加车载传感器：根据实车所装备传感器，给要模拟的汽车添加诸如摄像机、毫米波雷达、激光雷达等传感器。同时设置传感器的各种参数（探测最大距离、精度等），使仿真环境中的传感器参数与现实中使用的尽可能一致。

(4) 添加算法：将算法导入到模拟环境中，使车辆能正常驶过该场景，而不至于与其他物体碰撞。深度学习和人工智能技术是自动驾驶的核心，但是这两者需要海量的训练数据。自动驾驶虚拟测试平台能够方便地搭建出不同测试场景，因此，能够在短时间内对神经网络算法进行大量测试。

(5) 仿真测试分析：搭建好场景以及添加算法后进行仿真测试，基于仿真测试的结果，修改算法或调节参数。许多智能车企业针对仿真测试需求开发不同类型的自动驾驶虚拟测试平台，该主要应用在自动驾驶车辆进行道路测试之前的测试阶段，但是随着自动驾驶虚拟测试平台各部分技术的逐渐成熟，其有望能够代替自动驾驶的部分路试。

基于SCANeR studio的虚拟仿真测试具体功能框图如图4-8所示。

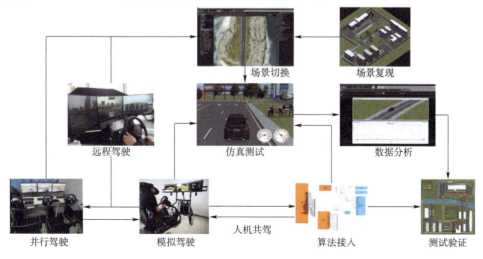

图4-8 虚拟仿真测试功能框图

4.2.2.2 硬件在环仿真测试

智能网联汽车硬件在环(Hardware in the Loop,HIL)仿真测试是以实时处理器运行仿真模型来模拟受控对象的运行状态,通过 I/O 接口与被测的控制器连接,对被测控制器进行全面、系统性的测试。总结来说,硬件在环仿真测试可以划分为 4 种。其中,故障诊断测试通过手工、自动的故障注入(包括电气故障、信号不合理等),实现对诊断功能(比如 OBD Ⅱ)的测试,诊断功能包括像失火诊断、催化剂诊断、氧传感器诊断、电子节气门诊断等。总线功能测试通过信号激励等手段,让控制器运转总线功能,并利用总线节点仿真、总线监测等手段测试其总线功能。控制功能测试通过驾驶行为输入,并利用控制器被控对象(比如发动机、变速器等)的仿真,进行控制器完整控制策略的验证。性能测试通过测试案例的自动化运行,进行控制器各种功能的稳定性、可靠性、实时性等性能测试。HIL 仿真测试的开发可以分为 4 个步骤。

(1) HIL 工具开发:包括场景和传感器仿真软件、车辆动力学仿真软件等软件工具和实时仿真机、IO 接口板卡和传感器模拟器等硬件工具。

(2) HIL 集成:HIL 系统集成包含两个方面的工作:①根据测试需要选择合适的测试工具并将其集成为完整的 HIL 测试环境;②将被测算法与 HIL 测试环境集成,实现闭环测试。

(3) 测试场景开发:针对自动驾驶算法的设计运行域进行详细而系统的测试场景设计。

(4) HIL 测试执行:HIL 测试一般是自动化测试,配置好测试用例后进行无人值守的自动化运行和评估,这有利于提供测试效率、正确性和一致性。

基于 51SimOne 的域控制器在环仿真测试具体功能框图如图 4-9 所示。

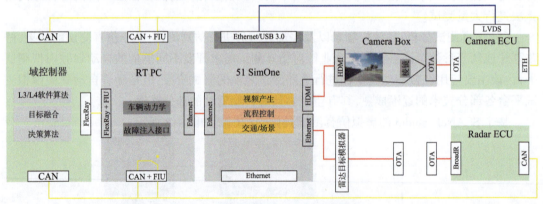

图 4-9 域控制器在环仿真测试功能框图

4.2.2.3 整车在环仿真测试

智能网联汽车整车在环(vehicle in the Loop,VIL)仿真测试作为自动驾驶测试技术发展的新趋势,填补了传统软/硬件在环测试与实车测试阶段之间的空白,具有传统软/硬件在环测试所缺少的高真实性,同时又解决了实车测试存在的测试效率低、危险工况少、受自然环境影响大、试验过程一致性差等难题。其主要优势包括:①实现道路测试向室内测试转移,达到测试车辆可以在室内 24h 连线测试,大大增加了有效测试验证时间。②系统平台通过实时多目标协同控制算法,实现同时控制多个目标车和目标行人模拟物的运动轨迹,通过目标物的不同初始位置参数、运动轨迹参数等的组合,为测试车辆提供大量复杂危险的测试工况,实现对自动驾驶功能的深度检测。③可对自动驾驶系统的不同模块进行验证及测试。

④可完成感知系统单一传感器性能测试、多传感器感知融合性能开发测试、复杂交通场景下的决策控制算法开发训练测试评价、自动驾驶系统单项功能的场景测试及多项功能组合场景测试、环境要素影响测试、预期功能安全测试、极限工况测试验证、故障注入容错算法测试等不同类别的测试。整车在环仿真测试又分为车辆个体在环和车辆-交通群体在环的仿真测试。其中车辆群体在环仿真测试可模拟整车实际行驶的天气、环境、交通流和道路负载模拟,用于复杂交通场景和感知场景模拟,自动驾驶系统在全天候工作条件下"使能"的研发、测试和验证。车辆个体在环仿真测试能够有效模拟并复现在实际道路上极难测试的各种极限和危险场景,可以满足ADAS与高级别自动驾驶控制、决策及智行系统的快速、高效测试和验证的需求,是自动驾驶产业化和落地的关键验证技术手段。

整车在环仿真测试系统的主要构成如下。

(1)以车辆纵向或横纵向耦合运动平台为核心,通过集成设计车辆纵向/横向负载模拟及车轮转向运动负载模拟等结构,建立自动驾驶整车在环运动负载模拟平台。

(2)同步协同控制多个交通参与目标物相对位移速度,实现动态交通流的快速重构。

(3)通过连续调节环境灯光亮度,同时叠加雨、雾、雪、电磁干扰等环境要素,形成自动驾驶车辆整车、动态交通流、气候电磁环境全工况重构的测试系统平台,实现对自动驾驶整车复杂动态全工况场景测试。整车在环测试框架如图4-10所示。

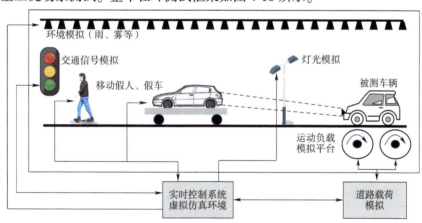

图4-10 整车在环仿真测试框架示意图

4.3 仿真测试平台技术要求

确保仿真精度、明确仿真接口、定义平台性能在仿真测试中愈发重要,为仿真测试平台制定合适的标准已成为自动驾驶测试过程不可或缺的重要内容。仿真测试平台分为软件平台和硬件平台。仿真软件为智能网联汽车提供仿真测试环境,反馈传感器信息,并将自动驾驶算法接入虚拟环境之中。仿真硬件需要考虑安装结构要求、运算频率要求、场景模拟真实性与实时性要求、数据传输要求、存储要求等。

4.3.1 仿真软件平台技术要求

仿真软件平台技术要求主要包括静态要素设计、车辆模型、传感器模型、动态要素设计等。

4.3.1.1 静态要素设计

1) 道路等级、建设长度和设计可通行车辆类型

系统应具备不同类型和等级的道路,包括高速公路及出入口匝道、城市快速路、主干路、次干路、支路和其他道路等,道路线形包括直线和平曲线,平曲线又包括圆曲线和缓和曲线,各种道路的可实现长度以及设计可通行车辆类型的具体要求见表4-23。

道路等级、可实现长度和设计可通行车辆类型技术要求　　　　　表4-23

道 路 等 级	可实现长度(m)	设计可通行车辆类型
高速公路主路	≥50000	大型载客汽车、中型载客汽车、小型载客汽车、微型载客汽车,重型载货汽车、中型载货汽车、轻型载货汽车、特种车辆
快速路主路	≥50000	
城市主干路	≥50000	
城市次干路	≥50000	
城市支路	≥50000	
城市其他道路	≥50000	
非机动车道	≥50000	自行车、电动车等
人行道	≥10000	行人

注:以上要素依据但不仅限于JTG D80、JTG D81、CJJ37等标准规范,利用数值模型的方式在仿真软件平台中实现。

2) 车道类型和数量

系统内各种道路应具备相应的车道类型和数量,具体要求见表4-24。

车道类型技术要求　　　　　表4-24

道 路 等 级	车道类型和数量的具体要求
高速公路主路	行车道具备双向2车道、4车道、6车道等多种类型的车道类型,并且具备超车道、应急车道、公交车道、自动驾驶专用道等特殊车道类型
快速路主路	行车道具备双向2车道、4车道、6车道等多种类型的车道类型,并且具备超车道、公交车道、自动驾驶专用道等特殊车道类型
城市主干路	行车道具备双向2车道、4车道等多种类型的车道类型,并且具备公交车道、左转待转区、右转专用道、潮汐车道等
城市次干路	行车道具备双向2车道、4车道等多种类型的车道类型,并且具备非机动车道、机非混行道、行人专用道、路面停车位等
城市支路	行车道具备双向2车道、4车道等多种类型的车道类型
城市其他道路	行车道具备双向2车道的车道类型

注:以上要素依据但不仅限于JTG D80、JTG D81、CJJ37等标准规范,利用数值模型的方式在仿真软件平台中实现。

3) 交叉路口

系统应具备3种类型和几何形状的道路交叉口,包括十字形、T形、Y形、X形、错位及环形交叉路口。各类交叉路口的功能和基本要求应符合相关规定。城市快速路系统上的交叉路口应采用立体交叉形式,除快速路之外的城区道路上不宜采用立体交叉形式,具体要求见表4-25。

交叉路口技术要求　　　　　　　　　　　　　　　　表4-25

交叉路口类型		形式要求
平面交叉路口	主干路-主干路	信号控制,进、出口道展宽交叉路口
	主干路-次干路	信号控制,进、出口道展宽交叉路口
	主干路-支路	无信号控制,支路只准右转通行交叉路口
	次干路-次干路	信号控制,进、出口道展宽交叉路口
	次干路-支路	无信号控制,减速让行或停车让行标志管制交叉路口
	支路-支路	无信号控制,减速让行或停车让行标志管制交叉路口
立体交叉路口	枢纽立交	全定向、喇叭形、组合式全互通立交;苜蓿叶形,半定向
	一般立交	喇叭形、苜蓿叶形、环形、组合式全互通或半互通立交
	分离式立交	分离式立交

注:以上交叉路口,需要考虑不同等级道路之间的交叉,依据但不仅限于 GB 50647、JTG D80、JTG D81、CJJ 37、CJJ 152 等标准规范,利用数值模型的方式在仿真软件平台中实现。

4)行人交通

系统应具备人行横道等行人交通设施,并且人行横道的宽度与道路总宽度比例符合要求且可调整,具体要求见表4-26。

行人交通技术要求　　　　　　　　　　　　　　　　表4-26

道路类别	横断面形式		
	单幅路	双幅路	三幅路
主干路	—	1/10~1/6	1/10~1/5
次干路	1/6~1/4	—	1/8~1/4
支路	1/6~1/3	—	—

注:以上要素依据但不仅限于 JTG D80、JTG D81、CJJ 37、CJJ 152 等标准规范,利用数值模型的方式在仿真软件平台中实现。

5)道路特征

以城市道路作为参考依据,系统内道路特征要求见表4-27,其他道路环境依照相关标准进行设计。

道路特征技术要求　　　　　　　　　　　　　　　　表4-27

道路特征	具体要求		
覆盖特征	系统应具备不同的道路摩擦系数,对应不同的气候环境	常温、干燥、无杂质	0.8~1
		潮湿,积水	0.5~0.8
		积雪,结冰	≤0.5
遮挡特征	系统应具备隧道,搭建隧道长度不少于1000m		
	系统应具备林荫道,利用树荫对车道线实现不同程度的光线遮挡。林荫道长度不少于1000m		
	系统应具备雨、雪、雾、霾等天气特征,可设置不同的能见度		

注:以上要素依据但不受限于 JTG D80、JTG D81、CJJ 37、CJJ 152 等标准规范,利用数值模型的方式在仿真软件平台中实现。

6）交通标志、标线和信号灯等道路附属设施

系统内交通标志、标线以及信号灯的技术要求见表4-28。

交通标志、标线和信号灯技术要求　　　　　　　　　　　表4-28

交通标志、标线与信号灯		具 体 要 求
交通标志	指示标志	应设计包含 GB 5768.2 中的直行、向左转弯、向右转弯、直行和向左转弯、直行和向右转弯、向左和向右转弯、靠右侧道路行驶、靠左侧道路行驶、单行路、最低限速、右转车道、直行和右转合用车道、人行横道、公交专用道等标志
	警告标志	应设计包含 GB 5768.2 中的注意儿童、注意行人等标志
	禁令标志	应设计包含 GB 5768.2 中的禁止通行、禁止驶入、禁止左转、禁止右转、禁止直行、禁止掉头、限制速度、停车让行、减速让行、会车让行等标志
	指路标志	不做要求，根据实际测试需求，按照 GB 5768.2 要求设置
	道路施工安全标志	应设计包含 GB 5768.2 中的所有道路施工安全标志
	辅助标志	应设计包含 GB 5768.2 中的学校、时间范围等标志
交通标线	指示标线	应设置 GB 5768.3 中包含的双向2车道路面中心线、车行道分界线、车行道边缘线、左转弯待转区线、左转弯待导向线、人行横道线、停车位标线、临时停车区等
	禁止标线	应设置 GB 5768.3 中包含的禁止超车线、停止线、停车让行线、减速让行线、导流线、网状线、专用车道线等
	警告标线	不做要求，根据实际测试需求，按照 GB 5768.3 要求设置
交通信号灯		应设置 GB 14887 中包含的机动车信号灯、非机动车信号灯、人行横道信号灯、方向指示信号灯、闪光警告信号灯、掉头信号灯等

注：交通标志应依据实际测试需求，按照 GB 5768.2 要求设置。交通标线应依据实际测试需求，按照 GB 5768.3 要求设置。交通信号灯应依据实际测试需求，按照 GB 14887 要求设置。支持对交通标志、标线进行模拟处理。

4.3.1.2　车辆模型

系统可配置基本的车辆动力学实验工况。另外，为了满足自动驾驶测试的需要，车辆模型应可配置并满足线控接口的需求，具体要求见表4-29。

车辆模型技术要求　　　　　　　　　　　表4-29

车辆模型		具 体 要 求
车辆属性配置	模型参数化与配置	可配置车辆的动力系统、制动系统、转向系统、悬架系统、轮胎系统、空气动力学等部件和参数
	车辆类型选择	可配置车辆的尺寸，如大型载客汽车、中型载客汽车、小型载客汽车、微型载客汽车、重型载货汽车、中型载货汽车、轻型载货汽车等；可配置轿车、MPV、SUV 等车身结构；可配置纯电动、混合动力、燃油汽车等车辆类型
	线控接口配置	仿真系统可提供转向系统、制动系统、动力系统等线控接口

4.3.1.3　传感器模型

系统应具备对传感器不同层级仿真建模的能力，可设置不同传感器在智能网联汽车模

型上的安装位置与安装角度,可设置传感器的视场范围,可同时仿真不同类型和不同数目的传感器,具体要求见表4-30。

传感器模型技术要求 表4-30

传感器模型	具体要求
摄像头模型	可以仿真单目摄像头、广角摄像头、鱼眼摄像头的摄像头信号,支持模糊、畸变、暗角、雨水浸润等物理缺陷,可输出彩色/灰白图像
毫米波雷达模型	可以仿真毫米波雷达目标反射特征、探测目标的相对位置和速度,可模拟电磁回波、发射功率、天线增益、杂波和衰减,且具备不同角度、距离、速度的分辨能力
激光雷达模型	可仿真不同帧率、不同线数的激光雷达;可仿真典型固态和机械旋转式激光雷达,可输出高精度的点云,可体现车辆、行人、障碍物、树木树叶、围栏等精细模型
超声波雷达模型	可探测探头与障碍物的间距
惯性传感器模型	可仿真惯性传感器的信号
地图传感器模型	可仿真地图的基本输出信息,支持不同的地图协议和传输方式
GNSS[①]模型	支持多种定位方式,可仿真 GNSS 经纬度、速度、时钟同步等信息

4.3.1.4 动态要素设计

1) 交通参与者

系统应支持不同类型的具有复杂动力学模型的交通参与者以及相应的动态行为。对于单个测试场景能够支撑的交通参与者数量和设计速度的具体要求见表4-31。

交通参与者动态技术要求 表4-31

交通参与者	支持数量	设计速度(km/h)
普通车辆	≥20 辆	0～120
特殊车辆	≥3 辆	0～120
行人	≥0 人	0～5.4
自行车	≥5 辆	0～20
摩托车	≥5 辆	0～80

特殊车辆是指警车、消防车、救护车等,在执行紧急任务时拥有优先路权,包括不受行驶路线、行驶方向、行驶速度和信号灯的限制,其他车辆和行人应让行。

2) 交通信号灯控制

系统应支持交通信号灯的时序控制。

(1) 信号基本转换序列:

机动车信号:红→绿→黄→红。

非机动车信号:红→绿→黄→红。

行人过街信号:红→绿→绿闪→红。

(2) 信号持续时间:

能实现至少 4 个相位控制;

---

① 全球导航卫星系统(Global Navigation Satellite System,GNSS)。

绿信号、红信号、行人绿闪信号、黄闪信号的持续时间应根据测试系统需求进行设置；黄信号持续时间可调，至少持续3s。

3）交通流

系统应能仿真交通参与者（包括汽车、摩托车）在实际道路上的运动行为，包括但不限于跟车、换道、转弯、掉头等，并且系统应可指定如下交通流行为，支持现有微观交通流模型，具体要求见表4-32。

交通流动态技术要求　　　　　　　　　　　　　　　　表4-32

交通参与者		指定方式
自动交通流	宏观交通流	指定某个区域交通流的初始密度，交通流的期望速度及速度分布、期望加速度及加速度分布，车辆位置分布应符合现实交通情况
	微观交通流	指定交通车的微观驾驶人行为，包括但不限于以下归一化参数，超车冲动系数、期望速度系数、远视距离系数、遵守交通系数；可以指定特定交通车的期望速度、期望加速度，速度与加速度设置应满足车辆实际物理加速度与速度的范围

4.3.2　仿真硬件平台技术要求

仿真硬件主要包括上位机/下位机计算平台、驾驶人在环仿真中的驾驶模拟器系统、硬件在环仿真中的传感器/控制器部件系统、车辆在环仿真中的整车驾驶模拟系统以及车辆交通在环仿真中的整车与其他交通参与者模拟系统，如图4-11所示。计算平台应具有3方面的基本性能：数据实时运算、数据存储以及数据的传输功能；其他真实物理系统的基本功能主要包括：规范的数据传输接口、与真实车辆相同的硬件配置、环境模拟硬件的实时性。硬件设备的安装结构应保证被测件与真实车辆行驶时的工作环境一致，被测件运行状态也应与真实情况下相同；硬件设备计算平台应保证足够的运算频率，保证被测件（算法）能够流畅运行；硬件设备的场景模拟真实性、实时性要求环境模拟的硬件模块应充分满足硬件在环测试时传感器的工作状态，例如雷达的频率要求，超声波的回波要求，计算的实时要求；数据传输要求整个系统的数据传输可以满足各组件之间的最大数据收发要求；硬件设备应具有存储功能，对试验数据进行存储。

上位机/下位机设备贯穿仿真测试中绝大部分环节，为仿真测试提供算法运行平台、配备运行环境。上位机根据测试客户需要可以自行进行配置升级，理论上通过并行处理等方式可以将上位机性能不断提升。当前一些软件平台对上位机的性能提出了一些基础要求，例如SCANeR软件常用上位机配置为：Windows/Linux 64-bit Windows 10、Intel CPU Core i7-11700（8 core）、32GB RAM、NVIDIA GPU GeForce RTX 3070；PanoSim软件常用上位机配置为：64-bit Windows 10、Intel CPU Core i7-3770、8 GB RAM、Nvidia GPU GeForce GTX 970。另外还需要至少1T固态硬盘+4T机械硬盘；2个前置USB接口，4个HDMI接口，4路1000 M以太网（Ethernet）；PCIe接口卡槽，支持接口扩展。下位机要求NI或dspace或同档次产品硬件方案以兼容软件需求；机箱满足：插槽数不少于18个，其中PCIE或PXIe插槽不少于4个，混合插槽不少于4个，PCI或PXI插槽不少于9个；处理器满足：CPU性能不低于8核2.3 GHz，内存不低于8 GB，配备至少480GB的固态硬盘和实时操作系统；不少于10路高速

CAN 接口,支持 CAN2.0 协议,ISO11898 和 J1939 标准,每个 CAN 通道都可用于高速 CAN/容错 CAN,终端电阻和波特率可配置;可自由配置通道,所选总线可以根据项目轻易更改,通道完全由软件进行配置,无须变动硬件;不少于 3 路 LIN 接口,支持 LIN 协议(1.3,2.0,2.1,2.2),终端电阻和波特率可配;配备 Ethernet 卡,车载以太网不少于 8 路,支持 BASE-T1、SOME/IP 等类型;标准以太网通道不少于 4 路,支持速率:100/1000 Mbit/s,支持用户数据报协议/网际互连协议(User Datagram Protocol/Internet Protocol,UDP/IP)和传输控制协议(Transmission Control Protocol/Internet Protocol,TCP/IP);数据采集卡支持不少于 32 路模拟输入,不少于 48 路数字输入/输出(Input/Output,I/O),不少于 4 路模拟输出;支持不少于 4 路串口通道,每个通道可支持 RS232 或 RS485 协议;支持标定诊断工具接入;预留扩展插槽能方便后期 I/O 扩展。

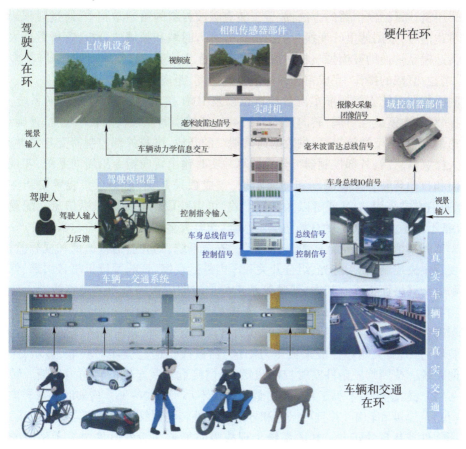

图 4-11 仿真硬件平台示意图

视频仿真暗箱应避免外界光线的干扰,采用隔光材料隔绝外部光源,防散光;控制器支架可进行水平、垂直、俯仰、横摆角度的调节和锁止;台架结构支持双层设计模式,上层为暗箱,下层为支持台架;台架内部配置散热风扇,防止封闭条件下显示器过热;支持智能摄像头标定;支持控制器输出 AV 转 VGA 视频;支持仿真软件动画、行车记录仪视频信息播放;具备输入输出接口以方便显示屏幕和摄像头与其他外部设备的数据传输。视频注入设备用于模拟车辆摄像头模组接口,支持对多种接口形式的摄像头模组进行仿真;至少支持 11 路视频转换通道,可以实现环视、侧视等模拟,每个视频转换通道支持 HDMI 输入、LVDS、GMSL 输出,双前视摄像头模拟还支持 DVP 输出;输入接口的分辨率最高 1920×1080p,帧频不低于 60Hz,分辨率不低于 8bit;输出接口的分辨率不小于 1920×1080p,帧频不低于 60Hz,分辨率不低于 24bit;支持对视频流播放的控制,包括播放、暂停、停止、倒放、切换、播放速度调节等;每个通道支持通过软硬件升级(添加模块,加载驱动)的方式,增替 DVP、MIPI、FPD LINK、GMSL 等输出接口;支持对视频流进行实时处理和调整,具体包括:视频加抖动、视频加噪声、视频色调/色差/明暗/对比度等调整、视频马赛克、其他特殊处理要求,最大延迟 ≤2 帧。雷达则可采用数据注入和目标模拟器的方法来验证。其中,数据注入要求台架接真实的雷达传感器和雷达物理仿真模型,模型的数据输入例如车速、加速度和角度则来自模拟驾驶场景仿真中的设定值,可支持多目标通道的数据注入。此种方法的实现门槛较低。另外也可以采用雷达目标模拟器的方法,放置于装有吸波材料的雷达暗箱中,通过射频天线接收端接收雷达信号,采用傅里叶变换对电磁波信号进行时域和频域的分析,解析后再根据场景软件中雷达模型传递的被模拟目标速度、距离等,通过射频信号技术对回波延时、多普勒频移、信号增益/衰减的操作,完成雷达目标信号的速度、距离等的模拟。

驾驶模拟器系统支持标准车用自动挡位以及 HMI 接入等功能;配备转向系统,伺服电动机直接驱动,力度线性可调,转向角度:±540°,能够实时获取转向管柱位置、速度和转矩、加速减速信息、有力反馈效果,提供数据通信端口的开放,可与外部控制器交互实时参数,采集驾驶人操纵信息后,外部控制器可分析计算并实时输出转向指令给转向系统,实现转向盘自动转向和自动驾驶。配备制动和加速踏板,集成数采系统,数据采集装置安装在驾驶舱内,数据通信方式采用 CAN 或者以太网等形式,可以获取驾驶人的操纵信息。配置驾驶人座椅,配备不小于 130° FOV 的视场角显示系统;兼容大多数主流的汽车仿真软件产品。

整车驾驶模拟系统包括驾驶舱、转向系统、安全系统,驾驶舱语音通信和视频监控系统,组合仪表及中央控制大屏、灯光、组合开关和车内外后视镜,音响系统机声音引擎、驾驶舱空调通风和电源网络面板等。其中,驾驶舱基于量产三厢中级轿车车型进行改造。驾驶舱驾驶操纵功能和实车一致(如座椅位置控制、车窗控制开关、车门锁和制动灯等),主要部件应采用实车部件,外观和实车一致。换挡方式为自动挡。制动、加速踏板应采用实车部件,踏板需安装压力传感器、能够生成踏板压力图谱,踏板操作信息应实时获取、显示、保存和导出。转向系统应按照驾驶条件实时控制扭矩,提供接近真实车辆的转向力反馈。转向角度要求为 ±540°,额定转矩不小于 8 N·m,最大转矩不小于 25 N·m。应实时获取转向盘的转向数据(位置、速度和转矩)并且可保存和导出。另外转向系统应适用于自动驾驶模式,转向盘能根据软件控制自动转向。转向系统出现故障时能够在设置软件中显示相应的故障提示,同时需根据实时路面特征反馈相应的转向反馈力和转向盘振动等特殊效果。驾驶舱应配置紧急制动按键,位置必须在驾驶人方便可及的范围内。任何情况下按下紧急停止按键,整车驾驶模拟器将立即停止运作,系统运行控制软件能够实时监控紧急制动开关的工作状态、具备警告提示信息。驾驶舱模块应配备安全互锁系统,确保人员安全,提供包括车门开关、球形外舱出入门、座椅安全带等紧急状态处置的整体逻辑和解决方式。驾驶舱应设置语音通信和视频监控系统,语音通信系统应能和控制室实时通信。视频监控系统应至少包括监控驾驶人状态、前方路况以及踏板(加速、制动)等 3 部分。应在模拟仿真软件中同步实时显示视频监控画面,并且实现视频画面和驾驶人操作信息的同一时间轴实时同步,视频监控系统应配置网络硬盘录像机(Network Video Recorder,NVR)(视频保存期限为1个月),以便保存视频监控资料。摄像头要求支持暗光模式,驾驶人状态(Charge Coupled Device Camera,CCD)摄像头应包含语音录音功能,必须有RJ45 100M网络接口。

  整车与其他交通参与者模拟系统能实现整车和软体目标车辆、假人、宠物、自行车/摩托车骑行、工程验证(Engineering Verification Test,EVT)气球车,以及牵引式或超平承载式机器人等交通参与者在同一场景下进行实时交互模拟实验,同时应配备独立的运行控制系统以便实现单机独立运行。用户可自定义需要同步的模块、统一的同步频率设定及自动运行,支持在同一平台下实时显示所有被选模块的数据同步结果、除了同步数据的显示、保存和导出以外,各个子系统原生采集数据也应支持记录保存和导出。实验过程中所有数据都应被实时获取,包括整车驾驶模拟系统、其他交通参与模拟系统中的行人、宠物、车辆运行等交通流、天气、环境信息。

第 5 章
智能网联汽车道路测试技术与方法

智能网联汽车道路测试是指在公路(包括高速公路)、城市道路(包括城市快速路)以及区域范围内等用于社会机动车通行的各类道路指定的路段进行的智能网联汽车自动驾驶功能测试活动。智能网联汽车道路测试实行分级分类管理,遵循从低风险道路到高风险道路、从简单类型测试到复杂类型测试的原则,确保安全有序、风险可控。

5.1 自动驾驶功能场地试验方法及要求

进行道路测试前,道路测试主体应确保道路测试车辆在测试区(场)等特定区域进行充分的实车测试,符合国家、行业相关标准规范,省(区、市)级政府相关主管部门发布的测试要求以及道路测试主体的测试评价规程,具备进行道路测试的条件。其中:

(1)道路测试车辆自动驾驶功能应由国家或省(区、市)认可的从事汽车相关业务的第三方检测机构进行测试。测试内容应包括自动驾驶功能通用检测项目(如表1-1)及其设计运行范围所涉及的项目。

(2)进行实车测试的测试区(场)的运营主体应为在中华人民共和国境内登记注册的独立法人单位。

(3)第三方检测机构应向社会公开测试服务项目及收费标准,对测试结果真实性负责,并承担相应的法律责任。

具体场地试验方法及要求如下。

5.1.1 通用要求

5.1.1.1 试验场地
试验场地应满足如下条件:
(1)试验场地具有附着能力良好的混凝土或沥青路面;
(2)试验场地满足试验场景要求;
(3)试验场景交通标志、标线清晰可见,并符合现行版 GB 5768 要求;
(4)试验场景基础设施符合现行版 GB 14886、GB 14887、GB/T 24973 和 JTG/T D71 要求;
(5)试验车辆自动驾驶模式正常开启的必要数据和设施条件。

5.1.1.2 试验环境
试验环境应满足如下条件:
(1)电磁环境不对试验结果产生明显影响;
(2)天气良好且光照正常。

若试验车辆需要在特殊天气及夜晚光照条件进行试验,应选取表5-1对应光照强度。若试验车辆需要进行特殊天气环境(雨、雪、雾等)试验,应选取对应天气。

夜间路面光照强度分级表　　　　　　　　　　　表5-1

环　　境	有路侧照明装置(lx)		无路侧照明装置(lx)	
光照强度	最暗处	最亮处	最暗处	最亮处
	≥5	≤50	≥0	≤5

5.1.1.3　试验设备及数据采集

1)目标物

目标车辆、自行车和摩托车应为大批量生产的普通乘用车、两轮自行车和两轮普通摩托车,或采用表面特征参数能够代表上述车辆且适应传感器系统的柔性目标。其中,目标车辆速度控制精度应为±2km/h。

2)试验记录内容

试验过程记录应包含以下内容:

(1)车辆控制模式。

(2)试验车辆运动状态参数:

①车辆中心点位置信息;

②车辆纵向速度;

③车辆横向速度;

④车辆纵向加速度;

⑤车辆横向加速度。

(3)车辆灯光和相关提示信息状态。

(4)反映驾驶人及人机交互状态的车内视频及语音监控情况。

(5)反映试验车辆行驶状态的视频信息。

(6)目标物的位置及运动数据。

3)试验设备精度

试验设备应满足如下要求:

(1)运动状态采样和存储的频率至少为50Hz;

(2)视频采集设备分辨率不小于640×480像素点;

(3)速度采集精度至少为0.1km/h;

(4)横向和纵向位置采集精度至少为0.1m;

(5)加速度采集精度至少为0.1m/s²。

4)试验车辆人机交互要求

试验车辆应满足以下人机交互要求:

(1)自动驾驶模式的开启和关闭便于人工操作;

(2)系统状态及人机转换过程提示信息清晰可见。

5.1.1.4　试验过程

1)载荷要求

试验车辆满足如下载荷要求:

(1)若试验车辆为乘用车,试验车辆质量应处于整车整备质量加上驾驶人和试验设备的总质量(驾驶人和试验设备的总质量不超过150kg)与最大允许总质量之间;

(2)若试验车辆为商用车辆,试验车辆应在整车整备质量和最大允许总质量状态下分别进行试验,质量的描述应符合《道路车辆 质量 词汇和代码》(GB/T 3730.2—1996)的要求。

2)过程管理

根据试验车辆设计运行条件选取试验项目,主要分为高速公路及快速公路行驶区域、城市道路行驶区域、城郊道路行驶区域。其中,高速公路及快速公路行驶区域是指仅有机动车行驶的道路,应能全路段控制车辆出入或者根据需要部分路段控制车辆出入。城市道路行驶区域是指有机动车和非机动车的公用道路,是连接住宅区、经济中心或工业园区的道路。城郊道路行驶区域是指有机动车和非机动车的公用道路,是联通县或镇、乡的道路。为适应自动驾驶功能的典型应用,还应包含2个特殊应用场景,即设计运行条件中仅适用于本类型自动驾驶系统的应用场景。

试验车辆应根据设计运行条件确定一个或多个行驶区域并完成该行驶区域下的试验项目。若试验车辆涉及特殊应用场景,应作为行驶区域相应试验项目的补充试验项目。行驶区域与试验项目的对照关系见表5-2。

行驶区域试验项目对照表　　　　表5-2

序号	试验项目	高速公路与快速公路	城市道路	城郊道路	特殊应用场景
1	限速标志	试验	试验	试验	
2	车道线	试验	试验	试验	
3	停车让行标志标线		试验	试验	
4	路口机动车信号灯		试验	试验	
5	方向指示信号灯		试验	试验	
6	快速公路车道信号灯	试验			
7	隧道	试验	试验	试验	
8	环形路口		试验	试验	
9	匝道	试验		试验	
10	收费站	试验		试验	
11	无信号灯路口直行车辆冲突通行		试验	试验	
12	无信号灯路口右转车辆冲突通行		试验		
13	无信号灯路口左转车辆冲突通行		试验		
14	常规障碍物	试验	试验	试验	
15	静止车辆占用部分车道	试验	试验	试验	
16	行人通过人行横道线		试验	试验	
17	行人沿道路行走		试验	试验	
18	自行车沿道路骑行		试验	试验	

续上表

序号	试验项目	高速公路与快速公路	城市道路	城郊道路	特殊应用场景
19	摩托车沿道路骑行	试验		试验	
20	行人横穿道路行走	试验	试验	试验	
21	自行车横穿道路骑行		试验	试验	
22	前方车辆切入		试验	试验	
23	前方车辆切出	试验	试验	试验	
24	对向车辆借道行驶	试验	试验	试验	
25	前方车辆停-驶		试验	试验	
26	跟车前方存在车辆静止		试验	试验	
27	前方车辆紧急制动	试验	试验	试验	
28	定点停车	试验	试验	试验	
29	公交车港湾式进站				试验
30	普通公交站台式进站				试验
31	动态驾驶任务干预及接管	试验	试验	试验	
32	风险减缓策略	试验	试验	试验	

试验过程中应满足如下要求：

(1) 各试验项目均在自动驾驶模式下完成；

(2) 不调整车辆载荷；

(3) 不进行软件版本及硬件配置变更。

若自动驾驶模式需要引导车作为自动驾驶模式正常启动的条件，试验过程应设置引导车并记录引导车数据，引导车不应对试验通过结果产生影响。

5.1.1.5 试验通过条件

试验过程应完成表 5-2 所选取的试验项目，各试验项目应根据试验方法重复进行 3 次且 3 次均符合其设计运行条件的通过要求。

5.1.2 试验项目

5.1.2.1 限速标志

试验道路为至少包含一条车道的长直道，根据 V_{max} 在表 5-3 中选取相对应的限速及解除限速标志牌数值，标志牌间距离至少为 100m。试验车辆以高于初始道路限速的 75% 的速度在长直道内驶向限速标志，如图 5-1 所示。通过要求如下：

(1) 试验车辆最前端超越限速标志时，速度不高于限速标志所示速度。

(2) 在限速标志牌间行驶时，试验车辆的行驶速度不低于该路段限速的 75%。

(3) 通过解除限速标志牌后 200m 时，试验车辆行驶速度不低于该路段限速的 75%。

限速标志选取参考　　　　　　　　　　表 5-3

V_{max}(km/h)	初始道路限速(km/h)	限速标志数值(km/h)	解除限速标志(km/h)	恢复限速标志(km/h)
$V_{max} \geq 80$	80	60	60	80
$60 \leq V_{max} < 80$	60	40	40	60
$40 \leq V_{max} < 60$	40	30	—	—
$V_{max} < 40$	40	$V_{max} - 10$	—	—

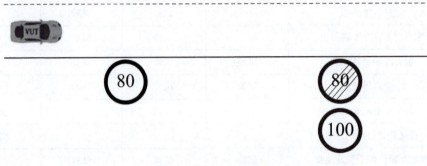

图 5-1　限速标志试验场景示意图

5.1.2.2　车道线

试验道路为长直道和弯道的组合道路,弯道长度应大于 100m。根据 V_{max} 在表 5-4 中选取相对应的最小弯道半径值之一,并设置相对应的限速标志牌。试验车辆由长直道驶入并驶出弯道。如图 5-2 所示。通过要求如下:

(1)试验车辆车轮不应碰轧车道边线。

(2)试验车辆为乘用车,弯道内全程车速不应低于限速标志所示速度的 75%。

(3)试验车辆为商用车辆,弯道内全程车速不应低于限速标志所示速度的 50%。

弯道最小曲率半径对照表　　　　　　　　　　表 5-4

V_{max}(km/h)	最小弯道半径值(m)	限速要求(km/h)
$V_{max} \geq 100$	650	100
	400	80
	250	60
$60 \leq V_{max} < 100$	400	80
	250	60
$V_{max} < 60$	250	60
	125	40
	60	20

5.1.2.3 停车让行标志标线

试验道路为至少两条各包含一条车道的丁字路口,并于交叉处设置停车让行标志牌和停车让行标线。如图5-3所示。试验车辆在车道内驶向停车让行线。通过要求如下:

(1)试验车辆应在停车让行线前停车。

(2)试验车辆为乘用车时,最前端与停车让行线最小距离不应大于2m,车辆静止时间不应超过3s。

(3)试验车辆为商用车辆时,最前端与停车让行线最小距离不应大于4m,车辆静止时间不应超过5s。

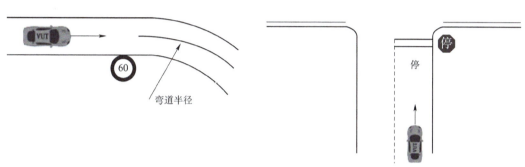

图5-2 车道线试验场景示意图
注:最小半径指弯道半径的最小值。

图5-3 停车让行标志、标线试验场景示意图

5.1.2.4 路口机动车信号灯

试验道路为至少包含一条车道的长直道并在路段内设置机动车信号灯,该路段设置限速为40km/h。如图5-4所示。试验车辆在车道内驶向机动车信号灯。机动车信号灯初始状态为绿色,随机调整为下列两种信号灯状态之一:①绿灯通行:信号灯保持绿色状态;②红灯停止:信号灯在试验车辆最前端距离停止线40～60m时信号灯由绿色变为黄色持续3s后变为红色并持续30s后变为绿色。3次通过本场景试验过程中,上述各信号灯状态至少出现1次。通过要求如下:

图5-4 机动车信号灯试验场景示意图

(1)当进行绿灯通行试验时,试验车辆应通过路口且在通过过程中不应存在停止行驶的情况。

(2)当进行红灯停止试验时,要求如下所示:

①试验车辆在红灯点亮后应停止于停车线前且车身任何部位不越过停止线;②当试验车辆为乘用车时,车辆最前端与停止线最小距离应不大于2m;当信号灯变为绿色后,起动时间不应超过3s;③当试验车辆为商用车辆时,车辆最前端与停止线最小距离应不大于4m;当信号灯变为绿色后,起动时间不应超过5s。

5.1.2.5 方向指示信号灯

试验道路为至少包含双向两车道的十字交叉路口,交叉口道路转弯半径不小于15m,路

口设置包括直行、左转、右转的方向指示信号灯,该路段限速为40km/h。如图5-5所示。试验车辆在车道内驶向方向指示信号灯。方向指示信号灯初始状态为绿色,并随机调整为下列两种信号灯状态:①绿灯通行:信号灯保持绿色状态;②红灯停止:信号灯在试验车辆最前端距离停止线40~45m时信号灯由绿色变为黄色持续3s后变为红色并持续30s后变为绿色。试验过程中,直行、左转、右转方向指示信号均应完成3次试验,且均应包含绿灯通行和红灯停止试验。通过要求如下:

(1)当进行绿灯通行试验时,试验车辆应通过路口并进入对应车道,在通过过程中不应存在停止行驶的情况。

(2)当进行红灯停止试验时,要求如下所示:

①试验车辆在红灯点亮后应停止于停车线前且车身任何部位不越过停止线;②当试验车辆为乘用车时,车辆最前端与停止线最小距离应不大于2m;当信号灯变为绿色后,起动时间不应超过3s;③当试验车辆为商用车辆时,车辆最前端与停止线最小距离应不大于4m;当信号灯变为绿色后,起动时间不应超过5s。

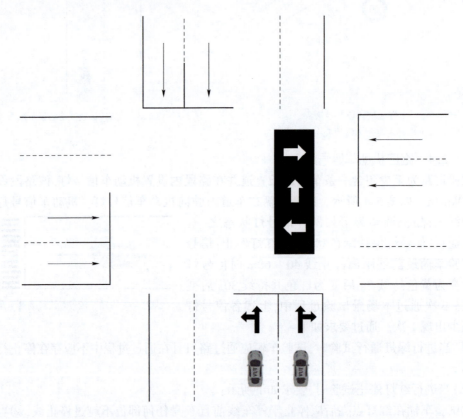

图5-5 方向指示信号灯试验场景示意图

5.1.2.6 快速路车道信号灯

试验道路为至少包含双向两车道的道路,道路上方均设置快速路车道信号灯,相邻车道信号灯保持绿色通行状态,如图5-6所示。试验车辆在车道内驶向车道信号灯并提前调整信号灯为下列两种状态之一:①绿灯通行:信号灯保持绿色状态;②红色禁行:信号灯保持红色禁行状态。3次通过本场景试验过程中,上述各信号灯状态至少出现1次。通过要求如下：

（1）若试验车辆具备信号灯识别能力,当进行通行试验时,试验车辆应于本车道内通过交通信号灯且在通过过程中不应存在停止行驶的情况。

（2）若试验车辆具备信号灯识别能力,当进行禁行区域试验时,要求如下所示：

①若具备换道行驶能力,试验车辆应在信号灯前方驶入相邻车道；②若不具备换道行驶能力,试验车辆应停止于信号灯前方,可发出超出设计运行范围的提示信息。

（3）若试验车辆不具备信号灯识别能力,试验车辆应在到达信号灯前发出超出设计运行范围提示信息。

5.1.2.7 隧道

试验道路为至少包含两条车道的长直道,路段内设置隧道,隧道长度不应小于100m。如图5-7所示。试验车辆根据路径设定驶向隧道。通过要求如下：

（1）若不具备隧道内行驶能力,试验车辆在进入隧道前应发出超出设计运行范围的提示信息且不进入隧道区域。

（2）若具备隧道内行驶能力,试验车辆应在通行过程中保持相同车道驶入并驶出隧道。

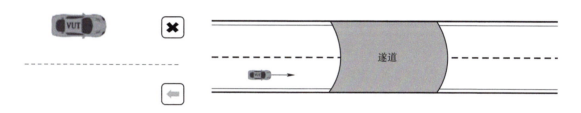

图5-6　快速路信号灯试验场景示意图　　　　图5-7　隧道通行试验场景示意图

5.1.2.8 环形路口

试验场地为不低于3个出入口的环形路口,每个出入口至少为双向两车道。试验车辆入口上游存在1辆行驶目标车辆,下游第1个入口存在静止目标车辆。如图5-8所示。试验车辆在车道内驶向环形路口,且车辆路径规划从出口2或出口3驶出环岛；当试验车辆到达环岛入口时,在入口上游存在计划于出口1驶出以15km/h的速度匀速行驶的目标车辆。通过要求如下：

（1）若不具备环岛内行驶能力,试验车辆在进入环岛前应发出超出设计运行范围的提示信息且不进入环岛区域。

（2）若具备环岛内行驶能力,试验车辆应满足以下条件：

①绕经环岛由正确出口驶出并进入对应车道；②不与目标车辆发生碰撞；③不与路面基础设施发生碰撞；④不受静止目标车辆的影响。

5.1.2.9 匝道

试验道路为至少两条长直道并由一条不少于100m的匝道相连接的道路,匝道入口处设置限速40km/h的标志牌。如图5-9所示。试验车辆根据路径设定并入最右侧车道后行驶入匝道,通过并驶出匝道并入相邻道路主车道。试验车辆若不具备匝道行驶能力,无须进行该试验项目。如若具备匝道行驶能力,通过要求如下:试验车辆应驶入并驶出匝道,在匝道内各车轮不触碰车道线。若试验车辆为乘用车,匝道内行驶全程速度不应低于15km/h。

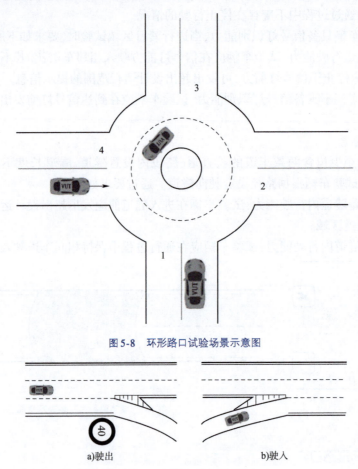

图 5-8　环形路口试验场景示意图

a)驶出　　　　　　　　　　　b)驶入

图 5-9　驶入、驶出匝道试验场景示意图

5.1.2.10　收费站

试验道路为至少包含一条长直道,该路段设置收费站,收费站前设置收费站标志、限速标志及减速带。如图 5-10 所示。试验车辆驶向收费站,当车辆距离升降栏 20~30m 时,升降栏降下并于 5~10s 后升起。通过要求如下:

(1)若不具备收费站通行能力,试验车辆在进入收费站前应发出超出设计运行范围的提示信息。

(2)若具备收费站通行能力,试验车辆应满足以下条件:
①不与路面设施及升降栏发生碰撞;②升降栏完全升起后 5s 内起动车辆通过收费站。

5.1.2.11　无信号灯路口直行车辆冲突通行

试验道路为至少包含双向单车道的十字交叉路口。目标车辆从试验车辆右方横向直线驶入路口。如图 5-11 所示。试验车辆根据路径设定在车道内沿标有直行和右转指示标线的车道直行通过该路口。当两车将在 5.5s 后发生碰撞时,目标车辆会在 1s 内以 20km/h 速

度由试验车辆右侧匀速驶向路口。通过要求如下：

试验车辆应驶入对应车道且不与目标车辆发生碰撞。

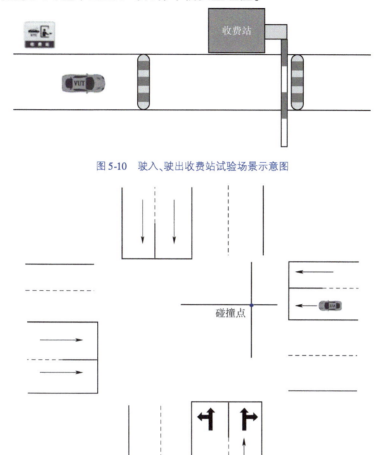

图 5-10　驶入、驶出收费站试验场景示意图

图 5-11　直行车辆冲突通行试验场景示意图

5.1.2.12　无信号灯路口右转车辆冲突通行

试验道路为至少包含双向两车道的十字交叉路口，交叉路口转弯半径不小于 15m。目标车辆从试验车辆左方横向直线驶入路口，如图 5-12 所示。试验车辆根据路径设定在车道内沿标有直行和右转指示标线的车道右转行驶通过该路口。当两车将在 5.5s 后发生碰撞时，目标车辆会在 1s 内以 20km/h 速度匀速驶向路口。通过要求如下：

试验车辆应驶入对应车道且不与目标车辆发生碰撞。

5.1.2.13　无信号灯路口左转车辆冲突通行

试验道路为至少包含双向两车道的十字交叉路口，交叉路口转弯半径不小于 15m。目标车辆从对向车道直线驶入路口。如图 5-13 所示。试验车辆根据路径设定在车道内沿标有直行和左转指示标线的车道左转行驶通过该路口。当两车将在 5.5s 后发生碰撞时，目标车辆会在 1s 内以 20km/h 速度匀速驶向路口。通过要求如下：

试验车辆应驶入对应车道且不与目标车辆发生碰撞。

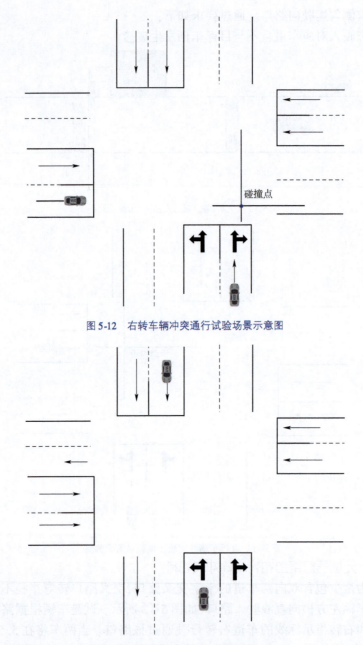

图 5-12 右转车辆冲突通行试验场景示意图

图 5-13 左转车辆冲突通行试验场景示意图

5.1.2.14 常规障碍物

试验道路为至少包含两条车道的长直道,中间车道线为白色虚线。在车道内依据道路养护作业的交通控制要求摆放锥形交通路标及交通标志等。如图 5-14 所示。试验车辆在施工车道内驶向前方障碍物。通过要求如下:

(1) 若不具备换道行驶功能,试验车辆应在行驶过程中或在车辆静止后 15s 内发出超出设计运行范围提示信息,停止于本车道内且不与障碍物发生碰撞。

(2) 若具备换道行驶功能,试验车辆应采用变更车道绕行方式通过该场景。

图 5-14　常规障碍物场景示意图

5.1.2.15　静止车辆占用部分车道

试验道路为包含两条行车道的长直道且中间车道线为白色虚线。在右侧车道存在静止目标车辆且目标车辆占用试验车辆行驶车道横向距离为 1～1.2m，目标车辆与中间车道线夹角不大于30°。如图 5-15 所示。试验车辆于车道内驶向目标车辆方向。通过要求如下：

（1）试验车辆不应与目标车辆发生碰撞。

（2）若试验车辆停止于本车道内，在车辆行驶过程中或在车辆静止后 15s 内应发出超出设计运行范围的提示信息。

图 5-15　静止车辆占用部分车道场景示意图

5.1.2.16　行人通过人行横道线

试验道路为包含两条车道的长直道，并在路段内设置人行横道线、人行横道预告标志线及人行横道标志等相关标志标线，该路段限速 40km/h。左侧车道外侧存在行人，行人沿人行横道线横穿试验道路。如图 5-16 所示。试验车辆在最右侧车道内行驶并驶向人行横道线，行人初始位置在人行横道线外。当试验车辆将在 4.5s 后与行人发生碰撞时，行人会在1s 内于车辆左侧以 5～6.5km/h 的速度横穿人行横道线。3 次通过本场景试验过程中，目标行人应包括成年假人和儿童假人。通过要求如下：

（1）试验车辆不应与行人发生碰撞。

（2）若试验车辆停止，待行人通过试验车辆所在车道后，试验车辆为乘用车时，起动时间不应大于 3s，试验车辆为商用车辆时，起动时间不应大于 5s。

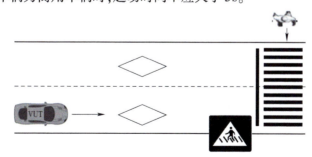

图 5-16　人行横道线行人横穿道路场景示意图

5.1.2.17　行人沿道路行走

试验道路为至少包含两条车道的长直道，中间车道线为白色虚线。行人以 5～6.5km/h

的速度于距离本车道右侧车道线内侧 1～2.5m 范围内沿道路行走,如图 5-17 所示。试验车辆于右侧车道内驶向行人。若跟随行人行驶,当试验车辆速度不大于 6.5km/h 持续时间超过 5s 后,行人从车道右侧离开当前车道。3 次通过本场景试验过程中,目标行人应包括成年假人和儿童假人。通过要求如下:

(1)若采用跟随方式通过该场景,试验车辆应不与行人发生碰撞,并在行人离开本车道后加速行驶。跟随过程中,试验车辆可发出超出设计运行范围的提示信息,当发出提示信息后,试验车辆在行人离开本车道后可不执行加速行驶。

(2)若采用绕行方式通过该场景,试验车辆应完成超越且不与行人发生碰撞。

图 5-17　行人沿道路行走场景示意图

5.1.2.18　自行车沿道路骑行

试验道路为至少包含两条车道的长直道且中间车道线为虚线。自行车以 10～20km/h 的速度在距离本车道右侧车道线 1～2.5m 范围内行驶,如图 5-18 所示(若试验车辆最高设计运行速度小于 20km/h,无须进行该试验项目)。试验车辆在车道内驶向自行车,若跟随自行车行驶,当试验车辆保持速度不大于 20km/h 超过 5s 后,自行车从车道右侧离开当前车道。通过要求如下:

(1)若采用跟随方式通过该场景,试验车辆应不与自行车发生碰撞,并在自行车离开本车道后加速行驶。跟随过程中,试验车辆可发出超出设计运行范围的提示信息,当发出提示信息后,试验车辆在自行车离开本车道后可不执行加速行驶。

(2)若采用绕行方式通过该场景,试验车辆应完成超越且不与自行车发生碰撞。

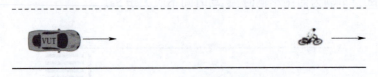

图 5-18　自行车沿道路骑行场景示意图

5.1.2.19　摩托车沿道路行驶

试验道路为至少包含两条车道的长直道且中间车道线为虚线。摩托车以 20～30km/h 速度在距离本车道右侧车道线 1～2.5m 范围内行驶,如图 5-19 所示。试验车辆在车道内驶向摩托车,若跟随摩托车行驶,当试验车辆保持速度不大于 30km/h 超过 5s 后,摩托车从车道右侧离开当前车道。通过要求如下:

(1)若采用跟随方式通过该场景,试验车辆应不与摩托车发生碰撞,并在摩托车离开本车道后加速行驶。

(2)若采用绕行方式通过该场景,试验车辆应完成超越且不与摩托车发生碰撞。

图 5-19　摩托车沿道路骑行场景示意图

5.1.2.20　行人横穿道路行走

试验道路为至少包含两条车道的长直道,中间车道线为白色虚线,若 $V_{max} \geq 60km/h$,该路段限速 60km/h;若 $V_{max} < 60km/h$,该路段限速 40km/h。道路存在行人横穿道路,如图 5-20 所示。试验车辆在最右侧车道内行驶。预计碰撞发生前 4.5s,行人会在 1s 内在试验车辆左侧以 5~6.5km/h 的速度横穿道路,并通过试验车辆所在车道的最右侧车道线。3 次通过本场景试验过程中,目标行人应包括成年假人和儿童假人。通过要求如下:

试验车辆不应与行人发生碰撞。

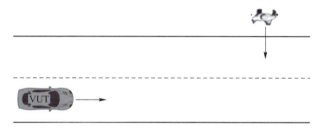

图 5-20　行人横穿道路试验场景示意图

5.1.2.21　自行车横穿道路

试验道路为至少包含两条车道的长直道,中间车道线为白色虚线,若 $V_{max} \geq 60km/h$,则该路段限速 60km/h,若 $V_{max} < 60km/h$,则该路段限速 40km/h。道路存在自行车横穿道路,如图 5-21 所示。试验车辆在最右侧车道内行驶,在预设碰撞发生前 4.5s,自行车会在 1s 内在试验车辆左侧以 14~16km/h 的速度横穿道路并停止于试验车辆行驶车道中间,车辆静止后自行车继续通过该道路。通过要求如下:

试验车辆不应与自行车发生碰撞。

图 5-21　自行车横穿道路试验场景示意图

5.1.2.22　前方车辆切入

试验道路为包含两条车道的长直道,中间车道线为白色虚线。目标车辆以预设速度匀速行驶,如图5-22所示。试验车辆于左侧车道内行驶。当试验车辆的行驶速度达到V_{max}的85%以上且在预设碰撞时间后1s内,目标车辆开始切入左侧车道并完成换道,完成换道时间不大于3s,且目标车辆在切入过程中和切入完成后其纵向速度均等于预设速度。预设速度和预设时间如表5-5所示。通过要求如下:

试验车辆不应与目标车辆发生碰撞。

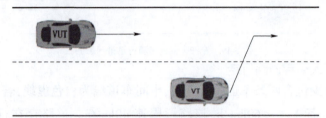

图5-22 前方车辆切入试验场景示意图

切入预设速度/时间对照表　　　　　　　　　　　　　　　　表5-5

V_{max}(km/h)	预设速度(km/h)	预设时间(s)
$V_{max} \geq 100$	50	6
$80 \leq V_{max} < 100$	40	5
$60 \leq V_{max} < 80$	30	4
$V_{max} < 60$	$V_{max}/2$	4

5.1.2.23 前方车辆切出

试验道路为包含两条车道的长直道,两车道均存在目标车辆,目标车辆以V_{max}的50%匀速行驶,试验路段限速大于目标车辆行驶速度,如图5-23所示。试验车辆在右侧车道驶向同车道目标车辆。当试验车辆稳定跟随目标车辆后,目标车辆开始换道并入相邻车道,完成换道时间不大于3s。相邻车道目标车辆在本车道目标车辆换道开始前保持在试验车辆后端3m以内行驶。通过要求如下:

(1)试验车辆应不与目标车辆发生碰撞。

(2)目标车辆切出后,试验车辆应执行加速动作。

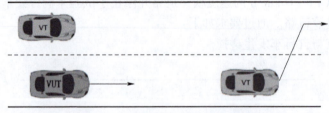

图5-23 前方车辆切出试验场景示意图

5.1.2.24 对向车辆借道行驶

试验道路为包含双向单车道的长直道,中间车道线为黄色虚线,该路段限速40km/h。目标车辆越过中间车道线占用对向车道15%~30%以30km/h匀速行驶。如图5-24所示。试验车辆在车道内行驶,两车稳定行驶后的初始纵向距离不小于200m,试验车辆与目标车辆逐渐接近。若试验车辆减速量大于5km/h或发出超出设计运行范围提示信息,目标车辆驶回原车道。通过要求如下:

(1)若减速量小于5km/h,试验车辆应于本车道内完成会车且不与目标车辆发生碰撞。

(2)若减速量大于5km/h,当目标车辆驶回后,试验车辆应继续行驶。试验车辆可在行驶过程中发出超出设计运行范围的提示信息,若发出提示信息可不执行继续行驶动作。

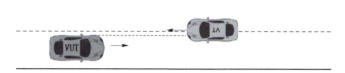

图5-24 对向车辆借道行驶试验场景示意图

5.1.2.25 目标车辆停-驶

试验道路为至少包含两条车道的长直道,中间车道线为白色虚线。目标车辆在试验道路内以 V_{max} 的75%匀速行驶,如图5-25所示。试验车辆跟随前方行驶的目标车辆,试验车辆稳定跟随目标车辆行驶后,目标车辆以 $2\sim3m/s^2$ 减速度减速直至停止。若试验车辆保持跟随状态,当试验车辆车速降为0后,目标车辆起步并于2s内达到10km/h。通过要求如下:

(1)若具备换道行驶能力,目标车辆减速至停止过程中,试验车辆应完成换道并超越目标车辆且不与目标车辆发生碰撞;试验车辆为乘用车时,换道时间不应大于5s。

(2)若不具备换道行驶能力,试验车辆应跟随目标车辆且不与目标车辆发生碰撞;试验车辆为乘用车时,起动时间不应大于3s;试验车辆为商用车辆时,起动时间不应大于5s。

图5-25 目标车辆停-驶试验场景示意图

5.1.2.26 跟车行驶前方存在车辆静止

试验道路为至少包含两条车道的长直道,中间车道线为白色虚线。相同车道内存在两辆目标车辆(VT_1 和 VT_2),其中 VT_1 以预设速度驶向静止状态的 VT_2,两辆目标车辆的中心线偏差不超过0.5m,如图5-26所示。试验车辆稳定跟随 VT_1 在相同车道内行驶,设置一个预设时间 t,当 VT_1 将在 ts 后与 VT_2 发生碰撞时,VT_1 会在1s内执行换道动作,VT_1 完成换道时间不大于3s。预设速度及预设时间如表5-6所示。通过要求如下:

试验车辆不应与目标车辆发生碰撞。

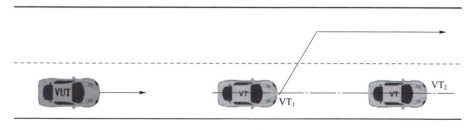

图5-26 前方静止车辆场景示意图

切出预设速度/时间对照表　　　　　　　　　　　　　　　　　表 5-6

V_{max}（km/h）	预设速度（km/h）	预设时间（s）
$V_{max} > 100$	80	5
$80 < V_{max} \leq 100$	60	4
$60 < V_{max} \leq 80$	40	4
$V_{max} \leq 60$	$V_{max} - 10$	4

5.1.2.27　前方车辆紧急制动

试验道路为至少包含一条车道的长直道且两侧车道线为实线；车道内存在以 V_{max} 的 75% 匀速行驶的目标车辆。如图 5-27 所示。试验车辆稳定跟随前方行驶的目标车辆。目标车辆 1s 内达到减速度 $6m/s^2$ 并减速至停止。通过要求如下：

试验车辆不应与目标车辆发生碰撞。

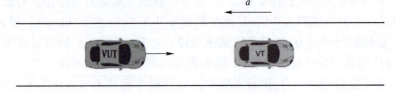

图 5-27　目标车辆紧急制动场景示意图

5.1.2.28　定点停车

试验道路为至少包含两条车道的长直道，中间车道线为虚线。道路边存在停车点，如图 5-28 所示。试验车辆在车道内行驶向指定位置停车点。通过要求如下：

试验车辆在车道内驶向指定位置停车点。

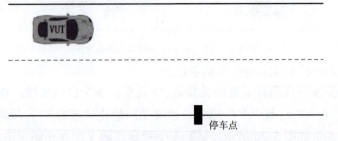

图 5-28　最右侧车道内靠边停车场景示意图

5.1.2.29　公交车港湾式进站

试验道路为至少包含一条车道的长直道，路段内设置港湾式公交站，站台长度不小于 25m，设置上、下客区域；如图 5-29 所示。试验车辆驶向公交站，通过要求如下：

（1）试验车辆应一次性进入公交站并完成停靠，无倒车调整情况，并保证车门与站台上、下客区域的对应。

（2）试验车辆右侧距离车道内侧最大距离不应大于 0.2m。

（3）试验车辆应在进站静止后 3s 内，开启站台同侧车门。

5.1.2.30　普通公交站台式进站

试验道路为至少包含一条车道的长直道，路段内设置公交站，设置上、下客区域；如

图5-30所示。试验车辆驶向公交站,通过要求如下:

(1)试验车辆应一次性进入公交站并完成停靠,无倒车调整情况,并保证车门与站台上、下客区域的对应。

(2)试验车辆右侧距离车道内侧最大距离不应大于0.2m。

(3)试验车辆应在进站静止后3s内,开启站台同侧车门。

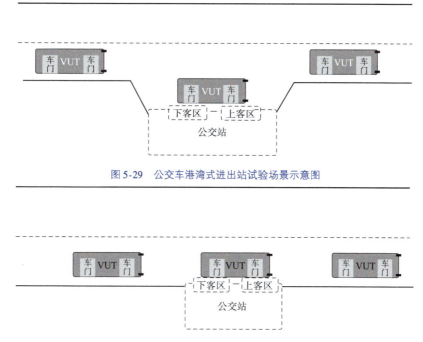

图5-29 公交车港湾式进出站试验场景示意图

图5-30 公交车进出站(无须换道)试验场景示意图

5.1.2.31 动态驾驶任务干预

试验车辆以自动驾驶模式于长直道内行驶,驾驶人根据试验车辆可实现自动驾驶模式退出的方式执行干预操作。通过要求如下:

试验车辆应及时向驾驶人交出动态驾驶任务执行权限;交出权限后,自动驾驶系统不应自主恢复自动驾驶模式。

5.1.2.32 风险减缓策略

根据车辆设计运行条件,在试验过程中,若试验车辆发出超出设计运行范围提示信息,驾驶人不对试验车辆行驶状态进行人为干预。若试验车辆进行上述所有试验项目试验过程中,均未发出超出设计运行范围提示信息,则进行补充试验。通过要求如下:

试验车辆不应与目标物及道路基础设施发生碰撞。

5.1.2.33 补充试验

试验道路为至少包含一条车道的长直道,在各车道内均垂直于道路行驶方向均匀放置至少3个锥形交通路标(推荐尺寸:71cm×40cm),该路段道路限速60km/h。如图5-31所示。试验车辆驶向前方障碍物,行驶过程无人为干预。通过要求如下:

(1)试验车辆应避免与障碍物发生碰撞。

(2)试验车辆在行驶过程或障碍物前静止15s内发出超出设计运行范围提示信息。

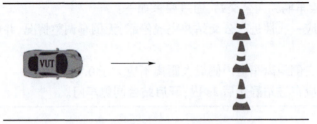

图 5-31 风险减缓策略补充试验场景

5.2 自动驾驶功能道路试验方法及要求

智能网联汽车取得临时行驶车号牌,即可根据道路测试安全性自我声明载明的测试路段、区域合理限定的行驶范围进行。临时行驶车号牌有效期不超过安全性自我声明载明的测试时间。临时行驶车号牌签注行驶范围涉及其他省市的,应当征求该省市公安机关交通管理部门意见。临时行驶车号牌到期的,道路测试主体可凭有效期内的安全性自我声明申领新的临时行驶车号牌,无须重复进行自动驾驶功能测试。自动驾驶道路测试主要是利用实际道路各种事件随机化的特点,验证智能网联汽车在实际道路运行的安全性和对于实际交通环境的影响,也被普遍认为是量产自动驾驶产品市场准入前必经的最后一步。相较于已较为广泛应用的场地测试方法,国际范围内对于实际道路测试方法目前仍处于研究探讨阶段,暂未明确具体的测试评价方法及要求,具体试验方法及要求如下。

5.2.1 试验条件

5.2.1.1 试验道路

试验道路应为不中断的连续道路。试验所用道路应包括表 5-7 所示的道路要素。

试验道路要素 表 5-7

一级要素	二级要素	三级要素	要素要求	Ⅰ型	Ⅱ型	Ⅲ型
静态要素							
道路结构	平面	弯道半径	400~650m	√		
			60~400m		√	√
		急转弯半径	<60m			
	横断面	中央分隔		√	√	√
		非机动车道			√	√
		路侧隔离		√		
		临时停车区		√		
	纵断面	纵坡	3%~6%	√	√	
			>6%			√
		不同介质的路面				√
	立交	互通式立交		√		

续上表

一级要素	二级要素	三级要素	要素要求	Ⅰ型	Ⅱ型	Ⅲ型
道路结构	匝道	入口匝道		√		
		出口匝道		√		
		交织区		√		
	交叉路口	有信号灯交叉路口			√	√
		无信号灯交叉路口			√	√
		集市功能的交叉路口				√
	环形路口	具有信号装置的环形路口			√	√
		无信号装置的环形路口				√
	涵洞				√	√
	桥梁	—		√	√	√
		单行桥梁				√
	隧道	最小长度	100m	√	√	√
道路路面	路面状态	车道线清晰		√	√	
		车道线不清晰			√	√
		无车道线				√
车道情况	车道类型	客车道		√		
		混行车道		√		
		机动车道			√	√
		非机动车道			√	√
		机非混行车道				√
		右转专用道			√	√
		公交车道			√	√
		其他专用车道			√	√
	车道数	同向双车道		√		
		同向多车道（＞2）		√		
		双向双车道			√	√
		双向多车道			√	√
		单行道			√	√
		交替通行单行道				√
		左转待转区			√	√
交通设施	交通安全设施	交通标志	固定标志-限速	√	√	√

续上表

一级要素	二级要素	三级要素	要素要求	Ⅰ型	Ⅱ型	Ⅲ型
交通设施	交通安全设施	交通标志	固定标志-解除限速	√	√	√
			车道信号灯	√	√	√
			限高标志			√
			限宽标志			√
			可变标志	√	√	√
		交通标线	虚线	√	√	√
			实线	√	√	√
			虚实线		√	√
			人行横道		√	√
			黄色网状线		√	√
			可变导向车道标线		√	√
			潮汐车道线		√	√
			停止线		√	√
			停车让行线		√	√
		抓拍装置		√		
		视线诱导设施		√		
		隔离栅			√	√
		减速丘			√	√
		限高杆			√	√
		警示障碍物(道路临时设施,道路施工,事故现场,交通管制)	锥形桶/警示标志	√	√	√
		视线遮挡障碍物			√	√
		龙门架		√		
		防眩设施		√		
	交通服务设施	服务区/停车区		√		
		公交车站			√	√
		路边停车区			√	√
		出租车停靠区			√	√
	交通管理设施	收费站		√		
动态要素							
交通运行状态		低密度	在30min,试验道路的交通密度为道路实际交通流量(v/min;车辆/分钟)/道路设计最大交通能力(v_{max}/min)	≤0.3	√	√	√
		中密度		>0.3且≤0.6	√	√	√
		高密度		>0.6且≤0.8	√	√	√
		拥堵		>0.8	√	√	√

续上表

一级要素	二级要素	三级要素	要素要求	I型	II型	III型
行人交通流量	高密度（医院,商场,地铁站口等）				√	√
交通参与者	机动车	M类		√	√	√
		N类				
		O类				
		摩托车				
	非机动车	自行车			√	√
	其他交通参与者	行人			√	√
		动物				√
		其他			√	√
光照	光照度	差	<50lx	√	√	√
	光照方向	太阳光照在前侧	—	√	√	√
	光照来源	路灯	—	√	√	√
		无路灯	—	√	√	√
		对向车灯	—	√	√	√
辅助要素						
通信定位	位置信号	—	—	√	√	√
	蜂窝网络信号	—	—	√	√	√
	V2X	—	—	√	√	√

试验环境要素数据采集设备需实时记录车辆行驶道路情况,将实时采集数据进行存储并能够随时调用回看。试验设备应满足如下要求：

（1）采集车辆运动状态采样和存储的频率至少为10Hz；

（2）视频采集设备分辨率不应小于(1920×1080)像素点；

（3）数据采集设备应对车辆周边范围内试验环境要素进行视频记录；

（4）数据采集设备车辆状态信息应能与视频信息保持同步,且具备时间标记。

试验道路要素采集时间应覆盖全天24h。

5.2.1.2 试验车辆

试验车辆应满足如下载荷要求：

（1）试验车辆质量为整车整备质量加上试验人员和试验设备质量,不大于最大允许总质量,质量的描述符合现行GB/T 3730的要求；

（2）试验过程中不调整车辆载荷。

试验过程中不应变更自动驾驶相关的硬件配置,也不应进行软件版本以及配置变更。

5.2.1.3　试验人员及设备

1）试验人员

试验过程中,试验安全员应对车辆进行安全监控,并立即响应系统的介入请求。试验人员应避免因个人动作/行为导致系统发出介入请求。随车试验人员应依据试验情况判定车辆是否满足试验要求,若不满足要求则需通过试验设备记录试验车辆不满足要求的时刻。

2）试验设备

试验设备应支持试验人员记录试验人员干预系统发出介入请求、系统发出最小风险策略提醒以及系统未满足试验要求的时间戳。试验过程中应至少记录以下内容：

（1）试验车辆的控制模式,例如手动控制模式、自动驾驶系统控制模式等。

（2）试验车辆周边的交通状态视频信息。

（3）试验车辆运动状态参数：

①试验时间轴；②车辆位置信息；③车辆纵向速度；④车辆横向速度；⑤车辆纵向加速度；⑥车辆横向加速度；⑦车辆横摆角速度。

（4）试验安全员及人机交互状态（试验人员面部、仪表盘、转向盘、中控屏、踏板等）的视频及语音监控信息。

（5）试验里程及时长：

①记录车辆在不同道路种类的试验里程；②记录车辆在不同道路种类的试验时长。

试验设备应满足如下要求：

（1）运动状态、采样和存储的频率：

①试验设备对试验车辆运动状态采样频率至少为50Hz；②视频采样帧率至少为30fps。

（2）视频采集设备分辨率不小于 1920×1080 像素点。

（3）试验车辆速度采集精度至少为 0.1km/h。

（4）横向和纵向位置采集精度：至少为 0.1m。

（5）加速度采集精度至少为 $0.1m/s^2$。

测试设备的安装、运行不应影响试验车辆及其自动驾驶功能的正常运行。

5.2.1.4　试验周期

若试验车辆可在多种道路种类使用自动驾驶功能,则应分别在可使用自动驾驶功能的全部道路种类进行道路试验。不同道路种类的试验时长总和彼此独立,单独进行记录。比如,试验车辆可在Ⅰ型道路以及Ⅱ型道路分别进行试验,则2种道路种类的试验时长总和应分别进行计算。

若试验车辆可在光照度低于 50lx 的条件下使用自动驾驶功能,则应进行夜间试验。

试验时长总和应至少为72h,且满足以下条件之一：

（1）若车辆可在白天和夜间运行自动驾驶功能,则白天时段试验时长总和应至少48h,夜间时段试验时长总和应至少 24h；

（2）若车辆仅可在白天或夜间运行,则试验仅在对应的时段开展。

同一自然天内的若干单段试验时长累计应包括试验车辆对应的应覆盖时段,单段试验时长应不大于4h,单段试验时长应覆盖时段见表5-8。

时段覆盖要求　　　　　　　　　表 5-8

序号	试验车辆自动驾驶功能可运行时段	单段试验时长应覆盖时段
1	仅可在白天运行	t_{d1}、t_{d2}
2	仅可在夜间运行	t_{n1}、t_{n2}
3	可在白天与夜间运行	t_{d1}、t_{d2}、t_{n1}、t_{n2}

注：t_{d1} 试验道路在白天处于表 5-7 所示的拥堵时段；t_{n1} 试验道路在夜间处于表 5-7 所示的拥堵时段，若未出现拥堵时段，则交通运行状态下调一个车流量级别；t_{d2} 试验道路在白天处于表 5-7 所示的低密度时段；t_{n2} 试验道路在夜间处于表 5-7 所示的低密度时段。

5.2.2 试验方法及要求

5.2.2.1 试验方法

试验开始前，试验人员起动试验车辆并全程记录试验数据，试验安全员应根据车辆制造商声明开启自动驾驶功能并沿规定试验道路行驶。

5.2.2.2 试验通过要求

1）系统激活

车辆点火后（发动机自动起停除外），试验车辆应符合下列规定之一。

（1）试验车辆自动驾驶功能应处于未激活状态；

（2）符合车辆制造商声明的条件下，试验车辆自动驾驶功能可以自动处于就绪状态。

试验车辆自动驾驶功能处于"就绪"状态下，试验人员可通过制造商声明的专用操纵方式激活自动驾驶功能；处于"未就绪"状态下，试验人员通过专用操纵方式不可激活自动驾驶功能。

2）执行动态驾驶任务

系统应持续执行动态驾驶任务，不应主动导致交通事故。通过设备采集车辆行驶状态，正常行驶时试验车辆应满足下列要求。

（1）除试验人员身体原因和不可抗力因素外，试验过程中不发生非策略性干预；

（2）车辆行驶期间，除换道情况外不碰轧"对向车道分界线"和"同向车道分界线"，无干扰情况下，不得碰轧"车道边缘线"；

（3）若驻车等待，车辆轮廓不超越停止线停车；

（4）车速不超过限制速度；

（5）不占用应急车道行驶及停车；

（6）不得以危险、不合理的方式超车及掉头；

（7）不违反交通信号灯指示信号行驶；

（8）不违反道路交通标志行驶；

（9）通过人行横道时礼让行人、非机动车；

（10）通过交叉路口时能按照优先通行权进行礼让；

(11)车辆正确使用照明及信号装置,满足以下要求:

①合理控制车辆照明及信号装置,包括但不限于近光灯、转向信号灯、制动灯、危险报警闪光灯、雾灯等;②合理控制车辆喇叭。

通过试验人员主观感受,正常行驶时试验车辆应满足下列要求。

(1)适应真实交通流,避免过长时间等待;

(2)避免扰乱正常的交通流,导致整体通行效率下降;

(3)及时响应车辆周边道路障碍物或者相关交通设施;

(4)及时响应可对本车行驶产生影响的其他交通参与者;

(5)除与周边交通参与者、障碍物或者相关交通设施无法保持安全距离以及换道情况下,车辆稳定行驶于车道内;

(6)不无故实施紧急制动或紧急转向措施。

3)系统后援

系统在执行动态驾驶任务的过程中,应持续监控设计运行范围,在不满足设计运行范围的计划事件即将发生前,自动驾驶系统应识别并响应,保证驾驶人有充足的时间接管车辆控制。相关自动驾驶系统的响应方式应符合其系统说明材料。

在系统发出接管请求期间,试验车辆应满足以下要求。

(1)在设计运行范围内持续执行动态驾驶任务,不主动导致交通事故;

(2)保证试验人员可通过制造商规定的方式接管车辆行驶,并在试验人员接管后提示车辆不再处于自动驾驶模式;

(3)不在试验人员接管车辆控制前停止发出接管请求信号。

试验车辆在试验过程中,一旦自动驾驶系统执行最小风险策略,则应符合下列要求。

(1)不主动导致交通事故;

(2)除非驾驶人干预,最小风险策略使车辆最终停止在目标停车区域内;

(3)系统运行状态的提示信号发生变化,该提示信号明显区分于其他系统提示信号;

(4)车辆立即对外发出危险警告信号;

(5)车辆完成最小风险策略后,自动驾驶功能退出,并在车辆重新起动后方可重新激活。

4)试验车辆状态显示

试验车辆的状态显示应符合以下要求。

(1)系统未激活提示:

①系统处于就绪状态时,至少有一种明确方式提示系统可被激活,如视觉文字指示等;②系统处于未能成功激活的非就绪状态时,宜视觉提示典型的未激活原因类别,例如涉及运行范围不满足的情况,可视觉提示用户操作车辆。

(2)系统激活和退出提示:

①系统由未激活状态进入激活状态时进行明显的提示;②系统由激活状态退出至未激活状态时进行明显的提示。

(3)系统运行状态提示:

①系统激活进入正常工作状态后,至少在用户直观可见的位置以视觉方式提示用户自动驾驶系统已正常工作;②若出现系统失效,在激活系统时,进行相应的提示;③系统激活

后,若出现系统失效的情况,有包含视觉在内的明显提示方式进行持续提醒;④若系统发出接管请求信号,该信号符合以下要求:介入请求至少包含视觉并附加听觉和/或触觉提示信号;在介入请求阶段,介入请求在开始4s(含4s)内升级并保持升级状态直至介入请求结束,升级的介入请求包含持续或间歇性的触觉提示,除非车辆处于静止状态;在介入请求阶段,介入请求以直观和明确的方式提示后援用户介入请求响应方式,视觉提示至少包括手和转向盘控制的图片信息,并可附有其他解释性文本或提示符号。

第6章 智能网联汽车自动驾驶功能定量评价

智能网联汽车发展涉及大量新技术,与多个新兴产业深度融合,体系复杂,涉及多部门协同,没有成熟的先例可以参考。自动驾驶技术亦是如此,其评价技术最先采用的是定性分析,即不采用数学的方法,根据评价者对评价对象的表现直接对评价对象作出定性结论的价值判断。该方法不能满足目前对自动驾驶功能单项指标及综合指标的准确评价,因此,有必要对智能网联汽车自动驾驶技术的发展提出一套全新的科学定量评价模型,以对自动驾驶功能在未知环境下的智能行为水平进行科学评估,为推动技术发展指明方向。

6.1 自动驾驶功能检测项目介绍

6.1.1 自动驾驶功能检测具体流程

对照国家出台的《智能网联汽车道路测试管理规范(试行)》及实际检测需求,自动驾驶功能检测具体流程主要包含测试车辆要求、测试场景通用要求及测试过程要求等。

6.1.1.1 测试车辆要求

(1)测试车辆应符合《智能网联汽车道路测试管理规范(试行)》第七条(一)至(四)款的规定,并提供如下材料:

①属国产机动车的,应当提供机动车整车出厂合格证,但未进入公告车型的应当提供出厂合格证明和国家认可的第三方检测实验室出具的相应车型强制性检验报告;属进口机动车的,应当提供进口机动车辆强制性产品认证证书、随车检验单和货物进口证明书;

②自动驾驶功能说明及其未降低车辆安全性能的证明;

③机动车安全技术检验合格证明;

④测试主体在封闭道路、场地等特定区域进行实车测试的证明材料。

(2)测试车辆自动驾驶系统应确保在发生紧急情况时,驾驶人能够进行人工操作接管。当自动驾驶系统发生故障或超出设计运行范围时,测试车辆应及时发出人工接管请求,提示驾驶人接管测试车辆。

(3)测试车辆应在明显位置显示当前驾驶模式,即自动驾驶模式或人工操作模式。

6.1.1.2 测试场景通用要求

(1)测试道路可根据测试需求选择平坦、干燥的沥青或混凝土等路面,单车道宽度为3.5~3.75m。测试环境也可根据实际天气进行选择。

(2)联网通信功能测试可在电磁干扰或一定干扰环境下进行。

(3)测试场景交通标志、标线根据实际环境进行选择。

6.1.1.3 测试过程要求

(1)测试主体在申请测试时需填写并提交测试车辆参数表。第三方检测机构在进行测试前应根据测试车辆参数表对车辆进行符合性检查。

(2)依据测试路线场景布置,部分场景可组合进行测试。

(3)如测试主体提出特殊天气(如雨、雪、雾、霾和夜间等自然条件)测试要求,第三方检测机构可根据要求设置相应的自然环境,并安排相应的测试。

(4)申请测试的车辆,应一次性进行所有规定场景的测试。测试期间,每个测试场景按照测试方法规定只进行一轮测试,测试车辆未满足任一测试场景的要求,则测试终止。

(5)测试过程中记录内容应包括:

①车辆控制模式;

②车辆速度、加速度等运动状态;

③环境感知与响应状态;

④车辆灯光、信号实时状态;

⑤车辆外部360°视频监控情况;

⑥反映测试驾驶人和人机交互状态的车内视频及语音监控情况。

另外,测试精度要求、测试设备及仪器选择和测试通过条件根据实际测试需求进行设定,在准备工作完成后进行具体的自动驾驶功能项目检测。

6.1.2 自动驾驶功能检测具体内容

对应国家出台的《智能网联汽车道路测试管理规范(试行)》附件1中所列智能网联汽车自动驾驶功能检测项目,分别提出了相应的测试场景、测试方法和要求。对《智能网联汽车道路测试管理规范(试行)》附件1中所列选测项目(表6-1中标注*者),可对照国家出台的规程进行相关场景或者相应功能的检测。

智能网联汽车自动驾驶功能检测项目及测试场景　　　　表6-1

序号	测试项目	测试场景
1	交通标志和标线的识别及响应	限速标志识别及响应
		停车让行标志、标线识别及响应
		车道线识别及响应
		人行横道线识别及响应
2	交通信号灯识别及响应*	机动车信号灯识别及响应
		方向指示信号灯识别及响应
3	前方车辆行驶状态识别及响应	车辆驶入识别及响应
		对向车辆借道本车车道行驶识别及响应
4	障碍物识别及响应	障碍物测试
		误作用测试

续上表

序号	测试项目	测试场景
5	行人和非机动车识别及避让*	行人横穿道路
		行人沿道路行走
		两轮车横穿道路
		两轮车沿道路骑行
6	跟车行驶	稳定跟车行驶
		停-驶功能
7	靠路边停车	靠路边应急停车
		最右车道内靠边停车
8	超车	超车
9	并道	邻近车道无车并道
		邻近车道有车并道
		前方车道减少
10	交叉路口通行*	直行车辆冲突通行
		右转车辆冲突通行
		左转车辆冲突通行
11	环形路口通行*	环形路口通行
12	自动紧急制动	前车静止
		前车制动
		行人横穿
13	人工操作接管	人工操作接管
14	联网通信*	长直路段车车通信
		长直路段车路通信
		十字路口车车通信

6.2 自动驾驶功能的评价指标体系

自动驾驶功能评价指标体系是智能网联汽车自动驾驶功能水平评价的前提和基础。构建评价指标体系的过程要遵循一定的流程及构造原则,逐步确定体系结构。

6.2.1 评价指标筛选

6.2.1.1 评价指标构建原则

自动驾驶功能水平评价指标体系的构造原则如下。

(1)全面性原则:必须反映自动驾驶功能的各个方面,绝对不能扬长避短。基于反映自动驾驶功能表现出的智能行为构建的指标体系既要注意指标层次的数量,也要注意各层指标的数量。

(2)科学性原则:综合自动驾驶功能评价指标体系从元素到结构,选取的评价指标必须科学、合理、准确、具有代表性,能够客观地、科学地反映出智能网联汽车自动驾驶的智能水平。

(3)目的性原则:必须围绕智能网联汽车的评价目的展开,使最后的评价结论反映智能网联汽车自动驾驶的智能水平。

(4)可比性原则:对每一个评价对象必须是公平的、可比的,不能选择一些有明显"倾向性"的指标。也就是说,智能网联汽车的各项评价指标可以相互比较,以便能确定其相对优劣的程度。

(5)可操作性原则:智能网联汽车自动驾驶智能水平的评价指标体系应该是简易性和复杂性的统一,要充分考虑数据取得和指标量化的难易程度。

6.2.1.2 评价指标初选

自动驾驶功能评价指标初选的方法一般有以下几种:

(1)综合法。综合法是对已存在的一些指标群按一定的标准进行聚类,使之体系化的一种方法,适用于对现行评价指标体系的完善与发展。目前许多领域都在讨论有关综合评价问题,若将不同观点综合起来,就可以构造出相对全面的综合评价指标体系。由此可以看出,综合法特别适用于对现行评价指标体系的完善和发展。

(2)分析法。分析法的主要特点是逐步细分,即将综合评价指标体系的评价对象和评价目标划分成若干个不同评价方面和评价要素,并逐步细分(即形成各个评价要素的评价因素集),直到每一个评价因素都可以用具体的统计指标来描述和实现。首先明确评价的总目标与子目标,然后再层层细分,直至每个目标都可用一个或几个明确的指标来反映,最后设计出每一个子层次的指标。

(3)交叉法。交叉法是通过两维、三维或多维的交叉,派生出一系列指标,形成指标体系。如投入与产出的交叉得出经济效益指标。

(4)指标属性分组法。指标属性分组法实际上是指标体系的结构优化方法,一般用聚类分析或定性判断的方法确定。由于统计指标本身具有许多不同属性,有不同的表现形式。因此,初选评价指标体系时,指标属性也可以是不统一的,同时也可以从指标属性角度构思体系中指标元素的组成。

智能网联汽车通过对其自动驾驶功能进行评价完成自动驾驶功能水平的评价。自动驾驶功能测试是实现对智能网联汽车环境感知、控制与决策等关键技术研究水平进行科学公正评价的重要手段。

智能网联汽车自动驾驶功能水平的评价是一个多级综合评价的问题,应根据智能网联汽车自然环境感知和智能行为决策的复杂度划分成不同的评价层次。智能网联汽车自动驾驶功能水平的评价指标较为繁杂,根据全面性原则,初选指标可以允许重复的、不可操作的或难以操作的指标存在,只求全而不求优。在自动驾驶功能水平评价体系指标的初选时,将分析法和综合法结合起来使用,即将被评价对象的总体目标分解为各个方面能力评价的分目标,然后利用现有的指标群,对其进行分析,从中选取大量可能反映各方面能力的指标。

结合国家出台的相关法规,可以采用从安全性、系统性、平稳性和速度性4个方面进行评价的方法。一级目标层:对智能网联汽车自动驾驶功能测试的评价。二级准则层:智能网联汽车自动驾驶功能的安全性、系统性、平稳性、速度性。三级要素层:安全性评价包括功能安全和碰撞安全,系统性评价包括感知性能和控制执行,平稳性评价是指操纵平稳,速度性即为纵向速度。四级指标层:针对要素层每项要素进行具体指标评价。智能网联汽车自动驾驶功能测评体系如图 6-1 所示。

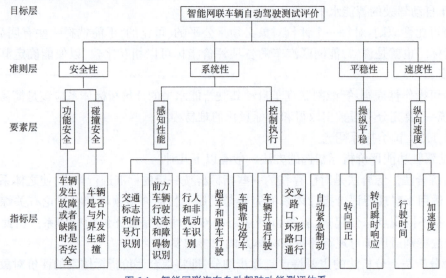

图 6-1　智能网联汽车自动驾驶功能测评体系

6.2.1.3　评价指标的确定

初选的自动驾驶智能水平的指标只是给出了综合评价指标体系的"指标可能全集",但不是"充分必要的指标集合",也没有体现指标数据上的亲疏关系和相似关系。因此,必须对初选的指标体系进行完善化处理,不断筛选、优化,组成科学合理的评价指标集。对于像智能网联汽车这样的复杂非线性系统的综合评价,通过层次分析法和专家决策法进而合理选择需要的指标变量,排除不合理指标变量。

由于自动驾驶技术在不断发展,对于自动驾驶智能水平的评价应按照分层次的评价思路,确定一个能科学、客观且尽可能全面反映对象目标特性的评价层次,包括目标层、准则层、要素层和指标层。可按如安全性、系统性、平稳性、速度性等 5 大指标和次级指标建立自动驾驶智能水平评价指标体系和递阶层次关系。这样通过对各级指标和次级指标量化,可以直观地得出智能网联汽车的自动驾驶功能哪几项指标存在不足,指出以后改进的方向。

6.2.2　评价指标量化分析

智能网联汽车自动驾驶功能部分涉及行驶轨迹的指标是通过量化分析轨迹来进行评价的。交通安全包括车道保持、安全避障,直道、弯道和复杂车道保持实际上是通过对智能网联汽车行驶轨迹控制实现的。避让静、动态障碍物,避障和紧急避障实际上是换道的过程,换道质量的好坏直接影响自动驾驶的智能行为。路径规划包括全局路径规划、局部路径规划,通过对智能网联汽车的实际行驶轨迹与规划出的最优轨迹进行比较,评价智能网联汽车的行驶质量。控制包括纵向控制、横向控制,轨迹平稳包括行驶路径轨迹平滑等,智能网联汽车的横向、纵向控制过程中,不应出现急转弯及行驶不平稳等激烈行为,智能网联汽车的位移变化路径轨迹是否平滑合理也表征着智能网联汽车自动驾驶的智能行为。通过对以上指标的理想轨迹和实际行驶轨迹的对比分析,运用混沌理论计算出李雅普诺夫(Lyapunov)指数,量化评价智能网联汽车横向控制的智能行为,采用 H_2/H_∞ 范数进行纵向控制水平的评价。

6.2.2.1 车辆横向控制品质评价

车辆横向控制品质,即横向操纵性,指按照车辆转向机构与转向车轮的方向稳定行驶并具有抗干扰能力。一般可以对车辆行驶轨迹进行量化分析,首先计算出实际轨迹与理想轨迹的时间偏差序列,然后对偏差序列进行相空间重构,这是由于时间偏差序列是许多物理因子相互作用的综合反映,它蕴藏着参与运动的全部变量的痕迹,序列从形式上看似乎是随机的,但实际可能包含混沌运动的信息,而混沌运动至少要在三维动力系统中才能出现。因此,要把时间数据序列扩展到三维或更高维的相空间中去,才能把时间数据序列的混沌信息充分地显露出来。得到实际行驶轨迹,与理想轨迹的时间偏差序列,然后对时间偏差序列进行相空间重构,最后计算行驶轨迹时间偏差序列的 Lyapunov 指数,具体流程如图 6-2 所示。

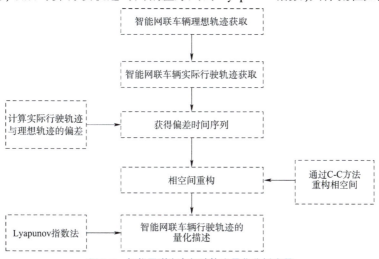

图 6-2　智能网联汽车行驶轨迹量化分析流程

通过 C-C 方法确定时间延迟和嵌入维数,首先定义 τ 为时间数据序列的延迟,$\tau_\varpi = (m-1)\tau$ 延迟时间窗口,m 是嵌入维数,N 是数据的大小,$M = N - (m-1)\tau$,$X_i(i=1,2,\cdots,M)$ 是如下重构相空间中的点:

$$X_i = (x_i, x_{i+\tau}, \cdots, x_{i+(m-1)\tau}), X_i \in R^m \tag{6-1}$$

则嵌入时间数据序列的关联积分定义为以下的函数:

$$C(m,N,r,t) = \frac{2}{M(M-1)} \sum_{1 \leq i \leq j \leq M} \theta(r - d_{ij}), r > 0 \tag{6-2}$$

其中,$d_{ij} = \| X_i - X_j \|$,

$$\theta(x) = \begin{cases} 0, x < 0 \\ 1, x \geq 0 \end{cases} \tag{6-3}$$

关联维可以定义为:

$$D(m,t) = \lim_{r \to 0} \frac{\lg C(m,r,t)}{\lg r} \tag{6-4}$$

其中，$C(m,r,t) = \lim_{N \to \infty} C(m,N,r,t)$，但是由于时间序列的长度 N 有限，并且半径 r 不可能无限小，通常用一个线性区域的斜率来近似代替这个关联维，即：

$$D(m,t) = \frac{\lg C(m,N,r,t)}{\lg r} \tag{6-5}$$

对于时间数据序列 $\{x_i\}$，$i=1,2,\cdots,N$，将其分成 t 个不相交的时间数据序列，如 $t=1$ 时为单个时间数据序列本身，而 $t=2$ 时为 $\{x_1,x_3,\cdots,x_{N-1}\}$ 及 $\{x_2,x_4,\cdots,x_N\}$，长度为 $\frac{N}{2}$。对于一般的自然数 t 有：

$$\{x_1,x_{t+1},x_{2t+1},\cdots\}$$
$$\{x_2,x_{t+2},x_{2t+2},\cdots\}$$
$$\cdots\cdots$$
$$\{x_t,x_{2t},x_{3t},\cdots\}$$

其中，$N=tl$，$l=\frac{N}{t}$ 是时间数据序列的长度。将时间数据序列分成 t 个不相交的子序列，然后定义每个子序列的 $S(m,N,r,t)$ 为：

$$S(m,r,t) = \frac{1}{t}\sum_{S=1}^{t}\left[C_S\left(m,\frac{N}{t},r,t\right) - C_S^m\left(1,\frac{N}{t},r,t\right)\right] \tag{6-6}$$

令 $N\to\infty$，有：

$$S(m,r,t) = \frac{1}{t}\sum_{S=1}^{t}\left[C_S(m,r,t) - C_S^m(1,r,t)\right], m=2,3,\cdots \tag{6-7}$$

如果时间数据序列是独立同分布的，那么对固定的 m 和 t，对于所有的 r，当 $N\to\infty$ 时均有 $S(m,r,t)$ 恒等于 0。但是实际上时间数据序列是有限的，并且序列元素之间可能是相关的，所有实际得到的 $S(m,r,t)$ 一般不等于 0。这样，局部最大时间间隔可以取 $S(m,r,t)$ 的零点或对所有的半径 r 相互差别最小的时间点，因为这暗含着这些点几乎是均匀分布的。选择对应值为最大和最小两个半径 r，定义两值的差值为：

$$\Delta S(m,t) = \max[S(m,r_j,t)] - \min[S(m,r_j,t)] \tag{6-8}$$

由上式度量了关于半径 r 的最大偏差，所以局部最大时间 t 对应 $S(m,r,t)$ 的零点，即 $\Delta S(m,t)$ 的最小值。

采用 C-C 方法同时确定时间延迟和嵌入维数的方法如下：

(1) 计算时间数据序列标准差 σ，选取 N。

(2) 计算下面 3 个量：

$$\overline{S}(t) = \frac{1}{16}\sum_{m=2}^{5}\sum_{j=1}^{4}S(m,r_j,t) \tag{6-9}$$

$$\Delta\overline{S}(t) = \frac{1}{4}\sum_{m=2}^{5}\Delta S(m,t) \tag{6-10}$$

$$S_{cor}(t) = \Delta\overline{S}(t) + |\Delta\overline{S}(t)| \tag{6-11}$$

其中，时间变量 t 取小于或等于 200 的自然数，而 $S(m,r_j,t)$，$\Delta S(m,t)$ 分别如下：

$$S(m,r_j,t) = \frac{1}{t}\sum_{S=1}^{t}\left[C_S(m,r_j,t) - C_S^m(1,r_j,t)\right], m=2,3,4,5 \tag{6-12}$$

$$\Delta S(m,t) = \max[S(m,r_j,t)] - \min[S(m,r_j,t)] \tag{6-13}$$

根据计算结果画图：

(1) $\Delta S(m,t)$ 的第一个极小值对应的 t 为最佳时滞;
(2) $\bar{S}(t)$ 的第一个零点 t 为最佳时滞;
(3) $S_{cor}(t)$ 的最小值 t 对应时间窗口 τ_w。

时间延迟的选取不应该独立于嵌入维数,C-C 方法引入时间窗口函数能够同时确定时间延迟和嵌入维数。C-C 方法的优点是:计算量小;容易操作;适合非线性问题;对小数据组可靠性强;具有较强的抗噪声能力。在确定了时间延迟 τ 和嵌入维数 m 后可进行下一步的 Lyapunov 指数计算。特别地,Lyapunov 指数法采用适合于处理时间数据序列的 Wolf 方法。用 Wolf 方法计算 Lyapunov 指数的步骤如下:

(1) 对智能汽车时间数据序列 $\{x(t_i), i=1,2,\cdots,N\}$ 进行 FFT 变换,计算出时间延迟 τ 和平均周期 P;
(2) 计算出关联维数 d,再根据 $m \geq 2d+1$ 来确定嵌入维数 m;
(3) 根据时间延迟 τ 和嵌入维数 m 重构时间数据序列的相空间 $\{Y_j, j=1,2,\cdots,M\}$,M 表示追踪相空间两相邻点时间演化过程的总迭代次数;
(4) 在相空间中寻找每个点 Y_j 的最近邻点 $Y_{\hat{j}}$,并限制短暂分离,即:

$$d_j(0) = \min_{\hat{j}} \| Y_j - Y_{\hat{j}} \|, |j-\hat{j}| > P \tag{6-14}$$

(5) 对每个相空间中的点 Y_j,计算出该邻点对的 i 个离散时间步长后的距离 $d_j(i)$:

$$d_j(i) = | Y_{j+i} - Y_{\hat{j}+i} |, i=1,2,\cdots,\min(M-j, M-\hat{j}) \tag{6-15}$$

(6) 对于每个 i,求出所有邻近点 j 的平均值 $y(i)$,即:

$$y(i) = \frac{1}{q\Delta t} \sum_{j=1}^{q} \ln d_j(i) \tag{6-16}$$

其中,q 是 $d_j(i)$ 非零值的数目,并且用最小二乘法作出回归直线,无人驾驶车辆时间数据序列的最大 Lyapunov 指数 λ 就是该回归直线的斜率。

6.2.2.2 车辆纵向控制品质评价

车辆纵向控制品质评价,主要从车辆动力性和舒适性两方面进行,动力性主要是指加速度的跟踪性能,可以将车间距误差和车速误差的 H_∞ 范数视为跟踪性能指标 I_T,如式(6-17)所示:

$$I_T = \frac{1}{T} \int_{t_0}^{t_0+T} (\| \Delta s \|_{w_s}^2 + \| \Delta v \|_{w_v}^2) dt \tag{6-17}$$

其中,Δs 为车间距误差;Δv 为车速误差;w_s 为 Δs 的权系数;w_v 为 Δv 的权系数。

舒适性主要是指行驶过程中加速度变化与外部扰动对驾驶人舒适程度的影响,可以将期望控制代价和扰动的 H_2 范数视为舒适性能指标 I_C,如式(6-18)所示:

$$I_C = \frac{1}{T} \int_{t_0}^{t_0+T} (\| \Delta d \|_{w_d}^2 - \| \Delta x \|_{w_x}^2) dt \tag{6-18}$$

其中,Δd 为外部扰动;Δx 为控制代价;w_d 为 Δd 的权系数;w_x 为 Δx 的权系数。

6.2.3 指标权重确定

通过科学理论实现了对智能网联汽车与环境交互的定量描述,由此完成了自动驾驶功能各个指标的评价,但是要实现对智能网联汽车自动驾驶功能的评价,还需要确定智能网联汽车自动驾驶功能的各级指标权重。指标权重的确定主要包括以下3种方式。

6.2.3.1 客观赋权法

客观赋权法研究较晚还很不完善,它主要根据原始数据之间的关系来确定权重,不依赖于人的主观判断,不增加决策分析者的负担决策或评价结果具有较强的数学理论依据。但这种赋权方法依赖于实际的问题域,因而通用性和决策人的可参与性较差,计算方法大都比较烦琐而且不能体现决策者对不同属性的重视程度,有时确定的权重会与属性的实际重要程度相悖。常用的包括熵值法、标准离差法、CRIIIC法、主成分分析法、因子分析法、变异系数法、均方差法和回归分析法等。其中熵权法使用较多,该方法使用的数据是决策矩阵,确定的属性权重反映了属性值的离散程度。

1)熵值法

熵值法是利用所需评价指标的实际值来度量其有效信息量的多少,从而确定评价指标的相应权重,熵值越大,系统信息量越小,指标权重越小;反之,熵值越小,系统信息量越大,指标权重越大。

根据熵的定义,智能网联汽车j的第i个评价指标的熵值计算公式如下:

$$H_i = q\sum_{j=1}^{n} p_{ij} \cdot \ln p_{ij}, i = 1, 2, \cdots, m; 0 \leq H_i \leq 1 \tag{6-19}$$

其中,$p_{ij} = \dfrac{r_{ij}}{\sum_{j=1}^{n} r_{ij}}$;$q = -\dfrac{1}{\ln n}$;$p_{ij}$表示$i$指标在$j$等级的概率;$n$表示单个指标的状态数。

第i项指标权重的熵值计算公式如下:

$$\omega_i = \dfrac{1 - H_i}{m - \sum_{i=1}^{m} H_i} \tag{6-20}$$

根据熵值的性质得到,$0 \leq \omega_i \leq 1$,$\sum_{i=1}^{m} \omega_i = 1$,最终可得出评价指标权重集合:$w = (\omega_1, \omega_2, \cdots, \omega_m)^T$。

2)标准离差法

标准离差法在统计学中是使用得比较多的,如果某个指标的标准差越大,就表示该指标的变异程度越大,提供的信息量就越大,在评价中起到的作用也就越大,权重也就越大。基于这种思想,利用第j个指标的标准差j计算各指标的权重公式如下:

$$w_j = \dfrac{\sigma_j}{\sum_{j=1}^{n} \sigma_j} \tag{6-21}$$

3)CRIIIC法

CRIIIC法的思路是确定两个客观指标数,一是对比强度,它表示了同一个指标各个评价方案之间取值差距的大小,以标准差的形式来表现,即标准化的大小表明了在同一个指标内各方案取值差距的大小,标准差越大各方案之间取值差距越大。二是评价指标之间的冲突性,指标之间的冲突性是以指标之间的相关性为基础,如果两个指标之间具有较强的正相关,说明两个指标冲突性较低。第 j 个指标与其他指标的冲突性的量化指标为:$\sum_{t=1}^{n}(1-\gamma_{tj})$,其中,$\gamma_{tj}$ 表示指标 t 和指标 j 之间的相关系数。各个指标的客观权重确定就是以对比强度和冲突性来衡量的。设 c_j 表示第 j 个评价指标所包含的信息量,则 c_j 可表示为:

$$c_j = \sigma_j \sum_{t=1}^{n}(1-\gamma_{tj}) \tag{6-22}$$

而权重公式可以表示成:

$$w_j = \frac{c_j}{\sum_{j=1}^{n} c_j} \tag{6-23}$$

3 种客观赋权法中,熵权法和标准离差法的基本思路相似,都是通过根据指标变异性的大小来确定客观权重。而 CRITIC 法不仅考虑了指标变异大小对权重的影响,还考虑了各指标之间的冲突性,因此,可以说 CRITIC 法是一种比熵权法和标准离差法更好的客观赋权法。对于 CRITIC 法而言,在标准差一定时,指标间冲突性越小,权重也越小,也就是说当两个指标间的正相关程度越大时,它们的冲突性就越小,这表明两个指标在评价方案的优劣上反映的信息有较大的相似性。因此,当对选取指标比较多的项目进行评价时,可以在正相关程度较高的指标中去除一些指标,这样可以减少计算量而不会对评价结果产生很大的影响。

6.2.3.2 主观赋权法

主观赋权法是人们研究较早、较为成熟的方法,它根据决策者(专家)主观上对各属性的重视程度来确定属性权重,其原始数据由专家根据经验主观判断而得到。决策或评价结果具有较强的主观随意性,客观性较差,同时增加了对决策分析者的负担,应用中有很大局限性。常用的主观赋权法有层次分析法(Analytic Hierarchy Process,AHP)、序关系分析法、权值因子判断表法、模糊分析法、二项系数法、最小平方法、TACTIC 法、专家调查法(Delphi 法)、二项系数法、环比评分法等。其中,层次分析法是实际应用中使用得最多的方法,它能将复杂问题层次化,将定性问题定量化。随着层次分析法的进一步完善,利用层次分析法进行主观赋权的方法将会更加合理,更加符合实际情况。下面主要对几种在自动驾驶领域内常用的方法进行介绍。

1)层次分析法

层次分析法是美国匹兹堡大学著名运筹学家 T. L. Saaty 教授创立的一种解决多目标复杂问题的定性与定量相结合的、系统化的、层次化的决策分析方法。层次分析法的基本思想是先按问题要求建立一个描述系统功能或特征的递阶层次结构,通过两两比较评价因素的相对重要性,给出相应的比例标度,构成上层某因素对下层相关因素的判断矩阵,以给出相关因素对上层某因素的相对重要程度组成的重要序列。层次分析法是一种定性和定量相结合的权重确定方法。

(1)建立递阶层次结构模型。应用层次分析法解决实际问题,首先要明确需要分析决策的问题,将其条理化理出递阶层次结构。递阶层次结构一般由 3 个层次组成:目标层(最高层),问题的预定目标;准则层(中间层),影响目标实现的准则;措施层(最低层),促使目标实现的措施。通过对复杂问题的分析,找出影响目标实现的准则。要详细分析各准则因素间的关系,有些是主要准则,有些是次准则,然后根据这些关系将各元素分成不同的层次和组,上一层元素由下一层元素构成并对下一层元素起支配作用。最后分析为解决问题,在上述准则下,有哪些最终措施,将它们作为措施层因素,放在层次结构最底层。

(2)构造判断矩阵。层次分析法的关键是构造合理且保持一致性的判断矩阵。构造比较判断矩阵时,评价者要反复回答以下几个问题:无人驾驶车辆两个评价指标 A_i 和 A_j 相对于上一层的某个因素哪一个更重要,重要多少,采用 1~9 比例尺度(标度)对重要多少赋予一定的数值,具体见表6-2。

重要度定义表　　　　表6-2

比例尺度	重要度定义
1	表示两个因素比较,具有同样重要性
3	表示两个因素比较,一个因素比另一个因素稍重要
5	表示两个因素比较,一个因素比另一个因素重要
7	表示两个因素比较,一个因素比另一个因素重要得多
9	表示两个因素比较,一个因素比另一个因素极为重要
2,4,6,8	介于上述两个相邻判断的中值

同样,对无人驾驶车辆两评价指标相比较,判断次要度,见表6-3。

次要度定义表　　　　表6-3

比例尺度	次要度定义
1/3	表示两个因素比较,一个因素比另一个因素稍次要
1/5	表示两个因素比较,一个因素比另一个因素次要
1/7	表示两个因素比较,一个因素比另一个因素次要得多
1/9	表示两个因素比较,一个因素比另一个因素极为次要
1/2,1/4,1/6,1/8	介于上述两个相邻判断的中值

决策者进行无人驾驶车辆两两评价指标之间重要度的比较,可得到如表6-4所示的结果。

评价指标重要度比较结果　　　　表6-4

评价指标	A_1	A_2	...	A_n
A_1	a_{11}	a_{12}	...	a_{1n}
A_2	a_{21}	a_{22}	...	a_{2n}
⋮	⋮	⋮		⋮
A_n	a_{n1}	a_{n2}	...	a_{nn}

根据表6-4的结果,得到比较判断矩阵 A:

$$A = [a_{ij}]_{n \times m} \tag{6-24}$$

比较矩阵 A 具有的性质:

$$\begin{cases} a_{ij} > 0 \\ a_{ij} = 1, i = j \\ a_{ji} = \dfrac{1}{a_{ij}} \end{cases} \tag{6-25}$$

(3) 计算权向量并做一致性检验。对于填写完的判断矩阵利用一定数学方法进行层次排序,计算权向量,指每一个矩阵各因素针对其准则的相对权重。计算权向量有特征根法、和法、幂法等,在此不作过多介绍。确定权向量后,需要对判断矩阵进行一致性检验。

比如:A 比 B 重要,B 比 C 重要,但是最后结果显示 C 比 A 重要,这样极为不一致。可以利用一致性指标、随机一致性指标和一致性比率做一致性检验。若检验通过,归一化后的特征向量即为权向量;若不通过,需重新构造判断矩阵。

对 n 个智能网联汽车评价指标 $A_1, A_2, \cdots, A_n$ 权重进行计算,并进行一致性检验。对于评价指标 $A_1, A_2, \cdots, A_n$ 的判断矩阵,求得矩阵特征根。计算权重向量和特征根 γ_{max} 的方法有和积法、方根法、和根法。一般可选用计算较为简便的和积法,具体计算步骤如下:

对自动驾驶功能评价指标的判断矩阵 A 按列规范化,即对判断矩阵 A 每一列正规化:

$$\overline{a_{ij}} = \frac{a_{ij}}{\sum_{i=1}^{n} a_{ij}} (i,j = 1,2,\cdots,n) \tag{6-26}$$

再按行相加得和向量:

$$W_i = \sum_{j=1}^{n} \overline{a_{ij}} (i = 1,2,\cdots,n) \tag{6-27}$$

对判断矩阵 A 进行行平均,即将得到的和向量正规化,即得权重向量:

$$\overline{W_i} = \frac{W_i}{\sum_{i=1}^{n} W_i} (i = 1,2,\cdots,n) \tag{6-28}$$

计算自动驾驶功能评价指标的判断矩阵 A 最大特征根 γ_{max}:

$$\gamma_{max} = \sum_{i=1}^{n} \frac{[A \overline{W_i}]_i}{n (W_i)_i} \tag{6-29}$$

在得到矩阵最大特征根 γ_{max} 后,需对其进行一致性检验,以保证评价者对多因素评判思想逻辑的一致性,使各评判之间协调一致,而不会出现内部矛盾的结果,这也是保证评价结论可靠的必要条件。一致性指标 C.I. 为:

$$C.I. = \frac{\gamma_{max} - n}{n - 1} \tag{6-30}$$

只要满足:

$$\frac{C.I.}{C.R.} < 0.1 \tag{6-31}$$

就认为所得比较矩阵的判断结果可以接受。其中,C.R. 是平均随机一致性指标,见表 6-5。

平均随机一致性指标 C.R.   表 6-5

n	3	4	5	6	7	8	9	10	11
C.R.	0.58	0.9	1.12	1.24	1.32	1.41	1.45	1.49	1.51

对于上文提出的层次分析法,虽然实现了自动驾驶功能评价指标权重的获取,但是在确定各个指标权重时还存在一些缺点:①模糊判断矩阵明确化。构造判断矩阵时,人的判断通常是一个范围而不是 1~9 的整数,层次分析法把本来就是模糊的量明确化,或者变成无一点弹性

的硬指标是不合理的。②需要进行一致性检验。如果一致性检验不满足要求,要重新构造比较判断矩阵并计算相应的权重,直到一致性检验满足为止。在实际操作中,一般是靠大致估计来调整判断矩阵,带有一定的盲目性,并且需要经过多次调整才能通过一致性检验。

因此,有学者提出了改进的方法,即可拓展层次分析法(Extension Analytic Hierarchy Process,EAHP)。可拓展层次分析法引入可拓展理论,用区间数代替点值数构造可拓展判断矩阵,克服了层次分析法在解决专家经验判断的模糊性问题。它将指标权重计算与判断矩阵一致性检验结合,并考虑专家判断的模糊性和多位决策者的实践经验,不需要判断矩阵的一致性,有效避免了层次分析法中的大量试算工作。这样既能保证专家判断结果的真实性,又能保证判断矩阵的一致性,使得确定的智能网联汽车自动驾驶功能各个评价指标的权重更加合理。

2)序关系分析法

序关系分析法是针对层次分析法的局限性进行改进后得到的方法。参考文献基本计算步骤如下。

(1)确定指标重要性序列。专家根据业务技能和多年参与工程建设积累的经验,对 m 个指标重要性进行初步评定并排列成一列,从前往后重要性逐渐降低的序列,该序列即为体现指标重要性的唯一序关系:

$$x_1 > x_2 > \cdots > x_m$$

(2)对相邻指标相对重要性赋值。设 x_k 和 x_{k-1} 为上述序列中相邻的两个评价指标,它们的权重分别为 w_k 和 w_{k-1},则可以用权重的比值 r_k 体现它们的相对重要性,即:

$$\frac{w_{k-1}}{w_k} = r_k, k = m, m-1, \cdots, 3, 2 \tag{6-32}$$

当 m 较大时,可取 $r_m = 1$。r_k 的赋值见表6-6。

表6-6 序关系赋值参考表

r_k	说 明
1.0	指标 x_{k-1} 比 x_k 同样重要
1.1	指标 x_{k-1} 比 x_k 的重要性在相同和稍微重要之间
1.2	指标 x_{k-1} 比 x_k 稍微重要
1.3	指标 x_{k-1} 比 x_k 的重要性在稍微重要和明显重要之间
1.4	指标 x_{k-1} 比 x_k 明显重要
1.5	指标 x_{k-1} 比 x_k 的重要性在明显重要和特别重要之间
1.6	指标 x_{k-1} 比 x_k 特别重要
1.7	指标 x_{k-1} 比 x_k 的重要性在特别重要和极端重要之间
1.8	指标 x_{k-1} 比 x_k 极端重要

(3)计算指标权重 w_k。通过上述赋值,我们可以得到 r_k 的值,对于第 m 个评价指标,计算其权重如下:

$$w_m = (1 + \sum_{k=2}^{m} \prod_{i=k}^{m} r_i)^{-1} \tag{6-33}$$

进而,通过如下公式求得每一指标的权重:

$$w_{k-1} = r_k w_k, k = m, m-1, \cdots, 3, 2 \tag{6-34}$$

3) 专家调查法（Delphi 法）

专家调查法是指邀请无人驾驶车辆、自动化、智能机器人、无人机等方向的专家组成专家小组，给定专家需要评价的内容及相关要求，同时提供汇总的有关评价指标的材料。每位专家根据下发的材料，进行指标筛选及选择相应指标的理由。筛选完成后将筛选意见汇总对比，再次下发给专家。专家根据其他人的筛选结果及筛选理由对自己的筛选结果进行修改补充，或者请更加专业的专家进行指导评论，并将返回意见提供给专家组以便进行修改。修改完成后将修改意见汇总，第三次下发专家组进行第二次修改。意见反馈过程均采用匿名方式，每位专家都不知道所看到的意见及筛选结果是哪位专家的。重复此过程，直到专家组对自己的结果做出最后确定为止。由于整个评价过程是匿名进行的，所以在筛选过程中专家互不干涉，有效地避免了权威专家左右他人意见，部分专家不便直接提出不同意见及出于虚荣心不好意思修改自己原本存在缺陷的意见。

6.2.3.3 组合赋权法

运用客观赋权法确定各指标间的权重系数，决策或评价结果虽然具有较强的数学理论依据但没有考虑决策者的意向，而运用主观赋权法确定各指标间的权重系数反映了决策者的意向，决策或评价结果具有很大的主观随意性。因此，主、客观赋权法均具有一定的局限性。

针对主、客观赋权法各自的优缺点，为兼顾决策者对属性的偏好，同时又力争减少赋权的主观随意性，使对属性的赋权达到主观与客观的统一，进而使决策结果更加真实、可靠，人们又提出了一类综合主、客观赋权结果的赋权方法，即组合赋权法，这种赋权法体现了系统分析的思想。目前我国学者已提出一些组合赋权的具体思想和方法，在计算出客观赋权法的指标权重 w_i 及主观赋权法的指标权重 w_k 后，综合权重计算公式如下：

$$\xi_t = \frac{w_i w_k}{\sum_{t=1}^{n} w_i w_k} \tag{6-35}$$

最终可得出智能网联汽车各级指标的综合权重为 $\xi = (\xi_1, \xi_2, \cdots, \xi_n)^T$。

6.3 自动驾驶功能的综合定量评价

6.3.1 定量评价模型

针对确定智能网联汽车自动驾驶功能的综合等级和智能水平的等级，可在构建评价指标体系后采用相应的赋权方法确定指标权重，再结合成本函数法、模糊综合评价法或灰色关联分析法等常用的评价方法，构建一套定量评价模型，从自动驾驶功能水平角度出发，对智能网联汽车的行驶质量进行定量评价。

6.3.1.1 成本函数法

卡内基梅隆大学的学者针对 Boss 在 2007 DARPA 城市挑战赛中只适用于低速、低密度的交通环境的问题，提出了一套结合成本评价的鲁棒性的高速公路自主驾驶技术。借鉴相关文献，在我国智能网联汽车的评价方法中，引入成本函数的方法，对技术指标量化。采用技术指标成本函数为导向的评价方法，必然会促使车辆在技术研发的过程中朝着成本函数最小的方向发展。这样就引导车辆不仅要完成任务，更要高质量地完成任务。从而促进我国智能网联汽车的技术水平提升,进一步提高其自然环境感知与智能行为决策能力,最终达到甚至超过人工驾驶的水平。就智能网联汽车自动驾驶功能水平而言,以"更换车道"技术指标为例,其过程成本需要考虑。过程成本用来描述智能网联汽车如何完成给定任务。通常完成任务所用的时间越长,惩罚越大,成本函数值就越高。对"更换车道"来说,其成本函数可以用更换车道所用的时间 t 和该时间内车辆所行驶的距离 d_{finish} 来表征,如下式:

$$C = t \times d_{finish} \tag{6-36}$$

显然,智能网联汽车评价需要考虑的指标比较多,采用加权平均型算法来保证单指标评价矩阵信息的充分利用,具有较大程度的综合性。因此,提出采用"加权平均型"合成运算,分层计算,对智能网联车辆各模块进行评价;然后再对各层评判结果进行高层次的综合评判,这样逐层综合直至得出总的评判结果。用 A_n 表示 n 个准则层,如静态交通标志识别、曲线行驶、泊车、综合测试等。根据每项测试内容以及车辆的表现(即指标),可计算出 n 个准则层中各自的成本函数,记为 C_n。如有:

$$C_1 = \begin{cases} \sum_{j=1}^{n} c_{1j} \omega_{1j}, & \text{参加本次测试} \\ \beta C_m (\beta > 1), & \text{未参加本次测试} \end{cases} \tag{6-37}$$

其中,C_{1j} 表示根据准则层 A_1 的 n 个测试指标所计算得到的成本值;ω_{1j} 表示根据准则层 A_1 的 n 个测试指标所计算得到的权重值;C_m 表示参加本项测试车辆最大的成本函数值。由于有的车辆未参加本项测试,所以其成本函数在最大值的基础上施加惩罚因子 β。在 n 个测试准则层中没有参加测试车辆的成本函数均要施加惩罚因子 β。这样,通过指标成本函数使评价指标量化,结合量化的权重系数,合成运算后可以求得车辆自动驾驶功能水平在测试中总的成本函数:

$$C = C_1 \omega_1 + C_2 \omega_2 + \cdots + C_n \omega_n \tag{6-38}$$

这种评价方法不仅考虑了完成任务的时间,也考虑了各个模块,甚至细化到各个技术细节(指标)的完成质量。总成本函数值越小,说明在总的技术层面更胜一等,这就引导智能网联汽车朝着"低指标成本"(即高技术)的方向发展。应用主观赋权法确定智能网联汽车自动驾驶功能各级评价指标的权重,充分利用专家的经验和判断,采用相对标度对有形与无形、可定量与不可定量的因素进行统一测度,能把决策过程中定性与定量的因素进行有机结合。成本函数法虽然能够实现对自动驾驶功能水平的定量评价,但是其各个指标的量化是通过成本函数确定的。成本函数的不足之处在于存在很大的人为主观性,不同的人很有可能得到不同的成本函数。该方法多用于各类赛事中车辆进行参赛时的优劣评价。

6.3.1.2 模糊综合评价法

模糊综合评价法根据模糊数学的隶属度理论把定性评价转化为定量评价,能较好地解决模糊的、难以量化的问题,适合解决非确定性问题。

1)智能网联汽车的自动驾驶功能某评价要素中单评价因素模糊综合评价

(1)确定智能网联汽车的自动驾驶功能某评价要素中的评价因素集为:

$$U = \{u_1, u_2, \cdots, u_i, \cdots, u_n\} \tag{6-39}$$

其中,$u_i(i=1,2,\cdots,n)$ 为自动驾驶功能的评价因素;n 是同一层次上单个因素的总数量。这一集合构成了自动驾驶功能评价因素的评价框架。

(2）确定自动驾驶功能评价集为：

$$V = \{v_1, v_2, \cdots, v_m\} \tag{6-40}$$

其中,$v_j(j=1,2,\cdots,m)$ 是自动驾驶功能评价因素在 j 评价等级的评价结果; m 是元素的数量,即等级数。这一集合规定了某一评价因素的评价结果的选择范围,不同的评价因素可以应用相同的评价等级。

(3）给出自动驾驶功能单因素的评判矩阵：即对单个因素 $u_i(i=1,2,\cdots,n)$ 的评判,得到 V 上的模糊集 $(r_{i1}, r_{i2}, \cdots, r_{in})$,其中 r_{i1} 表示 u_i 对 v_1 的隶属度,则评判矩阵为：

$$\boldsymbol{R}_{IJ} = (r_{ij})_{IJ} = \begin{bmatrix} r_{11} & r_{12} & \cdots & r_{1m} \\ r_{21} & r_{22} & \cdots & r_{2m} \\ \vdots & \vdots & \ddots & \vdots \\ r_{n1} & r_{n2} & \cdots & r_{nm} \end{bmatrix}_{IJ} \tag{6-41}$$

矩阵 $\boldsymbol{R}_{IJ}$ 中,第 i 行第 j 列元素 r_{ij} 表示自动驾驶功能评价因素 u_i 具有 v_j 的程度,也就是评价因素 u_i 对 v_j 等级的模糊隶属度,$0 \leqslant r_{ij} \leqslant 1$。若对 v_i 个元素进行综合评价,其结果是一个 v_i 行 m 列的矩阵,称为隶属度评判矩阵。由矩阵中可以看出每一行是对每一个车辆自动驾驶功能单因素的评价结果,整个矩阵包含了按评价集 V 对评价因素集 U 进行评价的全部信息。

(4）确定权重和单因素模糊综合评价模型。由层次分析法得到权重矢量 $\boldsymbol{A}_{IJ}$,它与评判矩阵 $\boldsymbol{R}_{IJ}$ 的合成,可得各因素的模糊综合评价模型：

$$\boldsymbol{B}_{IJ} = \boldsymbol{A}_{IJ}\boldsymbol{R}_{IJ} = (a_1 \ a_2 \ \cdots \ a_n)_{IJ} \begin{bmatrix} r_{11} & r_{12} & \cdots & r_{1m} \\ r_{21} & r_{22} & \cdots & r_{2m} \\ \vdots & \vdots & \ddots & \vdots \\ r_{n1} & r_{n2} & \cdots & r_{nm} \end{bmatrix}_{IJ} = (b_1 \ b_2 \ \cdots \ b_m)_{IJ} \tag{6-42}$$

其中,$a_{iIJ}(i=1,2,\cdots,n)$ 表示自动驾驶功能评价因素 $u_i(i=1,2,\cdots,n)$ 的重要程度,也就是此评价因素的权重,满足 $\sum_{i=1}^{n} a_{iIJ} = 1, 0 \leqslant a_{iIJ} \leqslant 1$。$b_{jIJ} = \sum_{i=1}^{n} a_{iIJ} \cdot r_{ijIG} = 1, j = 1,2,\cdots m$。$b_{jIJ}$ 是自动驾驶功能评价要素中第 j 个评价因素的评价结果集合。

2）智能网联汽车自动驾驶功能模糊综合评判

如果评价对象的有关因素很多,或者某一因素 u_i 又可分为多个等级 $(u_{i1}, u_{i2}, \cdots, u_{ik})$,通常这些等级的划分也具有模糊性,此时须采用二级模糊评价、三级模糊评价等,依此类推,可对事物进行多级模糊评价。

二级模糊综合评价模型为：

$$\boldsymbol{B}_I = \boldsymbol{A}_I \cdot \boldsymbol{R}_I = (b_1 \ b_2 \ \cdots \ b_k \ \cdots \ b_n)_I \tag{6-43}$$

其中,$\boldsymbol{A}_I$ 为自动驾驶功能第 i 个评价要素的等级权重集,$\boldsymbol{A}_I = (a_1 \ a_2 \ \cdots \ a_j \ \cdots \ a_n)$。$\boldsymbol{B}_{IJ}(J=1,2,\cdots,n)$ 为单个评价因素的评价结果集合,将这些集合组合成上一级评价要素的评价矩阵 $\boldsymbol{R}_I$。$\boldsymbol{B}_I$ 为第 i 个评价要素的模糊评价结果。依此类推,可以得到三级模糊综合评价模型：

$$\boldsymbol{B} = \boldsymbol{A} \cdot \boldsymbol{R} = (b_1 \ b_2 \ \cdots \ b_k \ \cdots \ b_n) \tag{6-44}$$

其中,$\boldsymbol{A}$ 为智能网联汽车自动驾驶功能评价方面的等级权重集,$\boldsymbol{A} = (a_1 \ a_2 \ \cdots \ a_i \ \cdots \ a_n)$,其中 $0 < a_i \leqslant 1, \sum_{i=1}^{n} a_i = 1$。

3) 计算综合评价分数

若用一总分数表示智能网联汽车的自动驾驶功能综合评价结果,则根据越大越好的原则,可取评价标准的隶属度集为 $\mu=$(好,较好,一般,较差,差)并附相应分值,令 $\mu=(1.0,0.8,0.6,0.4,0.2)$,则智能网联汽车的自动驾驶功能综合评价得分为:

$$G = 100B\mu = \begin{pmatrix} b_1 & b_2 & \cdots & b_k & \cdots & b_n \end{pmatrix} \quad (6\text{-}45)$$

$$\begin{bmatrix} \mu_1 & \mu_2 & \cdots & \mu_k & \cdots & \mu_n \end{bmatrix}^T \times 100 = \left(\sum_{k=1}^{n} b_k \mu_k\right) \times 100 \quad (6\text{-}46)$$

也可以计算智能网联汽车的自动驾驶功能各评价要素以及各评价方面的评价结果:

$$G_{IJ} = 100B_{IJ}\mu$$
$$G_I = 100B_I\mu \quad (6\text{-}47)$$

6.3.1.3 灰色关联分析法

智能网联汽车自动驾驶功能评价体系中与轨迹无关指标的评价尚缺乏确切标准,是一个灰色系统。将权重赋值法与灰色关联度分析法结合应用,既能评价单个指标,还可以进行综合评价。由此能够得出较为合理的评价结果。具体计算步骤如下。

1) 指标分析

传感器是车辆感知环境的主要途径,传感器安全通过测试传感器的鲁棒性和抗干扰程度来进行评价,如 GPS 欺骗、雷达干扰、超声波干扰陀螺仪等。车辆冗余对车辆的可靠性至关重要,当车辆发生故障时,备用系统可以保证车辆能够继续安全行驶,通过评价智能网联汽车备用运算、制动、转向、电源、碰撞检测及碰撞规划等系统的装载率来评价冗余程度。环境感知的质量影响着决策的正确率,视觉感知通过对交通标志、信号灯、车道线和物体的识别正确率来评价,雷达感知通过感知外界物体的距离、速度等正确率及三维重建的质量来评价,声音感知可通过对交通声音、特殊声音及乘客语音命令的感知正确率来评价。智能网联汽车通过分析感知的环境进行决策,通过判断对超车、换道、转向、停车等决策命令的下达是否正确来进行决策质量评价。交互可以通过人-车、车-车、车-环境的交互程度进行评价。车辆平稳性可通过车辆停车或减速时的制动距离、行驶过程中是否有急加速、急减速及起步过程中是否熄火、顿挫等行为进行评价。邀请专家组以满分10分制根据评价依据首先对以上评价指标运用灰色关联评价法对各智能网联车辆进行指标评分赋值,得到各指标综合评分。再整合 Lyapunov 指数和得分赋值,通过赋值矩阵再次运用灰色关联理论计算智能网联汽车自动驾驶功能整体指标的智能行为得分。

2) 建立参考数列和比较数列

以参赛车辆为例,对于车辆智能行为评价问题,每辆参赛的车辆能够体现智能水平的各个指标就构成了一个比较数列,记作 $C_i(j)$。

其中,$i=1,2,\cdots,n$ 表示参赛智能网联汽车的数量,$j=1,2,\cdots,m$ 表示每辆参赛车中的指标数。

在灰色关联分析法中,参考数列由各指标中的最优值组成。若某一指标取最大表示为最优,则选取所有参赛车辆在该指标项获得分的最大值;若某一指标取最小表示最优,则选取所有参赛车辆在该指标项获得得分的最小值。参考数列记为:

$$C_0(j) = \{C_0(1), C_0(2), \cdots, C_0(m)\} \quad (6\text{-}48)$$

对评价指标进行无量纲化处理:

$$X_i(j) = \frac{C_i(j)}{C_j} \tag{6-49}$$

$$C_j = \frac{1}{n}\sum_{i=1}^{n} C_i(j), j = 1, 2, \cdots, m \tag{6-50}$$

3)计算参考数列的关联系数

关联系数为:

$$\xi_i(j) = \frac{\min_i\min_j |X_0(j) - X_i(j)| + \rho \max_i\max_j |X_0(j) - X_i(j)|}{|X_0(j) - X_i(j)| + \rho \max_i\max_j |X_0(j) - X_i(j)|}, i = 1, 2, \cdots, m \tag{6-51}$$

其中,ρ 为分辨系数,能够使关联系数差异更加明显,取值范围为 0~1,通常取 0.5。

4)计算综合评价的关联度

得到单个指标的关联系数后,可以清晰地看见每个指标的好坏程度。综合各个指标的关联系数可以得到无人驾驶车辆智能行为的总体关联度。用 γ_k 表示关联度,计算过程为:

$$\gamma_k = \sum_{j=1}^{m} \xi_i(j)\omega_j \tag{6-52}$$

其中,ω_j 为所求参赛车辆各指标所占的权重。

通过式(6-53)代入权重系数,就可以计算出全部指标的总体关联度。γ_k 越大,说明相应的参赛车辆智能行为水平越高。得到各个参赛车辆的各个方面关联度 v_i 后,综合各评价方面权重 a_k 计算总分数 G_i 为:

$$G_i = v_i \cdot a_k \tag{6-53}$$

6.3.2 定量评价结果

根据前述评价模型、数据输入、权重设计及评估方法,针对评价对象选用合适的模型,这里以组合赋权法结合模糊综合评价法为例。现以某车队在历年的 i-VISTA 自动驾驶汽车挑战赛记录的数据为例,主要对自动驾驶功能的系统性综合定量评价过程进行阐述。

6.3.2.1 各指标权重确定

1)熵值法指标权重确定

智能网联汽车自动驾驶功能系统性测评体系有 3 个层级,单个指标有 5 种不同状态,那么由公式(6-19)求得各层级指标的熵值,以指标层为例,从上而下,指标信息熵值为:

0.397,0.498,0.311,0.418;0.59,0.498;0.586,0.64;0.379,0.655;0.202,0.472;
0.397,0.379;0.558,0.59,0.431;0.586,0.64,0.311,0.558,0.558,0.586,0.59

再由公式(6-20)求得各层级中各指标的权重值 w_i,即指标层权重为:

0.254,0.211,0.29,0.246;0.449,0.551;0.535,0.465;0.643,0.357;0.602,0.398;
0.493,0.507;0.311,0.288,0.401;0.131,0.114,0.217,0.139,0.139,0.131,0.129

用同样的方法可以求得其他层级的各指标的权重。

2)序关系分析法指标权重确定

通过采用李雅普诺夫指数作为依据,并结合专家经验法对智能网联汽车系统性的指标层建立如下序关系:

$u_{114} > u_{112} > u_{113} > u_{111}; u_{121} > u_{122}; u_{132} > u_{131}; u_{142} > u_{141}; u_{211} > u_{212}; u_{222} > u_{221}; u_{232} > u_{233} >$

$u_{231};u_{247}>u_{246}>u_{243}>u_{245}>u_{244}>u_{241}>u_{242}$

根据理性赋值法可得指标层：

1.2,1.4,1.2;1.2,1.4;1.4,1.2;1.2,1.2,1.4;1.4,1.2,1.2,1.2,1.4,1.2

由式(6-33)和式(6-34)可计算得出各评价指标 w_k 对应的权重值为：0.17,0.285, 0.204,0.341;0.545,0.455;0.417,0.583;0.583,0.417;0.545,0.455,0.455,0.545,0.245, 0.412,0.343;0.079,0.065,0.158,0.11,0.132,0.19,0.266

3) 综合指标权重确定

由指标层各指标已求得的熵值法权重 w_i 和基于序关系分析法求得的权重值 w_k，通过式(6-35)可求得各指标的权重值 ξ_i：

0.175,0.245,0.24,0.34;0.495,0.505;0.451,0.549;0.716,0.284;0.645,0.355; 0.447,0.553;0.229,0.357,0.414;0.07,0.051,0.237,0.106,0.127,0.172,0.237

6.3.2.2 综合定量评价

智能网联汽车自动驾驶功能系统性综合定量评价主要包含了两个评价准则，每个准则中又包含不同的要素，逐层向下，隶属度评价等级集为：$V=\{v_1,v_2,v_3,v_4,v_5\}$。

先从指标层开始逐层向上评价，此处以"路段行驶"要素的指标层为例进行综合计算。

(1) 构建"路段行驶"要素的评价指标集。

$$U_{24}=\{u_{241},u_{242},u_{243},u_{244},u_{245},u_{246},u_{247}\}$$

(2) 构建"路段行驶"要素的评价矩阵 C_{24}。

评价矩阵主要是依据10位专家及专业知识得到，并通过隶属度方法进行表示，即为：

$$C_{24}=\begin{bmatrix} 0.4 & 0.1 & 0.5 & 0 & 0 \\ 0.5 & 0.3 & 0.2 & 0 & 0 \\ 0 & 0.2 & 0.8 & 0 & 0 \\ 0.3 & 0.6 & 0.1 & 0 & 0 \\ 0 & 0.3 & 0.6 & 0.1 & 0 \\ 0 & 0.4 & 0.5 & 0.1 & 0 \\ 0 & 0.2 & 0.6 & 0.2 & 0 \end{bmatrix}$$

(3) 构建"路段行驶"要素的权重矩阵 R_{24}。

$$R_{24}=(0.07\quad 0.051\quad 0.237\quad 0.106\quad 0.127\quad 0.172\quad 0.237)$$

(4) 计算"路段行驶"要素的综合评价结果。

$$E_{24}=(0.0853\quad 0.2876\quad 0.5498\quad 0.0733\quad 0)$$

同样地，可以分别求得要素层中其他要素的综合评价结果：

$$E_{11}=(0.7075\quad 0.226\quad 0.0665\quad 0\quad 0)$$
$$E_{12}=(0.398\quad 0.4525\quad 0.1495\quad 0\quad 0)$$
$$E_{13}=(0.3451\quad 0.5\quad 0.1549\quad 0\quad 0)$$
$$E_{14}=(0.0852\quad 0.4852\quad 0.2864\quad 0.1432\quad 0)$$
$$E_{21}=(0.8645\quad 0.1\quad 0.0355\quad 0\quad 0)$$
$$E_{22}=(0.7447\quad 0.2106\quad 0.0447\quad 0\quad 0)$$
$$E_{23}=(0.0943\quad 0.5586\quad 0.3471\quad 0\quad 0)$$

(5) 计算"控制执行"准则的综合评价结果 E_2。与计算"路段行驶"要素的方法相同，向上计算"控制执行"准则的综合评价结果为：

$$E_2 = (0.3456 \quad 0.4196 \quad 0.1654 \quad 0.0694 \quad 0)$$

(6) 计算车队单因素及综合评价分数。智能网联汽车自动驾驶功能系统性综合定量评价的2个准则：感知性能、控制执行，构成最上层的权重矩阵 R 为：

$$R = (0.459 \quad 0.541)$$

由此可以计算出目标层系统性综合定量评价的综合结果：

$$E = RC = (0.3915 \quad 0.407 \quad 0.164 \quad 0.0375 \quad 0) \tag{6-54}$$

那么可以计算出参赛车队在感知性能、控制执行两个准则的分数为：

$$S_1 = 85.66 \text{；} S_2 = 80.828$$

最终可以得出综合的评价分数：

$$S = 83.046$$

通过分数可以直观看出该车队总体表现较好，感知性能方面的分数较控制执行方面的分数高，这是由计算的权重系数影响的。虽然控制执行方面在加速踏板、制动踏板等执行器上存在响应误差，导致得到的分数不高。

6.4 自动驾驶功能的测试数据自动分析处理与评分

6.4.1 测试数据自动分析处理

6.4.1.1 测试数据管理

针对自动驾驶功能的测试数据需要进一步管理与分析处理的情况，主要对测试项目、测试计划、测试场景、测试用例、测试说明进行信息化管理，包含测试项目、测试计划、测试场景、测试用例、测试说明的录入、存储、查询与管理；测试客户、测试项目与测试计划、测试场景、测试用例、测试说明的关联、调用、展示、测试结果分析等功能。测试场景包含《智能网联汽车道路测试管理规范（试行）》及相关管理规范所要求的测试场景，预留测试项目、测试计划、测试场景、测试用例、测试说明、测试结果分析的自定义功能。

6.4.1.2 测试数据分析处理

针对自动驾驶功能测试过程中的测试数据，需要先对经纬度字段进行处理后再做分析，将采集的坐标信号通过二维转换，使其形成智能网联汽车规划路径轨迹和实际轨迹的二维路径轨迹曲线。

1) 坐标系定义

为了便于下面的分析和讨论，定义了几种常见的坐标系：

(1) 地球的直角坐标系。坐标系统的出发点与地球的中心相重合，地球的中心、赤道和格林威治子午线的交集作为地球 x_e 轴笛卡尔坐标系统，e 表示地球的偏心率，并将地球的北极之间的界线和地球的中心的连线作为 z_e 轴。y_e 轴垂直于由 x_e 轴和 z_e 轴组成的平面，其正方向由右手定则决定。

(2) LLA 大地坐标系。LLA 大地坐标系首先需要以地球质心为几何中心建立一个椭球体,地球的自转轴视为椭球体的短轴,并使该椭球体以其短轴为旋转中心对称旋转,它也是一种基于地球经纬度及高程表示实际物体位置的坐标系。大地经度是实际物体位置点的子午面与本初子午线之间的夹角,大地维度 λ 是过实际物体位置点的基准椭球面法线与赤道面的夹角,大地高度 h 是过实际物体位置点到基准椭球面的法线距离。

(3)地理坐标系。地理坐标系是通过将载体的质心当作坐标系统的起点,以椭球圆的方向为东向,以椭球体的顶点的方向为北向,天空方向则通过右手定则判定,以物体所在地的 X、Y、Z 位置分别为 x_g 轴、y_g 轴、z_g 轴,其中,g 表示椭球的偏心率,也被称作站心坐标系。

2)坐标变换

主要介绍 3 种坐标系之间的转换关系,如图 6-3 所示。

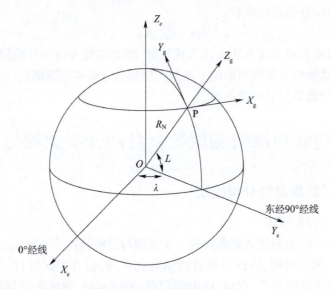

图 6-3　3 种坐标系转换关系示意图

设定 P 点在 LLA 大地坐标系中的位置为 (L,λ,h),同时设定地球笛卡尔坐标系的中的位置是 (x_e,y_e,z_e),则两种坐标系的转换关系可由下式得到。

$$\begin{cases} x_e = (R_N + h)\cos L\cos\lambda \\ y_e = (R_N + h)\cos L\sin\lambda \\ z_e = [R_N(1-e)^2 + h]\sin L \end{cases} \tag{6-55}$$

$$e = \frac{R_e - R_p}{R_e} \tag{6-56}$$

$$R_N = R_e(1 + e\sin^2 L) \tag{6-57}$$

其中,R_N 为椭球曲率半径;R_e 为椭球的长半径;R_p 为椭球的短半径。各自的关系转换式为:

在地球直角坐标系中,汽车的轨迹是由许多空间点相连的空间曲线,在对其轨迹进行分析时,本书选择将车辆的运行轨迹投影至地理坐标系的 $x_g y_g$ 平面上,以车辆实际行车轨迹记

录点为坐标原点,轨迹上各点的转换关系可由下式获得:

$$\begin{cases} \Delta x(yz)_{e1} = x(yz)_{e1} - x(yz)_{e1} \\ \Delta x(yz)_{e2} = x(yz)_{e2} - x(yz)_{e1} \\ \Delta x(yz)_{e3} = x(yz)_{e3} - x(yz)_{e1} \\ \quad\quad\quad\cdots\cdots \\ \Delta x(yz)_{en} = x(yz)_{en} - x(yz)_{e1} \end{cases} \quad (6\text{-}58)$$

然后,以下式的转换关系,将地球直角坐标系中的位置信息转换为地理坐标系中的坐标,展开轨迹分析:

$$\begin{bmatrix} x_g & y_g & z_g \end{bmatrix} = \begin{bmatrix} \Delta x_e & \Delta y_e & \Delta z_e \end{bmatrix} \begin{bmatrix} -\sin\lambda & \cos\lambda & 0 \\ -\sin L\cos\lambda & -\sin L\sin\lambda & \cos L \\ \cos L\cos\lambda & \cos L\sin\lambda & \sin L \end{bmatrix} \quad (6\text{-}59)$$

车辆行驶轨迹可通过二维平面中的地理位置坐标信息量化,以相应的转换关系式将三维坐标驱动路径的转化为二维平面坐标。

3) 数据拟合分析

智能网联汽车的理想轨迹主要通过获取优秀驾驶人的人工驾驶轨迹,对轨迹进行曲线拟合,保证轨迹的平顺性,使得该轨迹能与智能网联汽车的实际行驶轨迹数据进行直接偏差计算。目前用于曲线拟合的方法主要有 4 种:羊角螺旋线(Clothoid Curves)、贝塞尔曲线(Bézier Curves)、三次样条插值法和多项式曲线(Polynomial Curves)。羊角螺旋线非常平滑,但计算相对困难,公式较复杂,多项式曲线用不同阶次的多项式逼近设定的目标值曲线,且随着阶数的增加,目标曲线的误差减小,但随着阶次的进一步增加,过拟合也越来越严重。这里主要介绍常用的贝塞尔曲线和三次样条插值法。

(1) 贝塞尔曲线。

贝塞尔曲线是沿着平面上两个或两个以上的已知点绘制的曲线。曲线的形状可以通过控制点的数量和控制点的坐标来调整。贝塞尔曲线边界具有坐标和方向角计算简单快速的特点,根据方程的最高阶分为线性、二阶、三阶及高阶贝塞尔曲线。本文选取了 3 个控制点的贝塞尔曲线。目标模型通过前后车之间的距离、车辆加速度以及超车时两车的速度来确定 3 个控制点的坐标,从而确定了轨迹形状。另外,整个过程中车辆的坐标由仿真平台的系统刷新来确定。已知 3 个点 $p_0(x_0, y_0), p_1(x_1, y_1), p_2(x_2, y_2)$ 时,贝塞尔曲线如下:

$$\begin{cases} B(t) = (1-t)2p_0 + 2t(1-t)P_1 + t^2 P_2, t \in [0,1] \\ x' = C_2^0(1-t)2x_0 + C_2^1 t(1-t)x_1 + C_2^2 t^2 x^2, t \in [0,1] \\ y' = C_2^0(1-t)2y_0 + C_2^1 t(1-t)y_1 + C_2^2 t^2 y_2, t \in [0,1] \end{cases} \quad (6\text{-}60)$$

(2) 三次样条插值法。

在连续区间段 $[a,b]$ 上设定一个节点划分 $a = x_0 < x_1 < \cdots < x_{n-1} < x_n = b$。当存在分段函数 $s(x)$ 符合如下约束条件时:①在连续区间段 $[a,b]$ 内存在一阶、二阶连续倒数;②分段函数在子集区间 $[x_i, x_{i+1}]$ 上均为多项式,且其阶次不大于试验设定的三次。则表示分段函数 $s(x)$ 为该连续区间段内的三次样条函数,且要使得 $s(x)$ 表示三次样条插值函数,仍需满足如下的插值条件:

$$\begin{cases} s(x_i-0)=s(x_i+0) \\ s'(x_i-0)=s'(x_i+0) \\ s''(x_i-0)=s''(x_i+0) \\ s'''(x_i-0)=s'''(x_i+0) \end{cases} \tag{6-61}$$

在上式中，$i=1,2,\cdots,n-1$，是三次样条函数需要满足的连续条件。三次样条插值函数是基于分段低阶插值的思想进行数据插值的。因为插补次数少，待定系数容易求解，插补速度快，分段插值还可以有效地避免 Runge 现象，并能很好地描述大部分平滑曲线，因此广泛地应用于工程中。

$s(x)$ 表示每个子区间内不大于三次的插值多项式，即连续的插值子区间内具备 4 个未知参数，假设子区间个数是 n，则未知参数总数即为 $4n$。由上面公式可知，三次样条插值函数共需要 $4n-2$ 个插值和样条条件，即可设定添加两个已知条件进行求解。

端点约束通常用于添加已知条件，即边界条件。根据边界条件的不同，三次样条函数可以被分为以下 4 类。

(1) 固支样条：已知首末端点一阶的导数是固支样条的边界条件，即：

$$\begin{cases} s'(x_0)=m_0=f'(x_0) \\ s'(x_n)=m_n=f'(x_n) \end{cases} \tag{6-62}$$

(2) 曲率调整样条：其边界条件为首末端点的二阶的导数，即：

$$\begin{cases} s''(x_0)=m_0=f''(x_0) \\ s''(x_n)=m_n=f''(x_n) \end{cases} \tag{6-63}$$

其特殊情况是区间端点处的二阶连续导数恒为零，即：

$$\begin{cases} s''(x_0)=0 \\ s''(x_n)=0 \end{cases} \tag{6-64}$$

(3) 周期样条函数：函数及其导数主要以设定区间端点长度为周期，即：

$$\begin{cases} s(x_0-0)=s(x_n-0) \\ s'(x_0-0)=s'(x_n-0) \\ s''(x_0-0)=s''(x_n-0) \end{cases} \tag{6-65}$$

(4) 非扭结样条函数：其边界条件要求样条在开始与结束两个子区间三阶导数相同，即：

$$\begin{cases} s'''_0(x)=s'''_1(x) \\ s'''_{n-2}(x)=s'''_{n-1}(x) \end{cases} \tag{6-66}$$

将理想驾驶轨迹与智能网联汽车的实际行驶轨迹数据进行曲线拟合后得到的轨迹，直接做偏差计算以分析横向误差，进而评价车辆横向控制品质。

6.4.2 自动测评分析系统

自动测评分析系统支持云化管理，包括在云平台上实现对虚拟交通事件、交通状况的灵活编辑与模拟命令生成，并远程通过 RSU(Road Side Unit,路侧单元)下发到 OBU(On Board Unit,车载单元)；通过云平台能对交通信号灯、可变信息标志、可变交通标识等交通设备的状态进行远程编辑和实时变更;能够将解析数据与标准、车辆数据、环境数据进行比对,统计计算 V2X 交互的数据更新频率、通信延迟、车端发送数据的精度与正确性等;实现测试数据自动采集、自动比对标准要求,自动判断测试结果,云平台审核确认测试数据,由专家出具评审意见,然后将评审意见录入云平台,并将原件扫描传入平台,再实现在线查询和打印报告等功能。

如图 6-4、图 6-5 及图 6-6 所示,通过自动测评系统实时显示智能网联汽车测试过程中的行驶轨迹以及数据上传后的场景化自动误差分析,对于转弯、环道、换道等典型场景进行测试路段标记,针对这些可进行轨迹分析的相关场景做误差分析并自动保存分析结果;将分析结果用于量化分析自动驾驶功能水平的评价指标,提供可视化界面给测试人员,对车辆在各场景下的测试表现进行打分,通过前文所确定的定量测评模型最终给出各场景的分数和总体评价。

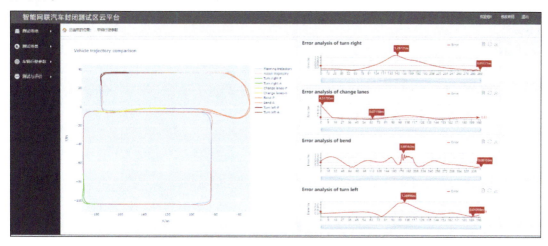

图 6-4　测试数据自动分析

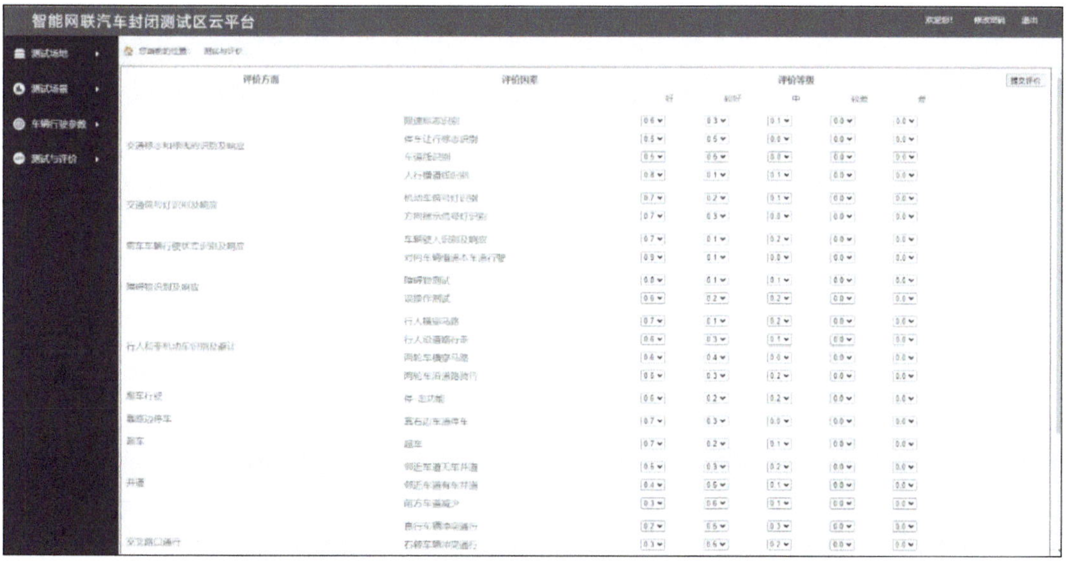

图 6-5　专家录入评审分数

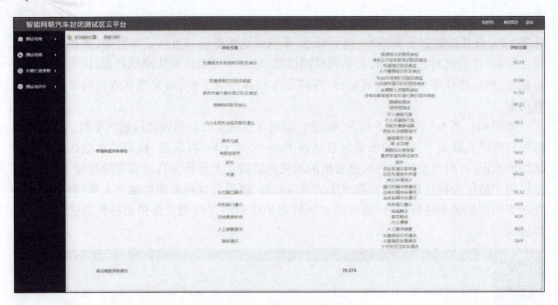

图 6-6　各场景测评结果

第 7 章
智能网联汽车测试与评价发展方向

　　智能网联汽车经测试合格的,依照相关法律规定准予生产、进口、销售,需要上道路通行的,应当申领机动车号牌。发生道路交通安全违法行为或者交通事故的,应当依法确定驾驶人、自动驾驶系统开发单位的责任,并依照有关法律、法规确定损害赔偿责任。构成犯罪的,依法追究刑事责任。其中,智能网联汽车生产企业应满足企业安全保障能力要求,针对车辆的软件升级、网络安全、数据安全等建立管理制度和保障机制,建立健全企业安全监测服务平台,保证产品质量和生产一致性。智能网联汽车产品应满足功能安全、预期功能安全和网络安全等过程保障要求,以及模拟仿真、封闭场地、实际道路、网络安全、软件升级和数据存储等测试要求,避免车辆在设计运行条件内发生可预见且可预防的安全事故。

7.1 自动驾驶汽车安全事故分析

　　自动驾驶汽车发展首要任务是减少交通伤亡,提高道路交通安全。需要正视的是,自动驾驶不等于 0 事故,在人类驾驶汽车与自动驾驶汽车混行的很长时间里,交通事故依然是无法杜绝的。根据中国交通事故深度调查(China In-Depth Accident Study,CIDAS)中筛选出 2011 年至 2021 年因乘用车导致的 6967 场事故,发现约 81.5% 的乘用车事故是由驾驶人人为因素导致。其中约 79.9% 是由于驾驶人主观错误导致事故发生,约 20.1% 是由于驾驶人能力受限导致事故发生。自动驾驶的感知系统安全优势能够极大减少人类驾驶的主观错误,即人类驾驶 80% 的事故或能够得到有效的避免,交通安全将得到较大提升。除此之外,自动驾驶可通过多传感器融合、车路协同等技术,提前感知潜在风险,及时采取相应对策,缓解事故伤亡情况,减少二次事故的碰撞风险。

　　虽然市面上没有任何一款车能杜绝事故的发生,但自动驾驶汽车中的科学技术能够显著地降低事故发生的可能性和风险。2020 年 10 月 Waymo 发布《Waymo 公共道路安全性能数据》白皮书,如图 7-1 所示,首次对自动驾驶汽车遇到的碰撞事故进行了公开探讨。该报告显示,在约 610 万 mile(约合 981 万 km) 真实道路行驶过程中,Waymo 无人车一共发生 18 起碰撞或轻微接触事故。虽然仍有事故发生,但 Waymo 无人车整体碰撞事故率已经比较低了。更值得关注的是报告中对 47 起碰撞事故(18 起真实事故和 29 起模拟环境下的碰撞事故)原因进行了分析,其中 8 起伤害程度最严重的碰撞事故中,其他道路交通参与者不合规行为是事故发生的主要原因。相较之下,自动驾驶汽车严格遵守交规、发生事故时往往会执行减速、制动等规避动作,反而表现出了更高的安全性。虽然 Waymo 报告中数据样本量有限,且并非是针对所有道路交通事故的研究,但通过这一具有典型性分析,我们还是可以看到,自动驾驶汽车交通安全性远高于人类驾驶人。

序号	事件类型	碰撞方式(其他车辆:非 Waymo 车辆)	按 ISO 26262 严重性分类的 Waymo 涉及的碰撞相关事件真实和模拟事件数据(总计以粗体显示)					人为事故统计(非 Waymo 数据)	
			S0	S1(没有安全气囊展开)	S1(所有车辆安全气囊展开)	S2	S3	美国碰撞百分比	美国(亚利桑那州马里科帕县)致命碰撞百分比
1	单车事件	道路偏离,固定物体,侧翻	0	0	0	0	0	20%	27%(21%)
2		撞到行人/骑自行车者	0	0	0	0	0	2%	33%(41%)
3		被行人/骑自行车者撞击	1(真实) 2(模拟)	0	0	0	0	<0.5%	1%(1%)
4		倒车	1(真实) 1(模拟)	0	0	0	0	1%	<0.1%
5		其他车辆倒车,Waymo 直行	1(真实) 1(模拟)	0	0	0	0		
6		Waymo 倒车,其他车辆直行	0	0	0	0	0		
7		侧滑(同一方向)	1(真实) 8(模拟)	1(模拟)	0	0	0	11%	1%(1%)
8		其他车辆变道,Waymo 直行	1(真实) 7(模拟)	0	0	0	0		
9		Waymo 变道,其他车辆直行	1(模拟)	1(模拟)	0	0	0		
10		正面+反向侧滑	0	0	1(模拟)	0	0	5%	9%(7%)
11		后端	11(真实) 1(模拟)	1(真实) 1(模拟)	2(真实)	0	0	34%	5%(5%)
12	多车事件	其他车辆碰撞,Waymo 被撞(停车)	8(真实)	0	0	0	0		
13		其他车辆碰撞,Waymo 被撞(慢行)	2(真实)	1(真实)	1(真实)	0	0		
14		其他车辆碰撞,Waymo 被撞(减速)	1(真实)	1(模拟)	1(真实)+	0	0		
15		Waymo 碰撞,其他车辆被撞(停车)	0	0	0	0	0		
16		Waymo 碰撞,其他车辆被撞(慢行)	0	0	0	0	0		
17		Waymo 碰撞,其他车辆被撞(减速)	1(模拟)	0	0	0	0		
18		倾斜	4(模拟)	6(模拟)	1(真实) 4(模拟)	0	0	27%	24%(24%)
19		同一方向,其他车辆转弯穿过,Waymo 直行	0	2(模拟)	0	0	0		
20		同一方向,其他车辆转弯进入,Waymo 直行	0	0	2(模拟)	0	0		
21		反方向,其他车辆转弯穿过,Waymo 直行	0	0	0	0	0		
22		反方向,其他车辆转弯进入,Waymo 直行	0	0	0	0	0		
23		笔直交叉路径	0	1(模拟)	1(真实)	0	0		
24		同一方向,Waymo 转弯穿过,其他车辆直行	1(模拟)	3(模拟)	0	0	0		
25		同一方向,Waymo 转弯进入,其他车辆直行	0	0	0	0	0		
26		反方向,Waymo 转弯穿过,其他车辆直行	0	0	0	0	0		
27		反方向,Waymo 转弯进入,其他车辆直行	0	0	0	0	0		
28		总计	14(真实) 16(模拟)	1(真实) 8(模拟)	3(真实) 5(模拟)	0	0	100%	100%(100%)

图 7-1 Waymo 无人车事故分类(最右边的人为事故统计是来自 NHTSA 涉及 1 类车辆的碰撞数据库,而非 Waymo 数据)

在面对驾驶人主观错误导致的事故致因中,因自动驾驶汽车不会有疲劳和情绪影响,完善的决策规划能确保车辆按照交规行驶。此时,驾驶人主观错误中未按规定让行、速度过快、车道违规使用、酒驾、违反交通信号灯和疲劳驾驶等现象几乎可以完全得到解决,相当于在自动驾驶汽车正常行驶时能够完全减少人类驾驶主观错误,即人类驾驶 80% 的事故致因能够得到有效避免,交通安全得到较大提升。

在面对驾驶人能力受限导致事故致因中,自动驾驶汽车能够通过车路协同技术对周围环境进行全视角感知,面对危险场景时能够快速做出反应进行避撞控制,在多种传感器融合下对周围环境信息实时动态获取和识别,这些信息包括但不限于自车的状态、交通流信息、道路状况、交通标志等,此时,人类驾驶能力受限事故致因中驾驶熟练度低和其他错误驾驶行为能够得到解决。图 7-2 为 CIDAS 数据库中车辆碰撞前 1.0s 时刻,探测范围为 30°、45° 和 60° 的行人重心分布。先进的自动驾驶感知功能相较于人类驾驶汽车能力受限问题能够提前发现 90% 以上的事故案例。因此,自动驾驶汽车能够最大限度观察到其他交通参与者,合理地与其他机动车辆保持安全距离。此时,人类驾驶能力受限事故致因中未留意其他交通参与者和没有保持安全距离能够得到有效改善。

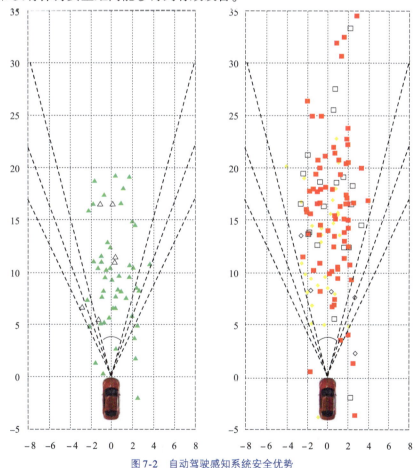

图 7-2 自动驾驶感知系统安全优势

在面对机动车和外部环境的事故致因中,因自动驾驶汽车在上路前需经历充分的虚拟验证测试和真实道路测试经验,自动驾驶汽车能够针对雨雪等极端特殊工况保证稳定感知,此时,机动车和环境因素事故致因中天气、视线、道路状况和障碍物影响等能够得到有效应对。在自动驾驶汽车和人类驾驶汽车混合交通流环境中,自动驾驶汽车并不能规范其他交通参与者的驾驶行为,不能完全避免由其他交通参与者造成的事故,但自动驾驶汽车能够对风险和危险进行提前感知和预判,此时,自动驾驶汽车能够有效减轻事故带来的伤亡情况,并且能够减少二次事故的碰撞风险。

7.1.1 自动驾驶汽车真实事故案例

自动驾驶汽车凭借自身感知、决策和执行系统优势能够较好地解决传统汽车驾驶人主观错误和自身能力问题。然而面对因车或外部环境因素导致的不可避免情况,自动驾驶汽车也会发生事故。近期自动驾驶汽车事故案例主要表现在以下几个方面。

7.1.1.1 自动驾驶汽车对复杂和突发危险场景未能有效处理

1) 无人配送车与机动车事故

据媒体报道,2021年10月9日,某无人配送车自西向东在辅路的非机动车道上行驶,与一辆自南向东右转进入主路的人工驾驶小型轿车发生碰撞事故,双方车辆受损,未导致人员受伤。事故发生后,交警判定无人配送车为微型客车,因未在机动车道行驶承担全责。无人配送车方面表示事故并非技术原因导致,事发前无人配送车的传感器已发现人工驾驶车辆,因该车行驶速度很慢系统判定无碰撞风险,所以继续行驶,但人工驾驶车辆未发现无人车突然加速行驶,虽然无人车紧急向北进行了一定角度的避让且无人车与现场安全员同时采取了紧急制动停止,但由于两辆车相对速度较快,两车发生了碰撞事故,碰撞场景如图7-3所示。

2) 全球首例智能网联汽车致人死亡事故

据媒体报道,2018年一辆无人车与一名推着自行车横穿道路(没有斑马线)的行人相撞,造成行人死亡。事故前5.6s时,无人车已经检测到行人,但它未准确地将她归类为行人并预测她的路径,当无人车即将发生碰撞时,该情况已经超出了无人车制动系统的响应范围,需要安全员进行接管,然而此时车内安全员正在低头观看屏幕,错失了最后的避险时机,导致了事故的发生,碰撞场景如图7-4所示。

图7-3 无人配送车与机动车事故

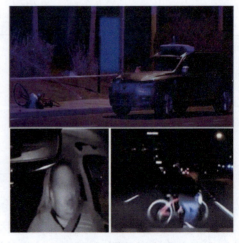

图7-4 无人车与二轮车事故

3) 无人车全无人驾驶事故

据报道,2021年一辆无人车在全无人自动驾驶模式下,右转进入道路,随后该无人车向左变道,此时和道路中间隔离带及其交通标志发生碰撞。无人车前部中度受损,该交通事故无人员受伤,也不涉及其他车辆。事故地点如图7-5所示。

a) 事故地点

b) 损伤情况

图7-5 无人车事故

7.1.1.2 其他交通参与者危险驾驶引起的自动驾驶事故案例

1) 无人车与社会车辆碰撞事故

据报道,2021年在某开放道路测试过程中,曾发生一起无人驾驶测试汽车由于安全员接管不当导致的车辆碰撞。事发时,测试车辆左转通过交叉路口,对向社会车辆直行闯红灯,进入路口后社会车辆前部碰撞无人驾驶测试车辆右侧前部。事故过程分析如图7-6和图7-7所示,测试车辆进入路口时,社会车辆通行方向信号灯状态为红灯,测试车辆具有优先通行路权。

图7-6 测试车辆左转通过交叉路口前

图 7-7 社会车辆直行通过交叉路口前的信号灯状态

无人驾驶测试车辆在自动驾驶模式下左转进入路口(见图 7-8),行驶至路口中间位置时,感知到对向车道内有社会车辆处于运动状态,并根据预测出的行驶轨迹预判其有闯红灯的安全风险,从安全角度考虑,自动驾驶系统采取制动措施提前避让违规通行的社会车辆(见图 7-9)。

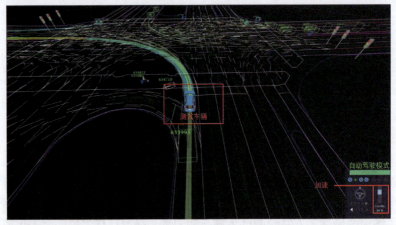

图 7-8 测试车辆起步

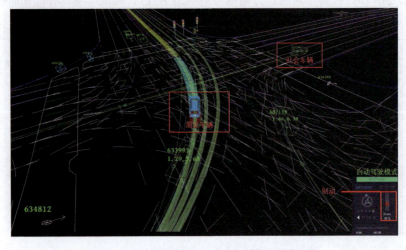

图 7-9 测试车辆感知到社会车辆后做出制动决策

但同时,测试车上的安全员也看到有社会车辆闯红灯朝向测试车驶来,出于驾驶本能,通过踩踏加速踏板的方式进行人工接管(见图7-10),指挥测试车辆在人工驾驶模式下加速行驶,最终被社会车辆碰撞(见图7-11)。

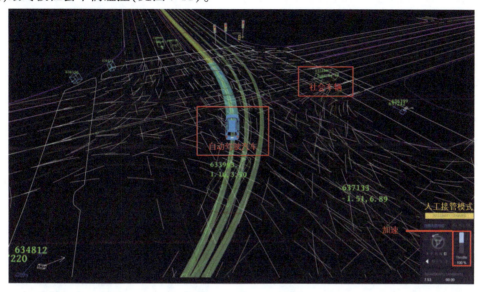

图7-10　安全员人工接管

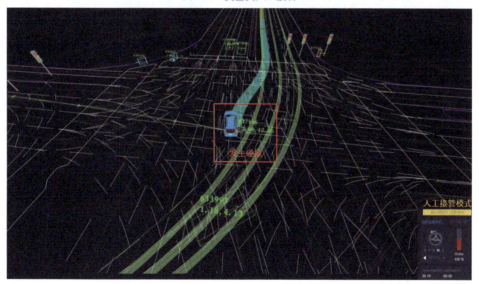

图7-11　两车发生碰撞

案例总结:在上述道路交通事故场景中,针对违法行驶的社会车辆,自动驾驶系统和人类驾驶做出了完全相反的应对措施,其原因在于人类驾驶对周边环境感知范围有限,且更倾向于完成自我通行目标;而自动驾驶系统因拥有更大环境感知范围和更科学的预测规划,兼顾了通行目标和通行安全。这一优势在通行场景中体现得更为明显,自动驾驶系统和人类驾驶感知能力出现了"是与否"的区别。传统道路交通事故大多是由人类驾驶员疲劳驾驶和不遵守交通规则导致,而与传统人类驾驶不同,搭载自动驾驶系统的车辆拥有可持续、可预测以及反应迅速等优势，行驶表现优于人类驾驶。依靠自动驾驶系统预先感知能力，智能网联汽车还可提前识别出各个交通参与者的潜在危险，从而更好地进行应对。如果这辆L4级自动驾驶测试车辆安全员不进行基于自身经验的人工接管，完全由自动驾驶系统控制，这起碰撞事件完全可以避免发生。

2）无人驾驶车被其他社会车辆追尾事故

据媒体报道，2018年，一辆自西向东行驶的人类驾驶汽车为了躲避一辆向北行驶的汽车，突然连续变道至对向车道，撞击正在路测的无人驾驶汽车，导致车内测试员受轻伤。警方判断事故责任不在无人车。尽管无人车处于自动驾驶模式，但事发突然未能有足够时间避免交通事故发生，碰撞场景如图7-12所示。

3）自动驾驶公共汽车与半挂货车事故

据媒体报道，2017年，一辆全自动驾驶公共汽车与一辆半挂货车相撞。半挂货车驾驶人正在倒车进入一条小巷，全自动驾驶公共汽车在检测到前方半挂货车后放慢了行驶速度，并使车辆停下。而此时半挂货车继续缓慢倒车，因两车距离过近，自动驾驶公共汽车被缓慢倒车的半挂货车右前轮胎撞击，造成轻微损坏，未造成人员伤亡，碰撞场景如图7-13所示。

图7-12　无人驾驶车被其他社会车辆追尾事故

图7-13　自动驾驶公共汽车与半挂货车事故

4）无人驾驶车被其他社会车辆碰撞事故

据媒体报道，2017年，在一处十字路口处，由北向南行驶的无人驾驶车与一辆东向西行驶试图左拐的普通汽车发生了碰撞。无人驾驶车发生侧翻，另一部车严重受损，事故未造成人员伤亡。警方表示，事故是由普通汽车驾驶人并未让行直行的无人驾驶车所致，碰撞场景如图7-14所示。

7.1.1.3　辅助驾驶汽车事故案例

1）辅助驾驶汽车追尾事故一

据媒体报道，2021年，一辆辅助驾驶电动汽

图7-14　无人驾驶车被其他普通车辆碰撞事故

车追尾碰撞前方载物平板货车，造成电动汽车驾驶人受伤，两车不同程度损坏。根据驾驶人方面描述，事发时开启了自动导航辅助驾驶（Navigation Guided Pilot，NGP），但车辆未进行减速，驾驶人介入制动时已来不及避免追尾事故发生，碰撞场景如图7-15所示。

图 7-15　辅助驾驶汽车追尾事故

2）辅助驾驶汽车追尾事故二

据媒体报道，2021 年，一辆辅助驾驶电动汽车追尾碰撞前方同车道正在施工作业的轻型普通货车后侧翻，造成辅助驾驶电动汽车驾驶人当场死亡，货车乘车人受伤。根据电动汽车方面证言及其提供的驾驶数据，事发时该车启用了 NOP 领航状态（自动辅助驾驶），未能识别本车道内前方车辆，车辆未进行紧急制动减速，碰撞场景如图 7-16 所示。

3）辅助驾驶汽车与道路清扫车事故

据媒体报道，2016 年，一辆电动汽车直接撞上一辆正在作业的道路清扫车，发生追尾事故，造成电动汽车驾驶人当场死亡。事发时，电动汽车处于开启自动辅助驾驶状态，未能识别躲闪道路前方清扫车，涉事驾驶人也未及时采取制动和避让措施，导致了事故发生。交警部门认定电动汽车驾驶人负事故主要责任，碰撞场景如图 7-17 所示。

图 7-16　辅助驾驶汽车追尾事故

图 7-17　辅助驾驶汽车与道路清扫车碰撞事故

以上案例中,自动驾驶汽车在面对"未见过"复杂驾驶情景时或无法正确对周边事物进行有效分类,其仍存在处理能力不足问题。当自动驾驶汽车无法对复杂场景进行有效处理时,事故主要致因为安全员未能进行及时接管或安全员错误操作错失了最后的避险时机。在其他交通参与者危险驾驶引起的自动驾驶事故案例中,自动驾驶汽车并不能够规范其他社会车辆驾驶行为,在面对其他社会车辆违规行驶时,自动驾驶汽车并不能有效地进行躲避,多发于其他社会车辆对自动驾驶汽车发生的追尾事故和侧面剐蹭。在目前道路环境中行驶最多的辅助驾驶汽车案例中,主要致因为安全员过于相信辅助驾驶技术,没有对自动驾驶汽车进行有效监管,在事故发生前并没有做出相应的安全反应。

7.1.2 自动驾驶汽车事故致因分析

美国加利福尼亚州早在 2012 年 9 月就允许在公共道路上测试真正的自动驾驶汽车。从 2014 年 9 月加州政府要求每一辆自动驾驶汽车必须首先获得 DMV(美国车辆管理局)的授权才能上路行驶至 2021 年底,DMV 详细记录了不同厂商自动驾驶汽车真实道路测试事故案例 395 起。其中,2019 年进行道路测试的自动驾驶汽车公司有 28 家,真实道路测试总里程数约为 285 万 mile(285 万英里,约为 458 万 km),发生安全员接管次数为 8883 次,发生事故次数为 105 起。因受疫情影响,2020 年进行道路测试汽车公司有 25 个,真实道路测试总里程数约为 195 万 mile(195 万英里,约为 313 万 km),发生脱离次数为 3695 次,发生事故次数为 44 起。2021 年进行道路测试公司汽车有 26 个,累计自动驾驶里程超 400 万 mile(英里),发生脱离次数为 2666 次,发生事故次数为 117 起。据统计,在所记录真实事故案例中,自动驾驶汽车事故主要由其他道路交通使用者所致,占比为 84%,因自动驾驶汽车自身原因所致事故占比为 16%。在自动驾驶汽车事故地点和碰撞点位中,事故主要致因表现为其他道路交通参与者对自动驾驶汽车侧面剐蹭和追尾,占比高达 81.2%,因其他道路交通参与者追尾导致事故占比接近 70%。在追尾事故中,主要为自动驾驶汽车在交叉路口(无信号灯)处和信号灯处保持正确礼让时,其他道路交通参与者未能保持相应安全距离而发生碰撞。在侧面剐蹭事故中,主要为其他道路交通参与者占用自动驾驶车道进行对向超车或强制变道。因其他道路交通参与者导致的追尾和侧面剐蹭事故,致因主要包含以下几点:

(1)在其他道路交通使用者所致事故中,追尾自动驾驶汽车占比最高,其中主要包含其他机动车辆试图对自动驾驶汽车强行变道超车时或当自动驾驶汽车在交叉路口附近进行减速礼让时,其他机动车辆对自动驾驶汽车发生的追尾事故。

(2)其次是因其他机动车辆驾驶不规范,如逆行、随意变道等违反交通规则行为,与自动驾驶汽车发生剐蹭事故。

(3)在红绿灯等交叉路口前,因非机动车或行人违反信号灯控制等导致的侧面碰撞自动驾驶汽车事故。

自动驾驶汽车因自身问题主动碰撞其他道路交通参与者占比为 18.8%,其事故致因主要包含以下几点:

(1)在自动驾驶汽车本身原因所致事故中,自动驾驶汽车主动碰撞静止物占比最高,其中主要包含因躲避其他车辆不良驾驶行为与路边停放车辆碰撞,因自身车道偏离导致的单车碰撞等。

(2)其次,前车突然急减速或在未使用相应指示灯(如未使用转向灯等)情况下,强制加塞至自动驾驶汽车行驶道路等,自动驾驶汽车难以对该社会车辆形态(如特种车辆等)及不良驾驶行为进行有效分类和识别,从而发生剐蹭事故。

(3)当自动驾驶汽车感觉到前方危险时(如雨天等道路湿滑情况),脱离自动驾驶转为安全员手动驾驶过程中,因安全员未能及时反应导致的事故。

为了鼓励自动驾驶汽车发展,促进自动驾驶汽车安全性,国内也对自动驾驶汽车进行了真实道路测试试验。截至2021年底,北京市累计开放北京经济技术开发区、海淀区、顺义区、房山区、通州区、大兴区6个区278条1027.88km自动驾驶道路,测试道路长度较2020年底(4区200条699.58km)增加46.9%,智能网联汽车道路测试安全行驶里程累计已超过3911694km,载人测试里程累计超过251万km,参与载人试运营测试的志愿者超过30万人次。其中,开放3个区(北京经济技术开发区、海淀区、顺义区)82条423.26km无人化专项技术测试道路;开放2个区(海淀区、顺义区)31条190.92km特殊天气(夜间、雨天、雾天、雪天)测试道路。有16家测试主体(含8家互联网测试主体,7家主机厂,1家地图厂商)共计170辆车,参与北京市智能网联汽车通用技术测试。有1家厂商10辆车进入无人化测试第2阶段,主驾和车内其他驾驶位接管率为0。有124辆车开展了载人测试,有43辆车获得夜间测试通知书。自动驾驶载人测试道路里程251万km,超过30万人次参与载人试运营测试,服务模式已经初见端倪。其中部分企业已开始在全国多个城市复制部署服务,技术与模式的可复制性与可迁移性也将逐步得到验证。备案7起道路测试交通事故。从事故原因来看,有4起为安全员不规范操作造成,3起为社会车辆违反交通规则造成。

在2021年《北京市智能网联汽车道路测试报告》中,自动驾驶关键脱离原因更加集中,由于系统异常、定位异常等造成的脱离逐渐减少。关键脱离超过8成发生在北京经济技术开发区,其余分布在海淀区、顺义区、通州区等测试区域,关键脱离情况与各区道路测试开展情况基本匹配。从关键脱离地点的分布来看,易发生关键脱离的地点主要包括交通流量较大的无左转信号灯路口,以及双向两车道的机非混行道路等,即路权模糊的区域更易引发关键脱离。

从关键脱离发生场景来看,2021年自动驾驶关键脱离主要集中在变道(57%)、路口通行(24%)、直行(15%)3大类场景。与2020年关键脱离场景相比,直行(2020年占比47%)、路口通行(2020年占比42%)的占比下降,但变道类场景占比大幅度提升。变道脱离场景中,超过八成是由于违停车辆占用车道及施工作业区占用车道造成。不违反交通法规是智能网联汽车的设计原则之一,但违停车辆占用车道及道路临时施工使道路环境临时发生变化,造成了自动驾驶由于没有合规的通行路线而请求人类接管。人类在此类场景中通常会临时越过交通规则约束,如跨实线变道、在直行车道右转等,在违反交通规则的同时默认一旦发生风险需要承担相关的法律责任这一事实。智能网联汽车目前的设计原则决定了其不可能像人类一样违反交通规则,但根据目前的数据来看,上述此类问题是影响未来智能网联汽车智能性及用户体验的一大因素;解决这类问题,需要从路权划分清晰化、道路管理规范化、自动驾驶设计原则、法律法规豁免、责任认定等多角度出发。

直行场景脱离多为邻车道车辆切入造成。一方面,智能网联汽车需要加强对高风险场景的感知预测能力,提高行驶安全性;另一方面,部分人类驾驶人的激进行为也对自动驾驶车辆道路测试造成一定的困扰。

典型的路口博弈有自动驾驶测试车辆直行或右转,社会车辆左转;社会车辆直行或右转,自动驾驶测试车辆左转。在人类博弈过程中,决策判断不仅仅依据驾驶行为上的细微速度变化,还包含驾驶员的眼神、头部动作、手势等肢体行为。这些,需要智能网联汽车积累大量的博弈数据,也需要人类驾驶员更为规范地驾驶车辆行驶。仿真系统较难模拟出具有真实感的博弈场景,社会车辆或行人的行为按照"剧本",机械化地沿固定的路线和行驶参数运动或与自动驾驶测试车辆交互。而在实际道路环境中,驾驶人或行人的行为总是与智能网联汽车本身的行为息息相关的,双方在接近的过程中,基于目标车辆的行为,实时调整自身的位置和运动状态,为自身在交通参与中争取最大的收益。

因此,交通目标占用车道、道路施工、路口博弈、交通目标变道切入是关键脱离的主要成因。其中交通目标占用车道与道路施工是前文提到的变道脱离场景的主要原因,而路口博弈和目标切入车道是造成自动驾驶关键脱离的重要因素。

从关键脱离目标分类来看,2021 年关键脱离数据显示,小型客车仍是造成关键脱离的主要交通参与者,其次为中大型货车、特种车辆(施工作业车等)、行人。在交通设施类型方面,锥桶为测试车辆发生脱离时出现频次最多的交通设施,自动驾驶系统仍需加强对锥桶类目标的感知和认知学习,尤其是对多个或多类交通设施组合场景的处置能力。

为了更好地支持行业技术快速发展,支撑北京市自动驾驶道路测试服务水平提升,有效降低企业负担,在北京市自动驾驶测试管理联席工作小组的支持和指导下,北京智能车联对"北京市智能网联汽车道路测试管理与服务平台"进行了持续的升级和功能拓展,实现了自动驾驶测试数据采集由实体装置向车云对接的重大转变,如图 7-18 所示。截至 2021 年底,平台共发现道路测试隐患 816 次,告知纠正测试问题 518 次,其他问题在管理系统警告后自动纠正,下发整改类通知 10 次,道路巡检(对开放道路标志标线等进行定期检查)约 10 万 km,有力地保障自动驾驶道路测试工作安全有序推进。

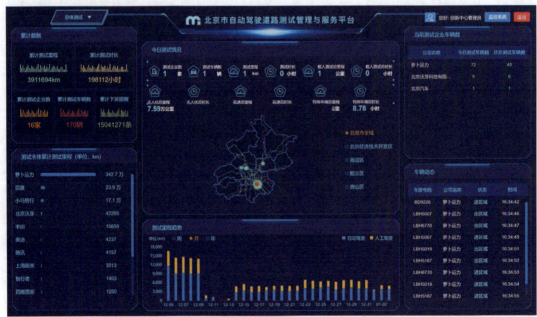

图 7-18　北京市智能网联汽车道路测试管理与服务平台

7.1.3 自动驾驶汽车现存风险与未来优势

交通环境是动态可变的,在如今自动驾驶汽车与人类驾驶汽车共存的交通环境中,自动驾驶汽车仍然会存在对复杂场景处理不足现象,其中安全员接管问题和操作员对自动驾驶或辅助驾驶技术过于信任而未能有效监管等问题,是影响目前自动驾驶汽车自身安全行驶的最大弊端。根据美国 DMV 和《北京市智能网联汽车道路测试报告》所披露的自动驾驶事故案例和所记录的自动驾驶汽车事故责任分布可以看到,对于其他道路交通使用者违反交通规则等错误行为导致的事故,自动驾驶汽车仍然无法完全避免,即自动驾驶汽车在保证自身安全行驶情况下,无法规范其他道路交通参与者驾驶行为。因周围环境的复杂性,自动驾驶汽车无法为了躲避其他道路交通参与者的追尾或侧面刮蹭而做出更危险的强制变道、急加减速或其他违反交通规则行为。

自动驾驶汽车因自身问题主动碰撞其他道路交通参与者事故中,自动驾驶"接管机制"问题占主要原因。当面对无法有效决策场景或是即将有潜在风险场景时,自动驾驶汽车在提示故障及异常情况下,安全员因注意力分心或疲倦等现象未能进行及时接管而导致事故发生;安全员因未能正确认识如何驾驶自动驾驶汽车而进行错误接管,即在自动驾驶汽车正常行驶时,安全员未能像自动驾驶汽车那样对周围环境进行全方位感知,以为自动驾驶汽车在"错误驾驶",并对其进行强制错误接管而导致事故发生。

在封闭试验场地,由于场地路口类型受限和背景车辆的数量受限,较难重复再现和模拟大量博弈行为。道路测试阶段的博弈场景处置能力对自动驾驶技术提升有较大的意义,未来虚实结合测试需要针对性地开展博弈交互相关的场景测试,以提升测试有效性。

在面对复杂场景和"未见过"突发场景,如当前方车辆为装备车等特种车辆或障碍物前行人急穿道路和猫狗横穿场景时,自动驾驶汽车难以对其进行正确识别和分类,自动驾驶系统难以对其进行及时决策和处理,即自动驾驶汽车识别及应对突发危险场景的能力还需要持续提升。根据 2021 年关键脱离场景数据情况,交互博弈场景和边界场景处理是当前智能网联汽车在道路测试阶段面临的主要问题。

然而,在面对现存事故风险或已发事故案例中,自动驾驶汽车尽管无法完全避免交通事故,但其相比于人类驾驶汽车,能够显著降低事故带来的人员伤亡和财产损失。DMV 公布的 2019 年至 2021 年 266 起事故案例中,没有一起死亡事故,接近 83% 事故未涉及人员受伤。而在有人员受伤案例中,仅有 4 起事故有安全气囊打开,且人员受伤程度仅为轻伤。其余 30 多起事故均仅为安全员或事故对方人员感觉到背部或颈部疼痛。

因此,随着自动驾驶汽车能力不断提升,安全员人工错误操作相关风险能够得到相应的改善;路侧会持续改造升级建成面向机器的交通系统;全自动驾驶汽车普及后会进一步减少不规范的交通参与者驾驶行为,进而减少因人类错误带来的事故;在面对不可避免事故中,自动驾驶汽车也能极大减少道路交通人员伤亡情况,有效避免事故带来的二次伤害,保障道路交通安全发展。

7.2 智能网联汽车生产企业及产品准入管理

2021 年 8 月,为加强智能网联汽车生产企业及产品准入管理,维护公民生命、财产安全和公共安全,促进智能网联汽车产业健康可持续发展,根据《中华人民共和国道路交通安全法》《中华人民共和国网络安全法》《中华人民共和国数据安全法》《道路机动车辆生产企业及产品准入管理办法》等规定,工业和信息化部发布了《关于加强智能网联汽车生产企业及产品准入管理的意见》,主要包括智能网联汽车生产企业安全保障能力要求、智能网联汽车产品准入过程保障要求及测试要求。

7.2.1 智能网联汽车生产企业安全保障能力要求

企业应具备专职的功能安全、预期功能安全和网络安全保障团队,负责产品全生命周期的安全保障工作。具备工业和信息化部规定条件的企业集团可统一设立安全保障团队。企业安全保障能力要求包括功能安全及预期功能安全保障要求、网络安全保障要求和软件升级管理要求。

7.2.1.1 企业功能安全及预期功能安全保障要求

(1)企业应满足汽车安全生命周期相关阶段的功能安全活动流程要求,符合汽车安全完整性等级对应流程的规定,避免不合理的风险。

(2)企业应满足功能安全管理要求,符合整体功能安全管理、产品开发安全管理、安全发布管理等规定。

(3)企业应满足生产、运行和服务阶段的功能安全要求,符合生产过程能力评估、控制措施、现场观察说明等规定。

(4)企业应满足支持过程要求,符合开发管理、安全要求的定义和管理、配置管理、变更管理、验证和确认、文档管理、软硬件组件鉴定、在用证明等方面的规定。

(5)企业应满足预期功能安全开发接口管理要求,符合预期功能安全管理职责和角色定义、供应商计划管理等规定。

(6)企业应满足预期功能安全开发流程要求,符合设计定义、危害识别、功能不足识别、功能改进、验证及确认、安全发布、运行维护等规定,保障车辆不存在因预期功能的不足所导致的不合理风险。

7.2.1.2 企业网络安全保障要求

(1)企业应建立健全网络安全责任制度,确定网络安全负责人,落实网络安全保护责任。

(2)在车辆安全生命周期内,企业应当同步规划、同步建设、同步运行网络安全技术措施。

(3)企业应制定网络安全防护制度,定期开展网络安全风险识别、分析和评估,管控生产过程网络安全风险,及时消除车辆及联网设施重大网络安全隐患。

(4)企业应建立网络安全监测预警机制,采取监测、记录网络运行状态、网络安全事件的技术措施,并按照规定留存相关的网络日志不少于6个月。

(5)企业应建立网络安全应急响应机制,制定网络安全应急预案,及时处置安全威胁、网络攻击、网络侵入等安全风险。

(6)企业应建立产品安全漏洞管理机制,及时修补和合理修复安全漏洞,指导支持车辆用户采取防范措施。

(7)企业应建立完善数据安全管理制度,实施数据分类分级管理,制定重要数据目录,强化数据访问权限管理和安全审计;采取有效技术措施,强化数据采集、传输、存储、使用等安全保护,及时处置数据泄露、滥用等安全事件。

(8)企业应建立车联网卡实名登记制度,如实登记购车用户身份信息,并会同基础电信企业落实车联网卡实名登记有关要求。

(9)企业应建立供应链网络安全保障机制,明确供方产品和服务网络安全评价标准、验证规范等,确定与供方的安全协议,协同管控供应链网络安全风险。

(10)企业应制定网络安全审计规范,并对网络安全管理和技术措施运行、网络安全风险管理和人员安全能力等开展审计。

(11)企业应建立产品售后网络安全管理机制,包括售后服务、维修、报废阶段的网络安全保障措施。

(12)企业应在关键流程变更、重特大网络安全事件发生后,及时更新完善网络安全管理规范、安全机制等。

(13)企业应依法依规为维护国家安全、开展行业监管等提供技术支持和协助。

7.2.1.3 企业软件升级管理要求

(1)企业应建立软件升级管理制度,至少包括软件开发管理、配置管理、质量管理、变更管理、发布管理、安全应急响应管理等。

(2)企业应制定软件升级制度,从设计、开发、测试、发布、推送等过程的标准规范,并遵照执行。

(3)企业应能够识别、评估和记录软件升级对产品安全、环保、节能、防盗相关系统的功能和性能的影响。

(4)企业应对软件升级可能影响的功能和性能进行测试和验证,确保符合相关法规、标准和技术要求。

(5)企业应能够识别软件升级的目标车辆,评估软件升级与目标车辆的适应性,确保软件升级与目标车辆软硬件配置兼容。

(6)企业应能够唯一识别车辆初始和升级的软件版本,录入与保存软件升级包完整性验证数据以及相关的硬件配置信息。

(7)企业应记录与安全保存汽车产品初始软件版本和历次软件升级相关信息,应能支持汽车产品全生命周期的追溯需求和监督管理要求。

(8)企业应对空中下载技术(Over-The-Air,OTA)升级服务平台采取必要的网络安全防护管理和技术措施,对升级的软件进行安全检测,保障 OTA 升级安全。

(9)企业应具备软件升级过程管理能力,履行用户告知义务,记录和保存升级过程相关信息。

7.2.2 智能网联汽车产品准入过程保障要求

智能网联汽车产品准入过程保障要求包括整车尤其是驾驶自动化系统的功能安全过程保障要求、驾驶自动化系统预期功能安全过程保障要求和网络安全过程保障要求。

7.2.2.1 驾驶自动化系统功能安全过程保障要求

(1)应定义驾驶自动化系统的功能概念,包括范围、要素、运行条件、架构及内外部接口示意图等。

(2)应识别可能造成人身安全伤害的整车功能失效,建立合理的功能安全场景,针对危害事件分析可控性、严重性、暴露率等参数,确认合理的汽车安全完整性等级及危害事件的安全目标。

(3)应按照整车功能安全开发的相关规定进行功能安全分析,明确功能安全要求。功能安全要求应考虑运行模式、故障容错时间间隔、安全状态、紧急运行时间间隔等,并分配给驾驶自动化系统的架构要素或外部措施。

(4)应定义驾驶自动化系统功能安全相关零部件的开发接口要求,明确角色和责任要求,确保在系统、硬件和软件各层级满足整车安全要求。

(5)应进行功能安全集成测试,通过基于需求的测试、故障注入测试等方法,确保对整车和驾驶自动化系统的相关要求得到实施和满足。

(6)应满足功能安全确认要求,通过检查、测试等方式,确保安全目标在整车层面正确、完整并得到充分实现。

7.2.2.2 驾驶自动化系统预期功能安全过程保障要求

(1)应满足预期功能安全规范和设计的要求,识别和评估预期功能可能造成的危害,制定合理的风险可接受准则。

(2)应识别和评估潜在功能不足和触发条件(含可合理预见的人员误用),并应用功能改进等措施减少预期功能安全相关的风险。

(3)应定义验证及确认策略,并进行预期功能安全的验证和确认,评估已知危害场景和未知危害场景下是否符合产品预期功能安全发布要求,并对发布后产品的预期功能安全风险进行合理管控。

(4)应定义驾驶自动化系统预期功能安全相关零部件的接口要求,确保零部件符合对应的预期功能安全设计、开发、验证、确认等规定。

7.2.2.3 智能网联汽车产品网络安全过程保障要求

(1)应开展网络安全风险评估,包括资产识别、威胁分析、攻击路径分析、潜在影响评估、风险分类应对措施。

(2)在概念设计阶段,应根据网络安全风险评估结果,明确网络安全目标和要求,设计网络安全架构和功能。

(3)在产品开发阶段,应实现网络安全风险和脆弱性防范应对处置功能,满足整车网络安全目标和要求。

(4)在测试验证阶段,应开展整车网络安全测试验证,并提供测试验证情况说明(包括测试指标、测试方法、测试环境、测试结果等),确保所有已发现的安全风险和脆弱性被有效处置,以及网络安全目标和要求实现有效、合理、完整。

7.2.3 智能网联汽车产品准入测试要求

产品准入测试要求是指申请准入的智能网联汽车产品应至少满足模拟仿真测试要求、封闭场地测试要求、实际道路测试要求、车辆网络安全测试要求、软件升级测试要求和数据存储测试要求。

7.2.3.1 驾驶自动化系统模拟仿真测试要求

(1)模拟仿真测试应能验证驾驶自动化系统在典型场景和连续场景下的安全性、道路交通规则符合性,满足相应的道路交通安全要求。典型场景应覆盖封闭场地测试所要求的测试场景及设计运行范围所要求的驾驶自动化功能场景;模拟仿真测试中连续场景应能反映实际道路测试的场景要素组合情况。

(2)应说明驾驶自动化系统的组成及工作原理、驾驶自动化功能及其设计运行条件、风险减缓策略、最小风险状态以及必要的安全风险提醒等。

(3)应说明模拟仿真测试的软硬件环境和工具链、驾驶自动化功能验证的场景数据库,以及使用的车辆动力学、传感器等模型及其关键参数。

(4)应能在多个相同场景下,通过封闭场地和实际道路测试,并与模拟仿真结果对比,验证模拟仿真测试的有效范围。

(5)应提供模拟仿真测试过程中所涉及的测试类型、测试方法、评价方法、测试流程以及测试数据存储等说明。应保证模拟仿真测试结果的可追溯性。

(6)应覆盖产品设计运行条件内的道路、基础设施、交通环境等要素,构建典型场景,验证产品所声明的驾驶自动化功能是否符合安全要求。

(7)应定义设计运行条件内不同场景要素的参数组合,针对驾驶自动化功能建立可合理预见的测试场景数据库;通过连续自动化仿真测试,验证驾驶自动化系统是否符合功能安全和预期功能安全要求。

7.2.3.2 封闭场地测试要求

(1)应能通过封闭场地测试,验证车辆在封闭场地典型场景下的安全性。

(2)封闭场地测试应考虑驾驶自动化功能设计运行条件内的关键要素。场景应覆盖设计运行范围内所要求的行驶范围,并统筹考虑交通环境及附属设施情况。

(3)应对测试过程进行记录,对测试过程中所涉及的测试环境、测试人员、测试方法、测试规范、测试设备及测试流程的规范性负责,能有效保证测试结果的可追溯性、一致性和准确性。

(4)应能提供原始测试数据,应至少包含车辆位置信息、测试车辆控制模式、车辆运动状态参数、驾驶人及人机交互状态、行车环境信息、车辆执行机构控制信息等内容,并对测试结果进行分析与评价。

7.2.3.3 实际道路测试要求

(1)应能通过实际公共道路连续场景测试,验证车辆在实际公共道路交通环境下的安全性。应通过封闭场地测试后才可进行实际道路测试。

(2)应当根据所声明的产品自动驾驶设计运行范围,选择匹配的公共道路开展车辆实际道路连续测试;基于测试时长、测试里程和自动驾驶功能响应及接管率,验证所声明的自动驾驶功能应对随机场景的能力,且应当满足产品的安全要求,并对测试结果进行分析及评价。

(3)应对测试过程进行记录,对实际道路测试过程中所涉及的测试环境、测试人员、测试方法、测试规范、测试设备以及测试流程的规范性负责,能够有效保证测试结果的可追溯性、一致性和准确性。

(4)应满足车辆测试远程监控与测试数据记录和存储要求。对每一辆测试车辆运行状态进行监控,记录测试车辆行驶轨迹、控制模式、车辆运动状态参数、驾驶人及人机交互状态、行车环境信息、车辆执行机构控制信息、接管信息等数据。数据上传要符合数据传输模式、格式等规定要求。

7.2.3.4 车辆网络安全测试要求

（1）应能够防御信息传输安全威胁。包括虚假消息入侵、代码/数据未经授权修改、会话劫持或重放攻击、未经授权访问敏感数据、拒绝服务攻击、获取车辆特权控制、病毒及恶意消息等。

（2）应不存在已公布的网络安全漏洞，预装软件、补丁包/升级包不应存在恶意程序，不应存在未声明的功能和访问接口（含远程调试接口）。

（3）应能够抵御合法用户误操作引发的网络安全风险。

（4）应能够防御车辆外部连接的安全威胁。包括远程非法入侵控制车辆、第三方应用软件恶意代码入侵、外部接口（如 USB 接口、OBD 接口、无线接口等）入侵等。

（5）应能够防御非法盗取、破坏关键数据的威胁。包括提取软件代码、未经授权访问个人信息、提取密钥数据、非法/未经授权修改电子身份、篡改车辆行驶数据、未经授权更改系统诊断数据、未经授权删除/操作系统事件日志、未经授权访问系统关键参数数据等。

（6）应能够防御系统被物理非法操控的威胁。包括非法操作车辆硬件设备，如未经授权的硬件添加到车辆内部进行"中间人"攻击等。

（7）应能够防御数据丢失/车辆数据泄漏的威胁。包括车辆更换使用用户时的个人信息被泄露或破坏等。

7.2.3.5 软件升级测试要求

（1）车辆应确保在安全状态下进行软件升级，升级执行前应监测车辆状态是否符合软件升级条件，如车辆的运动状态、挡位状态等。

（2）车辆应具备对软件包进行真实性和完整性校验的能力，确保安全下载和执行有效的软件升级包。

（3）车辆应具备升级执行确认功能，升级执行前应提供软件包与待升级零部件的匹配校验功能。

（4）车辆应具备升级执行前提示软件升级的相关信息，包括升级的目的、功能升级描述、升级时车辆工况要求、升级包安装所需时长、升级过程中注意事项等信息。

（5）当升级执行可能影响车辆安全时，应通过技术手段，确保车辆处于可以安全执行升级的状态。

（6）车辆应具备升级完成后提示用户升级成功或失败功能。

（7）车辆应在升级失败或中断后，确保车辆处于安全状态。

7.2.3.6 数据存储测试要求

（1）自动驾驶数据记录系统应在驾驶自动化系统激活、驾驶自动化系统退出、驾驶自动化系统发出接管请求情况下进行记录，并可对驾驶自动化系统启动最小风险策略、驾驶自动化系统启动紧急策略、驾驶自动化系统退出紧急策略、严重驾驶自动化系统故障、严重车辆故障等情况进行记录。记录内容应至少包括车辆和驾驶自动化系统基本信息、触发事件基本信息及事件发生原因并满足数据一致性试验要求；当车辆有碰撞风险和发生碰撞时，需增加记录车辆状态及动态信息、行车环境信息、人员信息及故障信息。

（2）应满足数据存储测试要求，包括：数据存储能力试验、存储覆盖试验、断电存储试验等。

（3）存储的数据应能被正确读取和解析，且不能被篡改。

7.3 我国智能网联汽车产业发展趋势

为加快车联网(智能网联汽车)产业发展,大力培育高新技术产业增长点、形成新动能,我国工业和信息化部于2018年就发布了《车联网(智能网联汽车)产业发展行动计划》。计划提出,分阶段实现车联网(智能网联汽车)产业高质量发展的目标:"2020年后,技术创新、标准体系、基础设施、应用服务和安全保障体系将全面建成,高级别自动驾驶功能的智能网联汽车和5G-V2X逐步实现规模化商业应用,"人-车-路-云"实现高度协同。到2025年,实现有条件自动驾驶的智能汽车达到规模化生产,高度自动驾驶的智能汽车在特定环境下市场化应用。车用无线通信网络(LTE-V2X等)实现区域覆盖,新一代车用无线通信网络(5G-V2X)在部分城市、高速公路逐步开展应用,高精度时空基准服务网络实现全覆盖。"但总体来看,我国智能网联汽车发展仍然处在初级阶段:L2级智能网联汽车正处在商业化落地发展阶段,但市场渗透率和应用规模仍然较小,2021年智能网联乘用车市场的渗透率才达到7%左右;L3、L4及以上等级自动驾驶仍以试验和区域性示范为主,运行场景有限。我国自动驾驶行业仍需要探索更加安全、更加泛化、更加经济高效的自动驾驶技术方案和落地路径,早日实现自动驾驶规模商业化落地。

7.3.1 全栈解决方案提供商以"场景"为战

如今,高等级自动驾驶已经逐渐从技术研究阶段演进至产品落地阶段,正处于稳定发展期。在这过程中,应用场景的重要性不断凸显。这很大程度上在于,目前的高等级自动驾驶技术还无法做到像人一样,能够适配任何驾驶场景。因此,选定1~2个应用场景,全力攻破,是如今大多数自动驾驶全栈解决方案提供商的商业化路径。

以道路是否开放为界线,目前主流应用场景有:园区、机场、矿区、停车场、港口、高速公路、城市道路等。依照各个场景下自动驾驶技术实现难度的不同,自动驾驶全栈解决方案提供商也将分批实现商业化,完成从技术研发到产品供应的飞跃。开放道路环境复杂,仍有较多"长尾问题"待解决,至少需要10年时间才能实现商业化。限定场景则因驾驶范围的限制,减少了异常情况的发生,而其车辆速度普遍不高、环境相对可控等特点,也使得自动驾驶实现难度降低,相关企业将在未来3年左右率先实现商业化。

所谓限定场景是指某些具有地理约束的特定区域。该区域驾驶环境单一、交通情况简单,几乎没有或只有少量外界车辆和行人能够进入,例如:园区、机场、矿区、停车场、港口等。该场景下智能网联汽车分为无人行李车、无人配送车、无人清扫车、无人接驳车、自动驾驶公交车、自动驾驶宽体自卸车、自动驾驶矿用载货车、具有自主代客泊车系统(Automated Valet Parking,AVP)功能的乘用车等类型。目前,新石器、智行者、主线科技、慧拓、踏歌智行、驭势科技等初创企业均已在园区、矿区、港口、机场等限定场景下实现试点运营。

虽然停车场也属于限定场景,但该区域内车辆类型以乘用车为主,与个人生命安全联系更为紧密,且国内法规暂未给予自动驾驶汽车在停车场内行驶的路权。因而,还没有中国企业在该领域实现试点运营,但百度、Momenta、长城、吉利等科技企业与自主车企都在研发该场景自动驾驶解决方案。

目前，为保证安全和便于推广运营，矿区、港口等场景的智能网联汽车仍配备安全员，但多数企业表示将会用一年左右的时间逐步去除安全员的角色。在各家企业的规划中，限定场景自动驾驶有望在未来 3 年内实现大规模试点运营、小规模商业化运营。由于产品的应用速度普遍快于标准出台速度，因此未来 3 年后相关标准或会出台，届时将迎来限定场景自动驾驶的规模运营和商业化起点。

在自动驾驶的诸多应用场景中，开放道路无疑是最难的一个。城市道路与高速公路是两个最常见的开放道路场景，前者典型产品为自动驾驶出租车（RoboTaxi），后者典型产品为自动驾驶载货汽车。据蔚来资本测算，RoboTaxi 的市场规模约为 3500 亿元，跨城物流和同城物流的市场规模分别为 7000 亿元、2500 亿元，市场前景广阔，吸引了百度 Apollo、滴滴、小马智行、图森未来等一众玩家入局。对于开放道路场景自动驾驶企业而言，想要实现大规模商业化，技术完备、路权供给、供应链成熟、成本大幅降低四点缺一不可。未来 3 年，聚焦开放道路场景自动驾驶企业的重点仍是打磨技术，剩下的"长尾问题"需要企业花费更多耐心和精力去解决，以确保绝对安全。为实现此目标，未来企业或会在研发开放道路自动驾驶的同时，探索更多商业化路径，"多条腿走路"或转型以先实现自我供血。

7.3.2 非全栈解决方案提供商更受关注

在自动驾驶技术发展过程中，其全栈解决方案提供商率先出现，美国的 Waymo 和中国的百度是该领域两大代表企业。经过近几年技术迭代，自动驾驶产业链逐渐由粗放式向精细式方向发展，自动驾驶非全栈解决方案提供商陆续出现，诸多关键技术模块也取得突破。

从产业链构成来看，目前自动驾驶执行层基本被国际 Tier 1 供应商垄断，因其拥有体系化的底盘控制系统，及与主机厂的深度绑定关系，很难有初创企业能够位列其中。感知层和决策层零组件供应链分散，企业类型丰富，初创企业相对容易切入，自动驾驶非全栈解决方案提供商主要集中于此。凭借高性价比和定制化服务，目前禾赛科技、速腾聚创、地平线等诸多中国企业在该领域占有一席之地，并已开始"大展拳脚"。

在环境感知领域，凭借较多技术路线与庞大的市场规模，激光雷达和毫米波雷达在过去几年间一直是国内创业公司相对集中的两个领域。甚至吸引了大疆、华为等巨头的加入。发展至今，禾赛科技、速腾聚创等公司已推出性价比较高的产品，并产生稳定营收。即便玩家众多，但环境感知领域广阔的市场前景仍将吸引更多新企业加入。据法国行业研究公司 Yole 测算，未来数年，传感器收入规模将进入高速发展期。其中，激光雷达、惯性测量单元（Inertial Measurement Unit，IMU）和摄像头排名前三。

但仅凭环境感知并不能保证自动驾驶车辆的绝对安全。车辆运动感知同样重要。为更加精准确定车辆自身位置，高精度定位模块作用逐渐凸显，将变得不可或缺，其能达到厘米级的精度，为自动驾驶汽车精确理解自身定位提供帮助。传统的全球导航卫星系统（Global Navigation Satellite System，GNSS）单点定位精度为米级，但在实时动态载波相位差分技术（Real-Time Kinematic，RTK）技术的辅助下，GNSS 定位系统的精度可达动态厘米级，满足高等级自动驾驶需求。考虑到星况变化情况，仅靠 GNSS 仍无法应对多种极端场景。此时，惯性导航系统、IMU 作用凸显。其测量方法不依赖外界，在 GNSS 信号丢失的情况下，车辆依旧能够准确定位,稳定高频输出信号,短期精度较高。基于此,以 GNSS + IMU 的高精度定位传感器为基础,综合考虑周围环境特征的方案将越来越受欢迎。2019 年,千寻位置、戴世智能、导远科技等定位服务提供商均完成新一轮融资。未来,各家自动驾驶公司对高精度定位模块的需求将向趋同化发展。

总体而言,感知层在过去几年吸引了业界诸多关注。但当感知层性能提高的同时,其后的决策层和执行层也愈发受到关注。从技术角度而言,自动驾驶决策层和执行层仍有诸多难题等待企业解决。但从新机会角度来看,执行层多被国际 Tier 1 所把控,初创企业很难切入,而决策层与场景息息相关,企业也较难将其单独拆分提供标准化产品。但共同点在于,二者均需要大量数据作支撑。尤其决策层,需要大量数据做行为预测与规划,不断训练自己的模型。因此未来计算平台、场景测试、仿真平台等与数据相关的诸多细分领域,都将产生发展机会。

7.3.3 车企致力于实现技术量产

面对自动驾驶技术,车企经历了从不信任到逐步重视的心理过程,直到目前市面上各大主流车企都在该领域有所布局。经过近几年的实际探索,车企自身掌握了一些高级驾驶辅助系统(ADAS)技术,也逐渐明晰高等级自动驾驶技术的量产难度,于是陆续重新调整战略规划,变得更加务实。具体表现有两种:①更愿意将已掌握技术先应用在现有产品中。通过二者结合的方式,完成迭代升级,为用户创造价值,并增强自身产品科技感属性。②更偏向于自动驾驶渐进式路线。不再一味追求 L4/L5 级自动驾驶的实现,未来几年将重点研发部分 L3 级自动驾驶功能,如 HWP、TJP、AVP 等,力求早日实现部分功能的量产,以此作为新车卖点。

当前,国内主流车企大多已经推出 L2 级自动驾驶量产车型。根据国际自动化工程师学会(SAE)分类,该等级自动驾驶开启情况下,驾驶人仍需要时刻观察行驶情况,主动对汽车进行制动、加速或转向,以确保车辆行驶安全。车道保持辅助(Lane Keeping Assist,LKA)、自动泊车辅助(Auto Parking Assist,APA)、自适应巡航(Adaptine Cruise Control,ACC)、主动紧急制动(Autonomous Emergency Braking,AEB)都是常见的 L2 级自动驾驶功能。2018 年起,大批国内自主品牌 L2 级自动驾驶乘用车开始上市,如长安 CS55/CS75、长城 F7/VV6、吉利缤瑞/缤越/博越 GE、上汽 Marvel X 等车型。

在实现 L2 级自动驾驶量产后,车企们纷纷将目光瞄向更高等级——L3/L4 级自动驾驶技术的量产。不同于互联网公司和自动驾驶全栈解决方案提供商,车企为保持品牌竞争力,必须及时推出具备自动驾驶功能的量产汽车,无法如前者一样,只专注技术研发不考虑量产问题,因而 L3 级自动驾驶成为车企的"折中选择"。但与国外车企不同,中国车企多选择"渐进式路线"——一边先实现 L3 级自动驾驶量产,另一边研发 L4/L5 级自动驾驶技术。从各家规划来看,近 3 年是大多数国内自主车企的"L3 级自动驾驶量产年"。依据技术可量产与用户需求两大指标,拥堵自动辅助驾驶(Traffic Jam Pilot,TJP)和高速自动辅助驾驶(High Way Pilot,HWP)成为两种常见的 L3 级自动驾驶研发方向,这也将成为国内车企未来 3 年的研发重点。技术可量产方面而言,与 L4 级自动驾驶相比,L3 级自动驾驶的成本和技术实现难度都更低。用户需求方面而言,目前,上下班通勤拥堵和长途旅行驾驶疲劳覆盖了

80%的人和80%的出行场景,是乘用车用户存在的两大痛点。

此外,针对乘用车用户的高频使用场景——停车场,吉利、广汽、长城等诸多车企也制定了自主代客泊车系统(Automated Valet Parking,AVP)发展战略。其中,广汽与博世合作研发,吉利、长城等车企自建团队研发。未来,企业希望以此增加营收。由于全程无人参与,因此功能理论上应属于特定场景L4级自动驾驶技术,应用落地时间比TJP和HWP更晚一些。未来3年,车企将跟进研发。

7.3.4 政府探索多种合作模式

纵观历史,诸多新兴行业在早期发展阶段,都需要政府的大力扶持,为行业做一次"冷启动",自动驾驶这项新兴技术也不例外。具体而言,通过相关政策法规的出台以及各项基础设施的建设,政府在自动驾驶技术的发展道路上起到指引方向和给予路权两大关键作用。

在国家大战略方针指导下,各地方政府也相继出台自动驾驶相关政策跟进。早期看,地方政府政策主要围绕开放公共道路测试路段和建立智能网联示范区两方面展开。同时,多个地方政府也在税收、土地、基建等方面给予相关企业一定优惠待遇,同时与后者共同探索更多合作模式。2021年,乘着新基建东风及智慧城市建设热潮,我国住建部、工业和信息化部决定组织开展智慧城市基础设施与智能网联汽车协同发展试点工作,通过智能网联汽车产业的发展与智慧城市发展高度协同,探索更多新业态新模式。

在此过程中,商业模式为自动驾驶出租车(RoboTaxi)的相关企业更加需要政府"帮助"。此类企业大多即将发展至载人试运营阶段,开始涉及人身安全,且对路权有更大需求,因此这类企业与地方政府捆绑更为紧密。目前,比较主流的合作模式是相关企业与地方政府共同成立合资公司,合力运营自动驾驶出租车。在某些地方,合资公司中也有当地车企和出行公司的身影。未来,自动驾驶相关企业、地方政府、车企、出行公司之间的联系将更为紧密,合资公司的运营模式或将在更多地方复制。

7.3.5 资本更关心商业化落地进程

中国创投圈对自动驾驶技术的关注始于2014年。彼时百度宣布研发自动驾驶,并试图实现该项技术的商业化落地。随后,诸多人才出走百度,各自成立自动驾驶初创公司,市场上的投资标的开始变多。巨头的入局,一定程度上是在"革车企的命",与后者存在博弈关系,而有一定机会胜出的初创公司也吸引了资方目光。此后短短6年间,资本对自动驾驶的看法经历了开始关注、疯狂追逐、逐渐冷淡3个阶段。

从资本角度而言,这种现象背后最直接的原因就是资方募集规模的大幅下降。在这种情况下,资方风险意识加重,不再一味追逐自动驾驶风口,反而回归理性。其对自动驾驶的关注重点由最初的团队人才背景、商业前景,变为企业现阶段技术发展进程、商业模式落地的可行性。目前国家仍在对资金实行强管控,因此资本的理性也将持续。未来3年,单纯"讲故事"已不足以吸引资本加入,资本将更加关注有商业落地苗头的自动驾驶相关企业,比如已在某些区域实现试运营、具有自我造血能力的限定场景自动驾驶全栈解决方案提供商,已为多家客户供货的激光雷达、毫米波雷达企业等。而在自动驾驶不断发展过程中,拥有新技术思路的企业也将引起资本注意。

从高等级自动驾驶中的限定道路和开放道路两个场景来看,发展初期,后者显然更受资本关注,其往往在成立初期(几个月内)就完成第一轮融资,此后吸金不断,短短几年就成长为"独角兽"。但随技术发展及商业化落地应用进展,资本对这类企业的关注度降低,转而将更多目光投放在限定道路场景的自动驾驶全栈解决方案提供商身上。这符合新兴技术发展规律——从新概念出现到市场投机,再到泡沫破裂,最后回归理性。据咨询机构 Gartner 2019 技术成熟度曲线,L4 级自动驾驶正处于"幻灭期",L5 级自动驾驶则处于"期望膨胀期"。

近两年,由于资本对企业关注点发生变化,高等级自动驾驶行业融资事件发生次数呈现下降态势。与此前对 RoboTaxi 的疯狂追逐不同,目前资本更钟爱限定场景的高等级自动驾驶解决方案提供商,关注点由企业讲故事和人才团队,转向"故事"和计划的完成度、团队人才和试运营状况,如专注物流场景的驭势科技,专注矿区场景的踏歌智行、慧拓等企业均已进入商业化前夜。

而对开放道路场景自动驾驶企业而言,资本呈现向头部企业聚集的现象。虽然该场景下自动驾驶短期内无法实现商业化落地,但仍有资本进行加码。即便在新冠肺炎疫情肆虐全球的 2020 年初,小马智行仍宣布获得来自丰田的融资。

就限定场景自动驾驶相关企业而言,财务投资者仍会对其进行加码,但就开放道路场景自动驾驶企业而言,活跃其中的玩家更多为产业投资者。但不论资方身份如何,未来 3 年,资本将围绕市场空间、业务快速扩展的可能性、商业模式 3 个角度考量自动驾驶相关企业。

7.3.6 车路协同加速自动驾驶应用

基于我国采用的 C-V2X 技术路线,国内已基本完成 LTE-V2X 标准体系建设和核心标准规范,政府和企业两方也正在推动 LTE-V2X 的产业化进程。该技术可以将"人-车-路-云"等交通要素有机联系在一起,保证交通安全,提高通行效率。根据中国公路学会自动驾驶委员会 2019 年发布的《车路协同自动驾驶发展报告 1.0 版》来看,车路协同共分为信息交互协同、协同感知、协同决策控制 3 个阶段,目前我国正处于协同感知阶段。

在 5G 技术不断发展的情况下,LTE-V2X 正在向 5G-V2X 方向转变。根据国际电信联盟组织(International Telecommunication Union,ITU),5G 能实现 1ms 的 E2E 时延、10Gbps 的吞吐量和每平方公里 100 万连接数。这种低时延、高可靠性和高速率的特性对车路协同的发展有极大促进作用,能够进一步提高车路的信息交互效率,保证高等级自动驾驶车辆安全。进一步地,5G-V2X 将通过 Uu 技术试验,来验证 5G 网络对 e-V2X 部分业务场景的支持能力。

在产业化方面,中国 LTE-V2X 产业走在了世界前列,从 2018 年到 2021 年连续举办的"三跨""四跨"和"新四跨"大型车联网互联互通测试活动,表明了我国具备了实现 LTE-V2X 相关技术商业化的基础。"新四跨"在跨整车、跨通信终端、跨芯片模组、跨安全平台互联互通应用示范的基础上,部署了更贴近实际、更面向商业化应用的连续场景,并增加高精度地图和高精度定位。

按照目前实施的车路协同相关团体标准《合作式智能运输系统 车用通信系统应用层及应用数据交互标准(第一阶段)》(T/CSAE 53—2020)、《合作式智能运输系统 车用通信系统应用层及应用数据交互标准(第一阶段)》(T/CSAE 157—2020)、《基于车路协同的高等级自动驾驶数据交互内容》(CSAE 158—2020)来看,车路协同自动驾驶正迈向协同感知-决策-控制的终极阶段,如表 7-1、表 7-2、表 7-3 所示。

车路协同自动驾驶第一阶段应用　　　　　　　　　　　表 7-1

序号	类别	主要通信方式	应用名称
1	安全	V2V	前向碰撞预警
2		V2V/V2I	交叉路口碰撞预警
3		V2V/V2I	左转辅助
4		V2V	盲区预警/变道预警
5		V2V	逆向超车预警
6		V2V-Event	紧急制动预警
7		V2V-Event	异常车辆提醒
8		V2V-Event	车辆失控预警
9		V2I	道路危险状况提示
10		V2I	限速预警
11		V2I	闯红灯预警
12		V2P/V2I	弱势交通参与者碰撞预警
13	效率	V2I	绿波车速引导
14		V2I	车内标牌
15		V2I	前方拥堵提醒
16		V2V	紧急车辆提醒
17	服务	V2I	汽车近场支付

车路协同自动驾驶第二阶段应用　　　　　　　　　　　表 7-2

序号	DAY-II	通信模式	触发方式	场景分类
1	感知数据共享	V2V/V2I	Event	安全
2	协作式变道	V2V/V2I	Event	安全
3	协作式车辆汇入	V2I	Event	安全/效率
4	协作式交叉路口通行	V2I	Event/Period	安全/效率
5	差分数据服务	V2I	Period	信息服务
6	动态车道管理	V2I	Event/Period	效率/交通管理
7	协作式优先车辆通行	V2I	Event	效率
8	场站路径引导服务	V2I	Event/Period	信息服务
9	浮动车数据采集	V2I	Period/Event	交通管理
10	弱势交通参与者安全通行	P2X	Period	安全
11	协作式车辆编队管理	V2V	Event/Period	高级智能驾驶
12	道路收费服务	V2I	Event/Period	效率/信息服务

车路协同自动驾驶高级应用　　　　　　　　　　　　　　　　表 7-3

序号	典型应用	通信模式	触发方式
1	协同式感知	V2V/V2I	Event/Period
2	基于路侧协同的无信号交叉路口通行	V2I	Event
3	基于路侧协同的自动驾驶车辆"脱困"	V2I	Event
4	高精地图版本对齐及动态更新	V2I	Event
5	自主泊车	V2I	Event
6	基于路侧感知的"僵尸车"识别	V2I	Event
7	基于路侧感知的交通状况识别	V2I	Event/Period
8	基于协同式感知的异常驾驶行为识别	V2V/V2I	Event

最后,百年恰是风华正茂,在踏上了第二个百年奋斗目标的新赶考路上,通过加强自动驾驶技术研发,提升道路基础设施智能化水平,推动实现道路测试结果互认与测试通知书互认,引领新兴智慧城市的建设发展,不断满足人民群众对美好出行的向往。

参考文献

[1] 中国信息通信研究院政策与经济研究所. 全球自动驾驶战略与政策观察[R/OL]. (2022-01-2)[2022-02-22]. http://www.caict.ac.cn/kxyj/qwfb/ztbg/202201/t20220126_396207.htm.

[2] 马育林,李斌,汪林,等. 无人驾驶车辆综合智能测评系统方法概述[J]. 公路交通科技, 33(S2),2016:37-44.

[3] 孙扬,熊光明,陈慧岩. 基于Fuzzy EAHP的无人驾驶车辆智能行为评价[J]. 汽车工程, 2014,36(1):22-27.

[4] NATIONAL SCIENCE & TECHNOLOGY COUNCIL and the UNITED STATES DEPARTMENT OF TRANSPORTATION. Ensuring American Leadership in Automated VehicleTechnologies:Automated Vehicles 4.0[R/OL]. (2019-12-23)[2022-02-25]. https://www.transportation.gov/policy-initiatives/automated-vehicles/av-40.

[5] 中国智能网联汽车产业创新联盟. CAICV智能网联汽车产品测试评价白皮书[R/OL]. (2020-10-28)[2022-03-02]. http://www.caicv.org.cn/material?cid=38.

[6] 国际自动机工程师学会. 标准道路机动车驾驶自动化系统分类与定义:SAE J3016(TM)[S]. 2021.

[7] Uniform provisions concerning the approval of vehicles with regard to Automated Lane Keeping Systems:ECE/TRANS/WP.29/2020/81[S]. 2021.

[8] Road Vehicles-Safety of The Intended Functionality:ISO TC 22/SC 32/WG 8[S]. 2021.

[9] 全国汽车标准化技术委员会. 汽车驾驶自动化分级:GB/T 40429—2021[S]. 北京:中国标准出版社,2021.

[10] 中华人民共和国公安部. 机动车运行安全技术条件:GB 7258—2017[S]. 北京:中国标准出版社,2018.

[11] 中国智能网联汽车产业创新联盟. 推动各地测试结果互认 智能网联汽车测试互认推进路线图发布[J]. 智能网联汽车,2020(6):62-63.

[12] 中国智能网联汽车产业创新联盟. 智能网联汽车团体标准体系建设指南[R/OL]. (2020-09-16)[2022-03-28]. http://www.caicv.org.cn/material?cid=38.

[13] 中国智能网联汽车产业创新联盟. 智能网联汽车团体标准体系建设指南(2021版)[R/OL]. (2022-01-21)[2022-04-12]. http://www.caicv.org.cn/material?cid=38.

[14] 熊光明,高利,吴绍斌,等. 无人驾驶车辆智能行为及其测试与评价[M]. 北京:北京理工大学出版社,2015.

[15] 冯屹,王兆. 自动驾驶测试场景技术发展与应用[M]. 北京:机械工业出版社,2020.

[16] 中关村标准化协会技术委员会. 自动驾驶仿真测试场景集要求:TZSA 40—2020[S/OL]. (2020-12-17)[2022-03-15]. http://www.ttbz.org.cn/Pdfs/Index/?ftype=st&pms=42267.

[17] 清华大学苏州汽车研究院. 中国自动驾驶仿真技术研究报告[R/OL]. (2019-05-19)[2022-03-22]. http://www.coder100.com/index/index/content/id/1390043.

[18] 中国电动汽车百人会. 中国自动驾驶仿真蓝皮书(2020)[R/OL]. (2021-01-13)[2022-

04-12]. http://www.ev100plus.com/content/details1050_4308.html.

[19] 全国汽车标准化技术委员会. 自动驾驶功能仿真测试标准化需求研究报告[R/OL]. (2020-11)[2022-04-12]. http://www.catarc.org.cn/wl_ziliaoxiazai_list/2231/2.html.

[20] 中国汽车工程学会. 智能网联汽车测试场设计技术要求: TCSAE125—2020[S/OL]. (2020-04-23)[2022-05-05]. http://csae.sae-china.org/portal/standardDetail?id=005e37500c940b2447bfcb3502131287.

[21] 中关村智通智能交通产业联盟. 自动驾驶车辆道路测试能力评估内容与方法: T/CMAX 116-01—2020[S/OL]. (2020-11-03)[2022-05-07]. https://max.book118.com/html/2022/0412/8024042136004071.shtm.

[22] 全国汽车标准化技术委员会. 自动驾驶实际道路测试标准化需求研究报告[R/OL]. (2020-09)[2022-04-12]. https://max.book118.com/html/2020/1109/5011311044003022.shtm.

[23] Ma, Y L, LI Z X, SOTELO, M A. Test and Evaluation of Driverless Vehicles' Intelligence: The "Tsinghua Lion" Case Study[J]. IEEE Intelligent Transportation Systems Magazine, 2020, 12(4): 10-22.

[24] 李茹, 马育林, 田欢, 等. 基于熵值和G1法的自动驾驶车辆综合智能定量评价[J]. 北京: 汽车工程, 2020, 42(10): 1327-1334.

[25] 李茹, 马育林, 田欢, 等. 一种用于自动驾驶车辆误/漏识别的预期功能安全测试评价方法: 202011591285.2[P]. 2022-02-11.

[26] 田欢, 马育林, 李茹, 等. 一种用于自动驾驶车辆误/漏识别的预期功能安全分析方法: 202011486913.0[P]. 2022-01-28.

[27] 李茹, 马育林, 田欢, 等. 一种用于自动驾驶车辆误操作的预期功能安全测试评价方法: 202011593684.2[P]. 2020-12-29.

[28] 田欢, 马育林, 李茹, 等. 一种面向智能网联汽车示范区的自动驾驶场景最小集生成方法: 202010452513.1[P]. 2022-03-22.

[29] 北京智能车联产业创新中心. 北京市自动驾驶车辆道路测试报告(2019)[R/OL]. (2019-03-02)[2022-05-11]. https://max.book118.com/html/2021/0818/8130004040003135.shtm.

[30] 北京智能车联产业创新中心. 北京市自动驾驶车辆道路测试报告(2020)[R/OL]. (2021-02-15)[2022-04-13]. https://max.book118.com/html/2022/0408/8065023137004070.shtm.

[31] 北京智能车联产业创新中心. 北京市自动驾驶车辆道路测试报告(2021)[R/OL]. (2022-01-26)[2022-05-26]. https://max.book118.com/html/2022/0414/6032150034004134.shtm.

[32] SCHWALL M, DANIEL T, VICTOR T, et al. Waymo Public Road Safety Performance Data [J]. 2020.

[33] 中国汽车技术研究中心. 自动驾驶汽车交通安全白皮书[R/OL]. (2021-12-16)[2022-05-04]. https://max.book118.com/html/2022/0114/8065123076004055.shtm.

[34] 李茹,马育林,田欢,等.一种用于自动驾驶车辆误/漏识别的预期功能安全风险评估方法:202011591287.1[P].2022-05-08.

[35] 李茹,马育林,田欢,等.一种用于自动驾驶车辆误操作的预期功能安全风险评估方法:202011591298.X[P].2022-02-11.

[36] 亿欧智库.2020—2023中国高等级自动驾驶产业发展趋势研究[R/OL].(2020-04-02)[2022-04-22].https://www.iyiou.com/research/20200402702#pdf-tips.

[37] 德勤.新基建下的自动驾驶单车智能和车路协同之争[R/OL].(2021-01-28)[2022-03-22].https://max.book118.com/html/2021/0908/5330021323004001.shtm.

[38] 中国汽车工程学会.合作式智能运输系统 车用通信系统应用层及应用数据交互标准(第一阶段):T/CSAE 53—2017[S].(2018-01-19)[2022-03-16].http://www.ttbz.org.cn/StandardManage/Detail/21766/.

[39] 中国汽车工程学会.合作式智能运输系统 车用通信系统应用层及应用数据交互标准(第二阶段):T/CSAE 157—2020[S1OL].(2021-05-10)[2022-02-14].http://www.tt-bz.org.cn/StandardManage/Detail/45916/.

[40] 中国汽车工程学会.基于车路协同的高等级自动驾驶数据交互内容:CSAE 158—2020[S].(2020-11-26)[2022-02-16].https://max.book118.com/html/2021/0704/6241242121003210.shtm.